经销商管理

动作分解培训

（升级版）

魏庆·著

北京联合出版公司
Beijing United Publishing Co.,Ltd.

图书在版编目（CIP）数据

经销商管理动作分解培训：升级版/魏庆著.—北京：北京联合出版公司，2011.7（2024.7重印）

ISBN 978-7-5502-0279-5

Ⅰ.①经… Ⅱ.①魏… Ⅲ.①企业管理：销售管理—职业培训—教材 Ⅳ.① F274

中国版本图书馆 CIP 数据核字（2011）第142928号

经销商管理动作分解培训：升级版

作　　者：魏 庆

出 品 人：赵红仕

选题策划：北京时代光华图书有限公司

责任编辑：崔保华

特约编辑：李 璨

封面设计：零三二五艺术设计

版式设计：曾 放

北京联合出版公司出版

（北京市西城区德外大街 83 号楼 9 层　100088）

北京时代光华图书有限公司发行

北京雁林吉兆印刷有限公司印刷　新华书店经销

字数 395 千字　787 毫米 ×1092 毫米　1/16　21 印张

2011 年 9 月第 1 版　2024 年 7 月第 12 次印刷

ISBN 978-7-5502-0279-5

定价：58.00元

目　录

同一个经销商把这个产品做得“风生水起”，那个产品做得“一烂到底”，说到底就是经销商是否主推。

同经销商谈判，煽动非常重要！

本章分五节，我们会从煽动经销商的基本技巧、推荐“动作套路”、回答经销商常问问题的“标准回答话术”三个方面来学习。

业务人员天天出差拜访经销商，除去坐长途车，一天有效的工作时间也就三四个小时，这三四个小时里他具体应该做什么动作？大多数业务人员见了经销商往往只讲老三句——

第一句：最近卖得咋样；

第二句：货款啥时候给；

第三句：第三句：这次我们是100箱送5箱。

三句话说完，业务人员就开始跟经销商瞎扯。其实并不是我们的业务人员偷懒，而是他们不知道接下来应该干什么——本章将以情景模拟的形式，展现一个业务人员到陌生城市之后选择经销商的动作流程！同时提供具体的业务管理工具。

本章我们要学习一些管理层和政策方面的内容。主要跟大家讲讲这些年自己用过，以及看到其他企业用过的一些比较独特有效的经销商政策案例，并且试图揭示这些案例背后的规律和可复制的模型。

什么叫特权客户？就是那种销量大，脾气大，“拿村长不当干部”的经销商。他们从来不把区域经理放在眼里，动不动就直接给总监打电话，甚至经常威胁企业：“你不给我怎样怎样的政策，我就不做了。”

厂家如何与狼共舞——既能够跟这些大客户合作，利用他们的资源迅速做大销量，又能避免副作用？怎样识别好狼和恶狼（哪些客户是坚决不能继续合作，需要剁掉的恶性大客户）？怎样剁掉恶性大客户又不留后遗症，这就是本章要学习的内容。

冲货、砸价是营销顽症，严重危害市场秩序，迄今为止还没有一个营销专家或厂家能从根本上解决冲货问题。冲货并非没有解决的方法。制定合理的经销商政策只是其中一个方面，但要根治冲货还是要靠各个区域经理、业务人员、经销商的身体力行，甚至要用到一些“江湖招数”。本章我们将着重学习站在执行层面根治冲货、砸价的招数和动作。

升级版前言

一、我也“已经老了”

“我已经老了”，说这话的是杜拉斯。够狠！区区五个字，无限沧桑尽显其中。

嘿嘿，现在竟然轮到我也说一回了。

上大学的时候，要勤工俭学讨生活赚饭钱，下午放学沿街卖快餐，春节放假钻地下通道卖灯笼。同学们在宿舍喝酒打牌看录像，我却在街头为学费奔波，和城管躲猫猫。

国内首批计算机本科毕业生，却在一片反对声中扔掉抢手的电脑专业，跑去卖饮料。

出身寒门，学历一般，根基浅薄，无势无才无背景。撞进营销行业，20个春秋，从一家小民营红酒公司开始，辗转进入可口可乐、顶新国际集团等大企业。从直销车司机做起，一步一步做到营销总监。满腔攻城略地、建功立业的营销狗血理想，从没想过会弃武从文。

机缘凑巧，偶然给兄弟企业讲课，把自己的一线工作经验总结起来讲给同行们听，不经意发现，营销人员非常渴望这些源于一线的“原创音乐”。他们迫切需要能迅速学以致用的动作分解式的培训。于是我离开营销总监岗位，站上三尺讲台。

从终日躲避城管“追杀”的社会底层仓皇小贩，到转行做营销的另类毕业生；从走街串巷爬冰卧雪的基层“销售农民工”，到“统帅三军”的销售老总，最后竟然变成一个拥有掌声鲜花红地毯的教书先生；从当年顽疾附体、吃中药如牛饮、多愁多病的药罐子，再到如今逐渐康复，每天健身两小时的运动狂……回首此生，我也算看了不少风景。

2004年应邀写这本书的时候，我才刚刚进入营销培训顾问行业两三年。彼时无知者无畏，蔑视前辈、蔑视权威、蔑视老家伙，结果遭了报应，今天我也成了前辈老家伙。本书再版之时，我已执教10年，也算是个“老人民教师”了，回忆起那些头破血流的青春往事，还真的有点恍惚。

二、有关这本书的再版和修订

《经销商管理动作分解培训（升级版）》讲的就是经销商管理那点事，内容无关热点风云，无关企业内幕，无关成功学，无关基础素质教育，更无关风花雪月。一本读者面不那么宽的专业书籍，多年之后能再版，作为作者，我当然很高兴。

本书的内容是根据我的两门很成熟的培训课程教材进行精选和修订而来的。2004年写第一稿时累惨了，那时候还是个武将，理论功底太薄，原以为只不过是轻松的文字整理，谁知一落笔历时4个月方才尽兴。其中最大的艰辛，不是立论之勇，也不是专业深入之难，而是从口语到书面语言的转变，从专业性到可读性的延伸。书中所有的销售思路、普适规律、解决技巧，从头至尾全部要变成动作，让大家上午读，下午就能用，同时还要防止“营销问题解决方案固化”对读者的误导。“寒天饮冰水，点滴在心头”，字字句句都付出了难言的艰辛，艰辛的目的是让读者不再觉得艰辛。

2011年再看这本书的内容，经年积累下来，其实书中的每一个章节都可以再充实，独立成册。在经销商管理这个大话题下面，也有很多新的小话题可讲——那就成了系列书了，容量太大，时间也不允许。所以此次再版我花了两周时间，把原书中第一章《建立正确观念，正视厂商关系》、第四章《经销商日常拜访与管理动作流程》、第五章《经销商政策制定“迷踪拳”》，以及观点链接、后记几个重要部分全部更新。其余的部分，留待以后逐渐推出吧！

开篇之前，丑话在先，还是要重复给大家打两个预防针。

第一针：不要排斥其他行业的经验

相信大家会从书里闻出红烧牛肉面或者汽水、果汁的味道——因为我做销售20年，都是卖吃卖喝（食品饮料），行业痕迹在所难免。

刚刚进入培训行业的时候也以为自己“只能给食品、快速消费品行业讲课”。没想到偶然的机会，进入家电行业、建材行业，甚至给农药行业、传媒业作培训，联想、康佳、王牌、大自然木地板、美的、东鹏陶瓷，甚至电视台……一家一家讲过去，效果竟然很好。

原来营销真的相通，原来快速消费品的经验在其他很多行业都能复制和借鉴。

也许你做的不是快速消费品，但是不妨把心态放宽松一些，看看里面有多少经验方法和动作可以借鉴。我的体会是，一定有很多相通甚至相同的地方。

第二针：不要“期望太高”

书中没有高深玄妙的新流派、新理念，全是大家日常工作中遇到的实际问题。相信大家会在书中看到昨天还碰到过的故事，有的能让你看到自己的影子，有的可能让你感觉似曾相识。我只期望把工作中常遇到的凡人凡事剖析清楚，讲出背后隐藏的规律、动作和模型，能够做到“把理念宣导落实到动作分解”，让大家“上午学完下午就可以用”。“理念到动作”对中国营销界和培训界是机会，也是难题，更是我作为培训顾问孜孜以求的目标，我坚信这个方向不再是另类，而是主流。

三、我把青春献给你

冯小刚写过一本书《我把青春献给你》，我看到这个书名时感觉全身震了一下。我看得懂其中的意思。

本无人生规划，但冥冥中却似乎有明灯指引，让我花了近20年，把所有心智集中于一点，心无旁骛地做了营销这一件事情。又花了近10年时间，让自己从营销培训的"客串票友"变成"科班戏子"。

执教近10年，途经无数同行和前辈，当中不少人或功成身退，或悄然转行。胜也好，败也罢，无非是过眼烟云。

按照古龙的说法，"江湖上每天都是要死人的"。我们都是当事人，而且无人幸免，所以无须感叹，只有感恩。10年之后，我依然能侥幸在营销咨询培训界有一席之地，被我的客户和营销同行们接受，心中甚为感恩。无端被人喜欢，这是飞来横福，对这种福气，我很敬畏也很珍惜！

只是有时看到自己的客户企业和学员的公司上市、打败国际企业、管理期权兑现，创造了一个又一个营销奇迹和传奇人生，心中就有点茫然。毕竟我也曾经有过激情燃烧的岁月，金戈铁马的梦想在我心中从未消退。如今做学问（如果每天码字写文章、读书、备课、实践、总结算是做学问的话），安静有了，稳定有了，安身立命的事情也有了，但是寂寞和失落也来了，而且来得很凶猛。

我要不要"还俗"，也去做点什么更刺激的事情？这种情绪曾困扰自己很久，一度落寞，宛如《七剑下天山》劈头那一句："把剑凄然望，无处招归舟。"

偶然接触宗教，"戒生定，定生慧"的智慧让我从纠结中解脱。人总是想要的太多，需要的太少。以我的兴趣、精力、体力和念力，"入佛门六根不净无法免俗，进商界狼性不足欲念太浅"。唯独做个旁观者，享受学术的孤独。板凳一坐十年冷，记录、总结、实践、提炼、备课、讲课、做学问，我倒是有超于常人的耐心。

出身贩夫走卒，虽处江湖之远，不敢忘本。营销人命贱，入门门槛太低，生活能自理的就能干销售。最终际遇又差别太大，市场总比营销变化快，游戏规则升级，销售队伍年龄变轻学历变高，企业兴衰交替，在这些大制作宽银幕背景之下，极少数的佼佼者会脱颖而出登堂入室钟鸣鼎食春风得意，更多人的努力往往被湮没。多少鲜衣怒马意气风发满腔狗血理想的少年郎进去，脂肪肝胃溃疡神经衰弱白发委顿未老先衰的老家伙出来另谋生路？营销人生就是一部悬疑惊悚肥皂剧，多少曾经风流的人物，只差一步到罗马，至今流落在民间苦苦谋生。

营销有多难?“营销”再细化一下是“销售”，再细化一下是“消费品销售”。做熟做透了，无非“区域市场管理”、“经销商管理”、“中小终端线路管理”、“卖场谈判管理”、“新产品销售管理”、“销售数据分析”、“促销管理”、“销售团队考核激励”、“销售团队命令奖罚”等几十个话题。每一个话题之下，销售人员总是碰到重复的具体问题，而这些问题的答案其实早在民间蕴藏（欲知详情，且看本书的观点链接）。只不过销售人员忙于低头拉车，没时间抬头看路。倘若这些宝贵的智慧无人整理，不能积累成实实在在的知识产品，供庶民同享，终究会流失，实在太太太可惜。

后面10年、20年、30年，我希望竭尽所能将这些营销问题的答案和常识全部记录、收集、梳理，变成可复制的经验、模块、模型，提炼成知识产品，陆续推出，最终集成类似消费品营销技能模块清单、营销常识大辞典、十万个怎么办等系列工具书，交还给这个行业。所以，《经销商管理动作分解培训》的升级再版，仅算是个开始。相信很多看过我文字和听过我课程的读者听众将来肯定会比我优秀，只希望我的文字能影响他们，让他们的营销工作能有迹可循。营销新人入行，能按照营销技能模块的目录，按图索骥去学习。能多看到一点“前人摸的石头”，“过河”就轻快些，营销人生能少些艰辛和弯路。这将是我今后的快乐，是命运对我的恩惠，也是为文者最微薄的一点希望。

我想，这件事情，足够我做一生，也值得“我把青春献给你”。“任时光画鬓如霜，绝情谷情花开放”，“并非只有蜜蜂才在花丛中飞行，然而只有蜜蜂才将花粉收起来酿蜜”。我相信我有这个自律能力，有这个专业储备，也有这份体力。

——写下此序，与我2002年元月踏上讲台时同样是宜人的初夏，但其间相隔已近10年。时年岁在卯兔，前寅虎后辰龙之际落笔，取龙虎之凶猛助威，以玉兔之平和蘸墨。同此凉热，共享太平。

鸣 谢

一路走来学营销，前辈大家们的专著暂且不提，《销售与市场》杂志、《商界》杂志，以及中国营销传播网上各位营销同行的真知灼见已让我获益良多。培训师最幸福的是能以天下为师，培训咨询了几百家企业，课程的问答互动过程中，培训前访谈和市场走访过程中，乃至在饭局闲谈中，我也一直在向各路精英们讨教。吃百家饭长大，衷心感谢同行们的交流和指导。在文字表达上，刘原先生、戴厚英女士的著作我非常喜欢，搜刮二位尊者所有能找得到的文字去学习，算是个偷师自学不成才的俗家弟子，在此拜谢。

升级版导读

本书在讲什么?

《经销商管理动作分解培训(升级版)》是笔者集20年一线销售实务经验原创撰写,就此课题,已经先后为可口可乐公司、联想集团、统一企业、美的集团、创维集团等数百家企业的营销队伍提供了培训。

课程主要围绕厂家对经销商的选择、激励、日常拜访和管理,销售政策制定,冲突解决,价格秩序维护,大客户更换等常见问题,给出实际操作方法和应对难题破解残局的动作。

本书的特点是什么?

书中所有的销售理念和方法都落实到了动作,读者上午看完,下午就能用!

"情景对话"的风格,内容安排上有点像电视连续剧脚本:模块顺序完全模仿一个业务人员选择经销商,激发经销商合作积极性,共同开发新市场,管理老经销商,制定经销商的促销方案和销售政策,处理冲货、砸价,"剁"大客户等问题的实际工作过程来描写。

针对经销商管理过程中常遇到的问题设置"残局破解"章节,解决实际问题:培训了几百家企业,发现经销商管理方面都遇到了一些共性问题,比如冲货、砸价、欠款、客大欺厂、经销商不主推、没有合作意愿、抱怨产品价格高或者利润低等,书中每一个章节都设置了"残局破解"模块,给出了有针对性的解决方法和动作流程。

通俗易懂,幽默风趣,非常适合以经销商为主体通路的企业销售人员培训教材:语言比较口语化,读起来会相对轻松,营销笑话也有不少,寓教于乐。

本书怎么读、怎么用?

请关注目录,此书目录篇幅较长,里面详细列明了每一个章节里的知识点、动作、技巧和解决的问题。读者可以参照目录迅速检索自己关心的章节,类似一本工具书,现用现查。

本书的章节简述

正文分七章：

第一章从厂家、经销商、厂家业务人员三个角度来分析厂商之间的利益纠结，有助各方摆正心态、化解不平之气、纠正错误观念。

第二章、第三章讲经销商的选择和谈判具体操作性内容，适合基层一线人员学习，也适合经理学完了再拿去指导业务代表。

第四章讲“经销商日常拜访、日常管理的专业模型”，适合一线人员学习，更适合企业以此为范本，建立制度和流程，规范一线人员的经销商拜访行为。

第五章是销售、促销政策制定部分，对销售经理、销售总监、总经理会有帮助。

第六章和第七章是针对企业普遍存在的冲货、砸价、价格混乱、大客户反控厂家等问题，用什么动作解决的专题讲解。管理层和执行层都能在里面找到自己关心的内容。

“观点链接”部分节选了笔者几篇有关营销培训话题的探索性文章，供同行切磋。其中老文章《有效的营销培训：从理念宣导落实到动作分解》讲述了笔者的培训主张，该文章曾经先后被国内十几个媒体转载。本次再版新收录的《营销人的营销技能模块清单》和《企业内部营销知识管理：肥水莫流外人田》两文对企业构建内部培训体系会有所帮助。

后记《营销人如何跳出职场潜规则——销售人员的成熟职业心理》是笔者近年来的热点文章之一，讲述了笔者数十年职业经理和营销顾问生涯中对“如何面对办公室政治”、“销售人员如何面对鞭打快牛的业绩压力”、“销售人员如何用企图心、专心、耐心来落实自己的职业生涯规划”等问题的感受和体会。其内容在培训现场深得学员共鸣，可作为营销新人的心理建设教材，也可作为营销老手的自勉文章。

课程概述

本小节是正文的开篇，我们先一起了解经销商管理这门课程的写作思路和主体框架模块设置。

一、经销商管理的市场背景

1. 经销商管理很重要也很复杂，但是正在被轻视

超市渠道日渐强势，营销界言销售必讲终端，言终端必指超市卖场。似乎卖场已经成为日用品企业营销工作的重中之重，我觉得有点热过了头。

毋庸讳言，商场超市是未来趋势，是产品形象窗口，不可小视。但目前商场超市只是在个别较大的城市才真正成为主流渠道，而在大多数北方城市、二三线城市，零售额还是集中在零销店、批发商和经销商身上。

从全国市场的角度看，目前渠道的主流绝对不是商场超市，销量还是要靠经销商、批发商和零销店来完成。经销商管理很重要，因为他们才是区域市场真正的操作者。同样的产品，同样的价位，同样的广告投入，甚至基本相似的市场环境下，甲经销商能把市场做得“风生水起”，乙经销商却可能一败涂地——至少在未来5～10年，仍然可以毫不夸张地讲，有什么样的经销商，就有什么样的市场!

2. 经销商管理企业需自省

很多企业抱怨“国内经销商素质低，无序竞争严重，经销商客大欺厂”，其实出现这种情况，根儿在企业自身。不妨问问自己：“我选择经销商是按既定标准认真考查，还是只要有钱进货就来者不拒? 我的经销商政策是否避开了‘高销量者高返利’的误区? 我能定期掌握各地经销商的库存吗? 我了解各地经销商的出货网络和出货价格吗? 我的员工接受过‘如何有效管理经销商’的培训吗?”

如果这些最基本的扫盲性问题你都不能肯定地回答，那么结论不是经销商难管，而是你管得太差。

经销商管理很重要——每一个企业都知道，但对此问题的认识只停留在口头上是不行的，企业要真正在员工技能培训，经销商政策制定，经销商的库存、价格、出货网络掌控等方面下工夫。

经销商管理工作很复杂，但深究一下就会发现，情况并非像大多数企业抱怨的“中国的经销商刁民难惹”那样，而是厂家的经销商管理工作太不扎实。

本课程就是从实际操作的方法、动作、难题应对和残局破解的角度，解决经销商管理的一系列问题。

二、经销商管理课程设计具体思路和模块设置

1. 树立正确的观念，正确看待厂家和经销商之间的关系

营销媒体常常在喊“厂商之间是鱼水关系、双赢关系”，大多数业务人员也会觉得酒量大销量就大，关系好销量就好，做经销商管理就是做客情，业务代表的“功力”就体现在能否和经销商搞好私人关系上。

受这些片面观点的误导，很多业务代表在拜访经销商的过程中，跟客户天南海北地闲扯——沟通客情，但就是不讲市场怎么操作。经销商砸价、冲货、截留促销品种种恶意操作，业务代表也不敢“管”——怕得罪“上帝”损失销量，最终导致市场主动权完全掌控在经销商手中。实际上真正懂销售的人都知道，厂商之间的关系根本不像鱼水关系那么单纯可爱。

观念决定行为，业务人员的经销商管理培训首先要从端正观念开始，让大家了解厂家与经销商关系的实质，了解自己作为一名业务代表所扮演的角色。

2. 经销商选择的整体思路、标准、动作分解、动作流程

解决一个问题的最好方法是从根本上防止问题的发生，因此要想有效管理经销商，就先要学会如何科学地选择经销商。

（1）经销商选择的思路

经销商不是越大越好，选择经销商要全面考虑。不但要考查他的实力，还要看他是否有强烈的合作意愿，在商誉、终端网络和行销意识等综合指标上是否达标。

（2）经销商选择的动作分解

厂商关系实质、经销商选择思路培训都是理论教育，学员听起来会很有意思，但大多还是不知道如何行动。所以下一步的工作就是把理论教育向下延伸，变成实战场景并落实到动作分解——告诉业务代表有关经销商的实力、行销意识等各项指标在实际工作中应该如何调查，每一个大指标可以拆分成多个小指标，通过哪些动作——问什么话、走访哪些区域、观察什么现象、搜集什么数据、怎么发问等，才可以逐一落实对以上指标的评估。

（3）引导业务代表把注意力集中到正确的方向上去

知不等于行，人的思维有惯性，业务代表记了一肚子思路、动作、标准后，下市场还是容易按过去的思维习惯去找一个大户回来。所以要再建立一个客户评估模型，让业务代表用这个模型对候选客户进行评估打分，从而引导业务代表的思想和注意力向前面讲过的标准和动作上集中。评估模型如何建立以及模型的主要内容、使用方法、注意事项等也要逐步落实到动作。

（4）动作流程给业务代表更感性的认识

业务代表明白了经销商选择的思路、标准、动作、评估工具，就一定能科学地去寻找经销商吗？不尽然。到了一个陌生市场，面对那么多的人和车，不知道当地方言怎么讲，不知道批发市场门朝哪边开，一下子就会晕头转向。老虎吃天不知何处下嘴，一肚子学问不知怎么用，所以还要给业务代表一个工作流程，告诉他到陌生市场下了车先干什么，后干什么，再干什么，像演话剧一样给他演一遍——到陌生城市按怎样的动作流程，就能运用所学到的知识去筛选经销商。

3. 如何促成准经销商的合作意愿

现在经销商选定了吗？没正式签合同之前还只是厂家一相情愿，最多只能算是“准经销商”。现实工作中往往不是你选客户，更多的时候是客户选你，有些客户各方面条件不错，但他对经营你的产品不感兴趣。如何激发客户的合作意愿就成了经销商选择的最终问题，也是难点问题，所以要再教员工如何和客户谈判，激发合作意愿——怎样分析客户的心态，谈判前作什么准备，谈判时要选择怎样的环境，什么时候保持沉默，什么时候要陈述观点，第一句话讲什么，常见的经销商的疑虑和异议是哪几个，什么时候反驳，怎样反驳，等等——最终打消客户疑虑，完成经销商选择的工作。

4. 经销商日常拜访动作分解、动作流程

业务代表和新经销商打交道，要介绍产品，要宣讲政策，总之有很多话题可讲。一旦新经销商选定，新市场开拓完成，新经销商就变成老客户。老客户对公司的产品、政策都比较熟悉，业务代表周期性拜访老客户时说什么就成了问题。

外埠市场业务代表拜访经销商，早上坐长途车去，晚上坐长途车回，中午吃顿饭，一天有效的工作时间其实不超过四个小时。在这有限的工作时间里，如果企业不能给业务代表一个清晰的方向，让他们明确拜访经销商先做什么，后做什么，再做什么，就会出现业务代表见了经销商只讲老三句——货卖得咋样，钱啥时候给，这次公司有买百送二政策，你要多少。然后就开始和经销商聊私人感情，真正有建设意义的市场工作一点

也不做。如此，经销商拜访简直就是“走亲戚”。

其实，并非业务代表偷懒，而是他们不知道拜访经销商到底该做什么。

企业支付的薪资有限，想招到能力一流的业务代表，仅靠一点企业文化和经营理念的灌输是不大可能的。企业要告诉他们，具体该做什么动作。

比如，抬起脚，向前伸，向下踩，这就叫迈了一步。

业务代表知道了原来拜访经销商有9件事、12个动作要做；知道了拜访经销商下车后应该先干什么，后干什么；第一个10分钟做哪些动作，第二个10分钟做哪些动作；见了经销商第一句话说什么，应该怎么应答；经销商最常问的10句话是什么，就有了清晰的方向，工作才会更有效。

5. 企业行为对经销商管理的作用

经销商管理不仅仅体现在业务操作层面，而且企业对经销商的年终返利、销售奖励、账款控制与企业的经销商大会、企业业绩分析系统等对经销商网络健康都能起到预警作用。这些制度化的企业行为对经销商管理来说是很重要的。经销商合同签订、促销方法制定、销售政策制定、账款政策、业绩监控等是企业行为对经销商管理的动作演绎。

6. 经销商管理面临的“常见营销残局”如何破解

销售很多时候没有道理可讲，经销商就是会冲货砸价，客户就是会欠钱不还，大经销商就是会客大欺厂，小经销商就是会“占着茅坑不拉屎”——把市场做得到处是空白，还不准你开第二户。

类似这种营销残局问题，读者期望得到的绝不是“应该如何合理设置价格，防止问题发生”之类事后诸葛亮的说教，而是更想知道解决的方法。

在这一部分中，笔者集多年实战经验和在近百家企业培训、答疑、互动讨论过程中搜集的素材，对常见的典型市场残局、业务操作细节问题提出破解方法和具体动作。

综上所述，经销商管理课程设置的整体思路如下：

层层递进，抽丝剥茧，贴近业务人员实际工作场景，落实到动作分解。只有这样，培训内容才会更利于学员吸收，让他们学后立即能用，从而更有实战效果。

第一章 1 端正观念：多维度动态看厂商关系

本章预告

本章是全书唯一的一节理论课，主题是端正观念：厂家、经销商、厂家销售人员应该怎样客观理性地看待厂家和经销商之间的关系。

1. 营销界流行的说法，“厂家与经销商之间是鱼水关系、双赢关系”成立吗？
2. 纠正业界在厂商关系问题上常见的认识误区。
3. 剖析经销商和厂家“利益纠结”的具体表现，揭示厂商多维度利益关系的实质。
4. 理念应用：

（1）业务代表管好经销商的标准是什么？

（2）厂商博弈过程中厂家迅速掌握经销商下线客户网络的5个方法、7个动作。

（3）厂家组建业务团队帮经销商做市场，如何避免“主劳臣逸”的陷阱。

（4）厂家人员如何分别赢得经销商老板和经销商业务团队的支持。

第一节　厂商关系中的悖论

一、业务人员在厂商关系问题上的认识误区

1. 厂家和经销商关系的实质是什么

这是一个很初级的问题，你也许觉得很可笑，但实际上就是这么初级的问题都有很多人答错，不信你试一试。

十一届三中全会前后，中国人的能力没有变，物产资源没有变，但是经济发生了翻天覆地的变化——这说明人的观念决定行为，观念上有针孔大的洞，行为上就能吹进斗大的风。

大多数业务代表在经销商管理工作上的低效，不仅仅是技能问题，他们甚至对自己是谁——作为一名厂家业务代表在和经销商打交道的过程中，到底应该扮演什么角色——都没搞清楚，对厂家和经销商之间的关系也没摆正，于是就会出现：

➢极“左派”业务员（目前这种业务人员已经越来越少，因为已经“混”不下去了）

观念：厂家和经销商之间是买卖关系、贸易关系。

行为：千方百计、花言巧语地让经销商压货，以为只要销量任务完成，货款追回来就万事大吉了，之后，人也不见了踪影。至于经销商的货卖得怎么样，卖什么价格，卖到哪里去了，有没有即期的危险等，他一概不管。经销商要想再见他，除非打电话说要进货或者回款。

➢极“右派”业务员（80%以上业务人员属此行列）

观念：经销商是客户，客户是上帝。经销商管理就是做客情，做客情就是讲江湖义气，酒量大销量就大，关系好销量就好。

行为一：标准化操作。见了经销商只有老三句——货卖得咋样，钱啥时候给，这次公司有买百送二政策，你要多少。

行为二：以客为尊。在经销商面前犯“软骨病”，对经销商的种种恶意操作（如砸

价、冲货、截留费用）视而不见。

行为三：业务技能熟练。江湖气十足，酒场上妙语连珠来者不拒，牌桌上花样百出样样精通，业务工作主要内容就是陪着经销商吃吃喝喝，洗头按摩，麻将赌博——做客情。

行为四：善于双赢。帮经销商向公司哭穷，要政策，甚至帮经销商冲货，截留促销品，最后经销商赢得销量和利润，业务员得到业绩奖金，认为这才是双赢。

行为五：大智若愚。围着经销商转，天南海北地闲聊，跑前跑后地帮小忙，但就是不讨论市场下一步怎么做，不掌握经销商的库存，不帮经销商分析市场、策划市场方案，对经销商的出货价格、下线网络等更是一无所知。

显然上述两类业务人员在经销商管理工作上都不会取得好结果：极左派会只顾压货而没有服务，经销商甚至会对厂家（业务代表）产生轻视、怨恨的情绪（厂家不负责任，老是让我多进货，卖不动他们一点也不管）；极右派与经销商私人关系倒是不错，但对经销商的管理只停留在“讨好”客户的层面。最终两种做法都是殊途同归的结果。

结果一：厂家业务代表的市场工作仅限于经销商拜访，对经销商下线市场的网络、库存、价格等一无所知，市场完全被经销商反控。

结果二：厂家的各种终端促销资源完全交给经销商执行，没有辅导，没有监控，导致促销不能有效落实，终端表现无法提升。

结果三：不能有效制止经销商的冲货、砸价等恶意操作，市场价格秩序混乱。

2. 厂商之间的关系到底该如何定位

我多次在培训课堂上提出这个问题，学员的回答大多是——厂商之间是“鱼水关系”、“夫妻关系”、“双赢关系”，甚至在一次公开课上有个老总级别的学员回答“经销商是厂家的衣食父母，不是亲人胜似亲人”。

呸！简直神志不清！

中国营销30年的现实告诉我们，厂家对经销商不仅要积极服务大力扶持，更多时候应该是六个字：“斗智”（引导经销商按厂家市场策略行事），“斗勇”（制裁恶意操作、不听劝阻的客户），甚至“斗狠”（对恶意扰乱市场、拖欠货款的客户要及时坚决取缔乃至诉诸法律）。厂家和经销商之间一直都是互相仰仗又互相利用，互相扶持又互相提防，既有鲜花美酒红地毯，也有皮鞭镣铐狼牙棒，间或上演凌迟剥皮的悲剧冲突。

鱼水关系，夫妻关系，双赢关系，谁说的？

书上！

营销界专家学者们怀着善良的动机创造的片面舆论，误导了销售人员，使销售人员在经销商面前犯了“软骨病”，以跟经销商搞好私人关系和纵容经销商违规操作换取“客情”，而对真正可以帮经销商创造效益、改善经营状态，真正可以塑造专业客情的工作（如经销商的库存、价格、网络、内部管理、市场操作方面的协助、辅导、掌控）却一点不做，最终既害了自己（业务技能无法提升），又害了厂家（市场混乱、销量降低），也害了经销商（产品做不起来，经销商自己也只贪图眼前小利，不能成长）。

二、厂家与经销商之间的利益差异

厂商之间关系的实质是什么？我们先不下结论，先来分析一下厂家和经销商各自的利益是否相同。

1. 经销商最想跟厂家要的条件是什么

经销商最想跟厂家要的条件是什么？

促销政策？更高返利？不对。

他们最想要的一定是拿货不给钱——赊销政策，然后才是其他。

归纳一下，经销商想跟厂家要的条件如下：

（1）减少资金风险

①先赊货，后付款；

②低价格，高返利；

③单次要求的提货量少；

④回转快，卖不完可以退货；

⑤旺季有充足的货源保证。

（2）更大的独家经销权利

最好是“中国总代理10年不变”。

（3）更多的支持

①厂家投入更多的人力，帮我拿订单，帮我做推广；

②更多的推广费用，广告、促销的支持。

（4）更好的服务

①产品质量没问题；

②客诉出现时，厂家及时出面处理；

③及时送货，不良品及时调换。

（5）更宽容的态度

①旺季我的运力不够导致下线客户经常断货，你不要追究；

②我要借你的产品打开通路，再卖点高利润的竞争品牌的产品，你别介意。

（6）其他

①厂家给经销商更多的培训辅导；

②你的品牌影响力要够强，这样我才有面子；

③你的产品能弥补我当前经营产品线的不足。

2. 厂家最想让经销商做什么

好，现在再让我们回过头来看看，厂商交易时，厂家最想让经销商做什么。

（1）降低厂家成本

①先给钱，后给货（年初缴保证金，每月固定的结算日账上要预留30万元的货款，总之占用资金越多越好）；

②最好整车进货，以降低厂家的配送成本；

③产品销售和库存管理细致，尽量别出现退货。

（2）专注的投入

你要"经销独家"，就只专心做我这一种产品。

（3）市场推广力度大

经销商最好有成熟的网络、充足的人力与物力，厂家不必有太多的投入，经销商能自行开拓与推广市场。

（4）配合力度大

①经销商最好能"完全配合"厂家的市场策略；

②不窜货、不砸价、不抬价；

③全品项销售，认真执行厂家的促销方案。

3. 厂商之间的利益对立和矛盾冲突

（1）厂商之间不但想的不一样，甚至根本相反

①厂家想先款后货，经销商想先货后款；

②厂家想让经销商经销独家，经销商想要独家经销；

③厂家想让经销商按规定价格执行，经销商只想获取最大利润；

④厂家有产能压力想尽快扩大销售规模，经销商只希望获得利润而且安全第一；

⑤厂家希望销售业绩倍增，经销商希望小富即安、享受生活；

⑥厂家认为市场是我的市场，经销商认为地盘是老子的地盘；

⑦厂家推新品要先做市场后赚钱，经销商往往是为了赚钱做市场；

⑧厂家要聚焦一个品类一个行业做大做强，经销商要丰富产品线，化解结构性风险。

瞧瞧这两个号称“鱼水关系”、“夫妻关系”的合作伙伴，这简直是天敌！说厂商之间是各怀鬼胎的确不好听，换句话，各有各的利益应该可以接受了吧。

也正是因为这种利益上的冲突，厂商交易中常常会出现互相伤害的局面。

（2）经销商常会给厂家带来很多负面的问题

①拿着独家经销权，却不“经销独家”，对本品不主推。

②“假意经销”，拿着你的经销权集中精力卖竞品（竞品利润高）。

③冲货、砸价、抬价、截留各种费用。

④只做畅销、高利润产品，不做新品推广。

⑤运力、人力、资金不足，市场空白多，制约厂家市场发展。

⑥怕压资金不给卖场供货，怕运费划不来不给小店送货。

⑦省级代理商对自己所在城市认真投入，外围市场反正迟早要被厂家拿走，我就“生娃不管娃”，只管扔货，别的不做。

⑧把客户资料封闭在手中，对厂家的促销政策任意更改，对厂家人员想办法腐蚀或架空，最终反控网络，挟市场以令厂家，不断提出无理要求。

一句话总结经销商的负面作用：没有几个厂家是“死”在自身产品质量问题上的，大多数厂家在一个区域市场“死”掉，都是“死”在经销商手里。

但厂家也不是等闲之辈，也有很多办法可以“整死”经销商。经销商有三怕：一怕中途换马，二怕遍地开花，三怕年终返利哈哈哈。中途换马什么意思？我刚把山东市场做起来，你却把我换了。遍地开花——在山东开了30个经销商，我原来可是独家代理呀。年底兑现返利的时候，厂家说，今年效益不好，明年再说吧，哈哈哈……

（3）厂家伤害经销商的常用方法

①爆仓。厂家业务人员给经销商压货过多，产品即期过期又无法退货。

②断货。经销商辛辛苦苦推广新产品，正当销势上升要“收获”的时间，厂家断货导致利润损失。

③价格损失。厂家价格下降造成经销商库存产品贬值；厂家市场控制不力，冲货、砸价泛滥造成价格倒挂，库存产品贬值。

④不及时兑现折扣。返利、运补、经销商垫付的促销费用不能及时兑现，大量占压经销商资金，经销商没钱进货了，就一脚把经销商踹掉。

⑤产品质量问题。三鹿事件、大头奶粉事件等让多少经销商倾家荡产。

⑥厂家怂恿经销商大量赊销铺货，造成货款无法及时结回。

⑦厂家频繁更换经销商等。

根本利益相悖，又常常“互相伤害”，厂商之间的关系没有那么单纯可爱。如果说厂商之间是“鱼水关系”，那么有时候会成为“鱼”和“开水”的关系；如果说厂商之间是“夫妻关系”，那么这对夫妻有时候会“同床异梦”。

三、厂家为什么要用经销商来做市场

既然厂商之间有很多矛盾，并且经销商又常常给厂家带来负面问题，厂家为什么还要用经销商来开拓市场呢？为什么厂家不多招些人员，逐渐淘汰经销商，广开办事处、分公司，直营市场呢？原因如下：

1. 人手不够

厂家不可能迅速招到并管理好大量的营销人才，组建成熟的销售队伍。销售人员有的是，但真正的高手很少，而且即使招得到，也未必管得住，盲目扩张，一旦管理失控，几百个聪明人挖厂家的墙脚，后果会不堪设想。

2. 对市场不熟悉

对新市场的基础资料、客户网络、环境的不熟悉，增加了厂家对直营的恐惧和直营难度。

3. 成本太高

厂家直营会面临市场前期开拓巨大的预赔成本、税务成本、账款风险。而经销商则是“坐地虎”，他们有非常廉价的劳动力资源，在当地有成熟的客户网络，跟当地政府相关部门有千丝万缕的关系。他们开发市场的成本比厂家低得多。

4. 部分市场厂家无法直营

一方面，企业不可能全面直营商场超市，商场超市的压款是销售额的两到三倍，大多数企业都不能承受，所以大多数企业商场超市渠道的供货必须由经销商完成。另一方面，企业也不可能全面跨过经销商直接给零销店送货。中国地域广阔，公路运输成本又高，一个四五百万人口的城市零销店可以达到两万多家。退休的老头老太太把一楼阳台的窗户打开，挂个招牌，就是一个售点。靠厂家的力量向这么多售点铺货，并维持物流，一定会“赔死”。

因此，尽管厂家与经销商的很多根本利益互相矛盾，厂商之间往往会带给对方不少负面问题。厂家也想直营，但是成本太高不划算，所以才借用经销商的力量。绝大多数厂家不可能完全跨过经销商。无论是过去还是现在或是将来，厂家都会在一定层面上依托经销商做市场。

第二节 多维度看厂商关系

厂商关系不是一维的，两者之间不是单纯的贸易关系——厂家退化为加工车间单纯依靠经销商做市场大多做不起来。两者更不是鱼水关系、双赢关系，鱼水关系、双赢关系只是逢场作戏的官方语言而已。利益出发点不同，注定了二者不是冤家不聚头——谁离开谁都不好受，在一起时又因为利益不同、眼界不同、动机不同而斗智斗勇，冲突在所难免。

厂商关系是动态的，在不同市场时期、品牌的不同阶段、厂家在市场上的不同介入阶段，厂商之间存在不同的利益纠结，厂商关系也就随之改变。对不同层面、不同维度的问题采用不同的原则，才能寻找双方共同利益的契合点。要了解其中答案，我们不妨先把视野拔高一些，先来预览一下厂商最终的合作格局。

一、厂商合作格局分析

1. 厂家和经销商的四种合作模式

（1）大客户代理模式

厂家授权经销商代理较大区域（地级以上城市甚至省级代理）时，厂家业务人员的作用主要是辅助经销商做服务——这种模式目前主要是品牌力较弱、通路管理粗放、厂家广告轰炸然后依靠经销商卖货的企业在使用。

（2）厂家精耕市场模式

厂家直营一二线城市大终端，细化经销商区域，经销商开发到县级、乡镇级乃至区域市场里面的一个特定渠道，厂家派驻较多的终端业务人员“辅销”（跑终端拿订单维护终端形象），经销商负责送货结款，也就是“厂家掌握商流、经销商掌握物流和资金流”——这种模式的代表厂家就是可口可乐、顶新国际集团。

（3）通路结盟模式

厂家派销售干部管理经销商的销售团队，管理市场费用的投入效率。经销商的团队按照厂家的意图和管理体系做市场——这种模式的代表厂家是金龙鱼、圣象壁纸、川南食品。

（4）联销体模式

厂家和经销商资本合作，厂家出一部分资金，经销商也出一部分资金，成立厂家某某地区的销售分公司。经销商出任董事长，经销商的老板娘可以出任财务总监，厂家派人出任营销总监。公司的资本结构消除了不少矛盾的根源——厂家也是股东，所以厂家投入不成问题。经销商也投入了资金，而且专门组建了专销这个品牌的团队，所以也自然会主推。更重要的是这家公司解决了经销商的原生短板——管理体系粗放、销售团队素质差。联销公司销售团队管理、库存管理、物流储运管理、账款管理、人力资源管理、人员培训全部启用厂家的成熟体系。把“厂家相对先进的管理体系”和“经销商熟悉当地市场及运作成本低”两个优势整合起来，发挥最大效力——这种模式的代表厂家是统一企业局部区域、大自然木地板局部区域、美涂士涂料局部区域。

笔者给某国际知名食品企业培训，该厂家在东莞采用联销体模式。东莞经销商（也就是东莞联销公司董事长）高兴地说："魏老师，这种模式我们很欢迎，我们经销商弱就弱在管理，联销体模式用厂家国际企业的管理培训体系管理经销商的团队，我们立刻'跟国际接轨'，相当于'二次投胎'，哪怕三年之后和他们分手我们都不吃亏，我最后落了一个好队伍！"

"大客户代理模式"、"厂家精耕市场模式"、"通路结盟模式"、"联销体模式"四种模式哪个更好？在培训课堂上提出这个问题时，大家都倾向于"联销体模式"，认为它更具优越性。

2. 四种厂商合作模式各有利弊

"大客户代理模式"好处在于厂家运作成本低，但是坏处不言而喻。这种模式是过去式了，粗放的市场管理模式已经越来越没有生存空间。除非你的产品具备不可替代性，比如茅台或者伟哥。

"厂家精耕市场模式"看起来很美，但市场成本非常高。厂家要组建并管理庞大的销售队伍，还要有成熟的品牌、丰富的产品线、稳定的销量来消化高昂的人员费用成本，或者厂家要有底气承担"战略性亏损"。

"通路结盟模式"、"联销体模式"当然很好，但前提是针对老经销商，而且这些老经销商跟厂家已经有过很多合作，同时赚到很多利润。他们对厂家的市场前景和管理能力有充分的信心，才会把自己的队伍交给厂家管理，才有可能投资成立联销体。同时厂家必须在经销商的团队管理、物流储运、财务管理等方面沉淀出一套兼容性很强的管理体系（厂家的先进模式照搬给经销商肯定不适用）。更难的是厂家派到经销商那里的销售干部必须是个多面手，因为他要管理的是经销商"相对低素质的团队"（可能有些员工最高学历是驾照），还要面对复杂的经销商内部人事关系，面对经销商和厂家的双重领导，面对厂家要市场与经销商要利润、厂家要发展与经销商要安全稳定、厂家要先做市场后赚钱与经销商要为了赚钱做市场等矛盾。这样的高手干部，招聘不来、难培养、容易跳槽，几乎是可遇不可求！

四种模式各有利弊，企业选择哪一种模式，要看自己的品牌力、销售团队、财务状况、经销商情况是否符合条件。

但是，有一个趋势是固定的，不管未来这四种模式哪一种在营销行业成为主流，请问做终端的人（可能是厂家的团队、也可能是经销商的团队）会越来越多还是越来越少？答案是固定的："市场竞争要求我们在离消费者最近的地方为消费者服务"，"你离消费者越近，就离竞争越远”，不管人员工资是谁发，做终端的人一定越来越多，市场维护一定越来越细。

二、厂商关系第一重：经销商是厂家细化市场的入场券

1. 为什么说经销商只能是一张“入场券”

如前文所言，做终端的人一定越来越多，市场维护一定越来越细。这就意味着经销商的趋势一定是小型化和专业化。

小型化：经销商的代理区域会越来越小，珠三角、长三角发达城市经销商已经开到了乡镇级，只有经销商区域小的时候才能真正做到精耕细作维护市场。

专业化：厂家会在一个区域开几个渠道经销商——专门做餐饮的经销商，专门做超市的经销商，专门做流通的经销商，专门做团购的经销商……

这种趋势意味着什么？意味着经销商的区域还会进一步缩小，甚至缩小到一个县城乃至一个乡镇的一个特定渠道。

经销商成了厂家不断做细市场的一张“入场券”而已！

就像一张电影票，进门之前有用，进门之后往往就会被“撕票”——被撕成小块，最后被扔掉。一样的道理，厂家必须依靠经销商的力量才能低成本启动新市场（用电影票进场），随着产品在当地市场的成长，厂家会逐渐加大在当地的人力投入和市场主控权，也可能会密集分销增设经销商（把一张大票撕成小块），在部分区域有可能直营（有可能把电影票扔掉）。

太残酷了！过河拆桥？好像是！

但是，回顾一下中国30多年的营销历史，哪个厂家不是靠过河拆桥发展起来的？这是市场游戏规则，是必然结局。

30多年的市场经济发展，厂家喊了几个口号，每个新口号都让经销商“吃不了打包走”。

大约在1992年前后，厂家喊出第一个口号：从大户代理到密集分销。从那以后曾经风光一时的华北总代理、华南总经销们纷纷“头颅滚滚，血迹斑斑”，现在别说总代了，省级经销商都罕见。

1995年前后，一些企业开始喊终端销售的口号，经销商的区域地盘更小了，而且

不得不走出门去进货做陈列。目前消费品行业待在家里等生意上门的“坐商”大都已“阵亡”。

1997年随着几个外资消费品企业的“通路精耕”计划展开，“预售制”变得越来越普遍，厂家业务代表亲自拜访终端拿订单给经销商送货，经销商进一步“退化”成送货司机。

2000年后大卖场蓬勃发展，厂家开始逼着经销商拿一般纳税人资格、出费用、招导购员做超市。经销商交了无数学费刚刚学会做超市，国际连锁们又纷纷提出要和厂家直接合作，越来越多厂家开始直营大卖场了。不少厂家选择经销商做卖场服务商利润后返模式：经销商给超市送货（算是厂家“借”经销商的货给超市供货），超市给合同乙方（厂家）结款，经销商月底凭超市收货单和厂家对账，厂家给经销商“还货”，同时根据送货金额给经销商几个点的配送服务费。

从“大户代理”到“密集分销”再到“预售制”再到“利润后返”，厂家的手是越伸越长，经销商则被越架越空——以前市场在经销商手中，现在市场已逐渐以厂家为主导。厂家更多的不靠经销商做销售，而是借用经销商的配送能力、仓储能力和财务压款能力。厂家说是让经销商完成分销工作，实际上“销”只是形式，“分”才是实质。

以前经销商是“上帝”，大的经销商甚至敢跑到厂里发飙摔总经理的杯子，动不动就提条件“你再不给我几个点我就不做了”。现在经销商还是“上帝”，只不过不再独家经销，所以“上帝”比较多，甚至一个县城就有两个“上帝”，甚至满街都是“上帝”。以前的“上帝”很牛，现在的“上帝”则比较被动——你必须听话，听话才是“上帝”，如果不听话，弄不好厂家就会给你“上刑”，最后还可能要让你“上路”。

厂家为生计，必须把经销商区域划小、把市场做细，这是商业规律。超市为生意计，希望和厂家直接合作，得到更多支持，这也是情势逼人。厂商博弈，过河拆桥是必然结局，大家都是不得已！青蛙要活蛇要饱，秦香莲和皇姑都有理，只有陈世美不是人！难为经销商成了过河就拆的桥。难怪有经销商抱怨：品牌是厂家的，市场是终端的，我们经销商只是个“拉皮条”的，经销商之间的倾轧我们其实不怕，最怕的是厂家变卦，说不让我们卖我们就没有利润了，“采得百花成蜜后，不知辛苦为谁忙，朝不保夕”！

2. 经销商如何面对自己“入场券”的命运

选择一：先知先觉，顺势而为，打造自己在小区域和某个专业渠道精耕细作的核心竞争力。无数事实、案例证明，经销商在自己的小区域里精耕细作所获利益，绝对会比跑马圈地粗放经营管理大市场多。

选择二：结构决定功能，未来经销商能代理更大区域的唯一原因不是销量大，而是有足够的团队和能力把市场做细致。所以要未雨绸缪做好架构保障，加人加车开设分公司办事处甚至争取与厂家组建“联销体”，使自己可以精耕细作更大区域、更多渠道，同时对内管理挖潜、对外争取更好的产品组合消化费用成本，最终才能给自己争取更大的地盘和生存空间。

选择三：开辟新机会，前向发展比如自建终端做卖场，后向发展比如自己 OEM 乃至成为生产厂家。要么进入新行业，要么被动接受淘汰。

3. 厂家如何面对经销商这张“入场券”

厂家的通路布局要有战略意图，要“根据未来规划现在，而不是根据现在规划未来”。比如，不要盲目签订大客户独家总经销协议，免得给将来通路细化设障碍；比如，超市合同乙方如果是经销商的名字，将来一旦换户，那么手续复杂而且成本很高，所以最好早日启动卖场体系的三方协议（甲方超市、乙方厂家、丙方经销商——经销商成了授权服务商，将来换户成本不高）；比如，要在经销商下面开设分销商，并把分销商纳入厂家拜访管理体系之中，为将来的分销变经销做好准备；比如，拓宽产品线，通过产品区隔构建新的经销商通路……总之，厂家在今天和经销商朋友们精诚合作的时候，就要规划好“未来我的业绩倍增如何在通路细化上得以体现”。

4. 厂家业务员如何对待经销商这张“入场券”

业务员管理经销商，随时准备“撕票”。

大家别误会，我这里讲的“撕票”不是黑社会的“撕票”，而是指提前做好在不得已的情况之下更换经销商的准备。

具体动作是什么？

第一，作为业务人员，新市场开发选择经销商要慎重，要寻找真正可以帮助企业迅速开拓市场的客户（不要动不动就换经销商）。

第二，在后期市场管理过程中，一定要注意深入市场一线，辅导经销商进行终端销售，同时把经销商和当地重点客户的分销网络掌握在手中。

如果经销商敢给你拍桌子说：“你不让老子做，老子让你进不来杭州！”——这说明你对经销商的出货网络真的是一无所知。

如果你可以向经销商讲：“你别蹦，你再蹦信不信我把你换了，一个月之内扶持一户起来，比你销量还大。”——这说明经销商的下线网络全在你手里，而且你跟他的大客户有很好的客情。

那么怎样去抓经销商的下线网络？从操作层面上通常有如下方法：

（1）**执行预售制，掌控终端**

说明：厂家在经销商所在城市派驻销售人员成立办事处，帮经销商拜访批零客户超市卖场，拿订单做市场维护，商品流由厂家完成，经销商实际上只是物流和财务流。

优点：终端完全在厂家手中，经营非常主动。

缺点：成本高，管理难度大，当地办事处主任有可能被经销商“搞定”。

（2）**通过促销活动掌握终端网络名单**

说明：常用两种方法。

其一，帮经销商召开当地客户的订货会。

其二，“批发积分奖励”。比如给经销商发 100 张登记卡，让他在这个季度给每个重要客户建立进货记录，每个客户的进货在卡上都有登记。季末要经销商把卡收上来交回公司，公司通过这个卡上的记录就可以了解每一个客户的销量，然后公司出资奖励重点客户，帮经销商激励下线客户以提高他们进货的积极性。

特别提示：注意！该活动中最后收上来的所谓客户进货记录卡上的数字，绝大多数都是假的，经销商一定会在里面做手脚，虚报销量截留赠品，但是各个客户的姓名、地址、电话都是真的，虽然进货数字有水分，但哪个客户相对大、哪个客户相对小还是能反映出来的。

优点：成本低，资料建立迅速。

缺点：失真率较高，而且操作都是以经销商为主体，厂家建立的仅仅是数据资料，没有客户信任度，没有客情。

（3）**业务员走访客户，建立网络资料和初步客情**

说明：业务员在拜访经销商的同时跟车拜访下线客户，对大客户格外“关照”，硬把档案建起来。

优点：这个方法不仅能建立数据档案，而且是绝对的第一手资料。跟客户直接见面，一对一沟通，建立了初步客情，将来切入会相对容易。

缺点：这个方法比较笨，进度缓慢，要求业务员必须敬业。

(4) **建立封闭通路**

说明：常用两种方法。

其一，全封闭通路。经销商、批发商都需要跟厂家签约，称为授权一级经销商、二级经销商和分销商。当所有客户都成为厂家的契约客户时，网络当然就抓在厂家手中。

其二，半封闭通路。建立分销商，当经销商所辖区域出现空白的时候，厂家可以借机设立分销商，从经销商手里以厂家进货（经销商吃返利）帮经销商做市场。对于分销商的选择和管理，厂家可以比较多地参与其中，必要的时候则可用分销商取代经销商，此时分销商就是经销商的“掘墓人”。

优点：一旦建立封闭通路，整个上游网络就处在厂家掌控之下，砸价、窜货就会减少。

缺点：全封闭通路意味着批发商数量的减少，经销商销售机会减少，如果产品本身销不快、利润不高，全封闭通路就没有任何凝聚力。

在半封闭通路中设立分销商是个不错的方法，但是一般在分销商建立期间会遇到两层阻力：其一，经销商会感觉到“死期将近”而不愿配合；其二，分销商会觉得这个角色有点像“二奶”不像“原配”，而不愿屈就。

(5) **帮经销商建立内部管理软件系统**

说明：经销商配置电脑，实际上是做样子，最多打打订单而已。客户资料没有分类建档，仓库数字不能实时掌控，甚至应收账款还是一大堆白条在抽屉里存着。不过个别有实力的大厂家也会帮经销商建立电脑管理系统与厂家联网，从而在帮助经销商提升管理水平的同时，将经销商的一切财务资料、储运资料、客户资料、销售动态等全部抓在手中。

优点：经销商几乎完全被厂家“收编”了，稍有风吹草动，厂家立刻能闻风而动。

缺点：这个方法需要的资金投入和教育成本都很高，可口可乐推行这个做法，上SDS（分销管理系统），推了四五年才初见成效，投入很大，一般的中小企业只有看完咂着嘴羡慕的份儿。

三、厂商关系第二重：经销商是厂家在当地的销售经理

1. 为什么经销商成了“销售经理”

厂家会帮经销商做促销吗?

会！当然会！

请问帮经销商做促销的目的是什么？为了提升销量?

错了！

可口可乐全中国两万多名员工，其销量主要还是依靠经销商、批发商完成，你们公司才几个人?

销量靠谁完成？当然是靠经销商的人、车、货、钱、网络、客情。

经销商的网络和客情是厂家人员根本比不了的。厂家业务人员也许更专业，但厂家人员和终端接触的界面有限。就算一周拜访一次也只是拿个订单，不送货、不赊销，搞个促销陈列活动，奖品还是经销商给送过去的。经销商和终端的客情是天天送货十几年送出来的客情，是同宗同族沾亲带故的客情，是逢年过节礼尚往来一起大碗喝酒的客情，是多年换破损解决问题的客情，甚至是赊销卖货资金支持的客情。

没有经销商的资金承担账款压力，厂家无法广泛覆盖商超、餐饮等月结货款的大终端。没有经销商的低配送成本和产品线分摊配送费用，厂家无法广泛辐射中小终端和四五级市场。更重要的是如果没有经销商的网络和客情，厂家的铺市和销售立刻就会大大减速。

那么，厂家帮经销商做促销是什么目的?

说白了是为了让经销商“更高兴”。厂家帮经销商做促销，有时候根本就是为了做给经销商看——经销商对新产品没信心，厂家一做促销，经销商一看，噢，这个新产品一做促销能卖呀！而且利润还这么高！等厂家走了，他就会大张旗鼓地发动自己的队伍去销售。厂家帮经销商做促销，经销商会感觉到厂家对自己很重视，一高兴，卖得就更起劲。其实就是这么个道理。

厂家寻找经销商，主要是为了利用后者成熟的网络把产品迅速铺出去。把经销商的网络纳入厂家的销售网络之中，在当地真正的销售工作是由经销商的人、车、物、钱、网络等资源实现的，经销商才是当地真正的销售经理，厂家的区域经理实际上是个经理“助理”，或者叫做“专管区域经理”。

2. 经销商如何当好“当地区域经理”

（1）提高自己的配送核心竞争力

注意配送核心竞争力不是买几辆车那么简单，而是要做到为人之所不能。

别人送不到的（比如村级网络、距离远的小店）我能送：这需要经销商的车辆硬件配置，更需要经销商的理念——为了打造自己的配送网络所必须承受的前期亏损成本——经销商开拓网络不要斤斤计较送这一趟货能否赚钱，拜访新区域、新网点前期可能销量不佳会赔钱，经过一个阶段的重复拜访，销量稳定之后就能真正扩大网络开始赚钱。换个角度想一下，如果送这一单货一定赚钱，何必一定要你来做。

别人送不了的（比如押款周期长、手续复杂的大卖场）我能送：这需要你具备超市压款的资金能力，超市兑账结款的服务能力，酒店的应收账款管理能力，学校送货的供货商准入资格等。同样前期也要交学费。

别人送不起的（距离远、要货量小、运费成本高的网点）我能送：这需要经销商内部挖潜，减少仓库内丢失、破损、断货等仓储成本；减少司机磨洋工、卖老品不卖新品等人员管理成本；减少仓库位置不合理、配送线路不合理、司机套费用等运输成本；还要科学搭配产品线，摊薄自己的整个配送储运成本。

（2）提高自己的自销能力

仅仅做配送商很容易成为“傀儡”，太危险！坚决不要退化为一个厂家拿单我送货的配送司机，经销商必须走出门去，主动拜访终端网点、补品项、维护终端表现，最好实现人车分离（司机和业务两支队伍分开）。只有当经销商自销比例越来越大时，你这个区域经理才有价值。

3. 厂家如何用好经销商这个区域经理

厂家还是会增加人手，市场管理能力会进一步加强。但是注意我说的是市场管理能力，不是直接市场操作。对大多数企业而言，“厂家精耕市场模式”并不可取，经销商运作当地市场的低成本优势是厂家无法取代的，厂家手伸得太长最终适得其反。厂家要发挥优势，强化管理职能和品牌推广能力（比如新品开拓、新渠道开拓、终端旗舰形象打造、品牌推广活动、价格管理等）。经销商要发挥熟悉网络、运作成本低的优势，完成终端配送周期性服务、产品铺货、终端形象维护、网点开拓，同时协助厂家的品牌推广活动。双方优势整合取长补短才可能避免厂商错位、“主劳臣逸”的陷阱。

落实到动作：厂家的终端销售人员不能只考核销量，只考核销量，厂家人员就成了纯粹去终端卖货的，职能和经销商的人员重复，结果互相抵消，厂家上10个人，经销商撤10个人。厂家人员必须导入过程考核，比如新开网点奖励、生动化专案奖励、促销执行专案奖励、终端客诉处罚等。

康师傅、可口可乐等企业前些年过分强调厂家掌控终端，组建上万人的辅销队伍，结果不但人力成本上升，更可怕的是搞得经销商主劳臣逸：一个月经销商卖了1000箱货，800箱都是厂家业务员给他卖的，经销商已经退化成送货工。目前这些企业都已经开始调整，厂家的终端团队和经销商团队进行分工，启动经销商的自销能力。

4. 厂家业务人员如何做好“区域经理助理”

业务人员拜访经销商，要不要身先士卒做实事？当然要！但是注意，你的目的是做给经销商看，用实际行动鼓励经销商、引导经销商、发动经销商，而不是替代他的工作内容。怎么做？“擒贼先擒王，射人先射马”。

（1）擒贼先擒王

经销商能不能发动起来，有个人很关键——老板（也可能是老板娘，甚至老板的娘）。怎么发动老板呢？看下面的利润故事！

本人刚开始下海做厂家业务员时，最大的障碍是不喝酒，我的酒量属于先天不足而且后天失调，上学期间滴酒不沾，做业务时为了练酒量，曾经每天晚上关起门自己把自己放倒，但是顶峰时期也就八两的酒量——八两啤酒！刚开始做业务时这点见不得人的酒量让我举步维艰，在那些大碗喝酒的糖酒公司经理和其他厂家久经考验的老业务面前屡屡成为笑柄。几次都动了转行不再做销售的心思，后来逼急了，就想：“喝不了酒，我帮你干活行不?”

于是，有一天经销商要去喝酒，我主动请缨：“张老板，今天我没事，借你的三轮车用用，我帮你去卖卖新品高价面，你的司机都说高价面卖不动，我去试一试。”经销商假意推辞了一下，让我去了。

我作为厂家人员出去卖货和经销商的业务是不一样的。经销商大多数是车销拜访终端，司机业务二合一，这些人下去根本不是卖货，他们是送货的。他们都是只跑老店，不跑新店，只卖老品，不卖新品——反正他们是拿提成，开新店卖新品肯定要比跑老店卖老品难得多，而且他们车上带着很多产品，未必主推你的新品。我作为厂家人员，今天出去一门心思就要卖这个产品，而且我毕竟是大学毕业，毕竟受过厂家专业训练，手里还有促销资源。结果自然我卖得动！晚上回来，我立刻向经销商禀报：“张哥我今天卖了50多箱，一箱您赚3块，今天利润是162块钱。”说完放下钱就走了，给他个背影！

第二天我再去卖货，晚上回来禀报：“张哥，我今天运气好，卖了90多箱，一箱您赚3块，今天利润是282块钱。”放下钱又走了，再给他个背影！

第三天晚上我回来禀报：“张哥，我今天卖了10多箱……交警把车拖走了。”

第四天再禀报……

一周以后总结：“张哥，这一周我总共帮您卖了545箱，您赚1600多块。”

注意！到此为止我就不能再帮他卖货了，我要争取发动他的人：“张哥，我下周想上你的送货车跟你的司机老王一起去卖货，我看看他们为什么卖不动。”有了上周的业绩垫底，经销商已经对我很客气，对他的司机卖不动新品也很恼火，我这个提议他当然求之不得。

上了老王的车，我当然要嘴甜手快，中午吃饭我主动买单，人家拿烟我立刻点火，其实老王绝不是卖不了新品，他只是不重视罢了，坐着他的车借他的客情和面子，新品销量肯定比我自己孤军奋战大得多。晚上回来功劳给谁？当然是给老王。“张哥，老王今天出去好像上发条了，新品哗哗卖，拦都拦不住……”不用担心，张老板心里清楚怎么回事。

死命帮经销商卖一种高价产品，天天给他算利润，请问这样有用吗？绝对有用！经销商只要看到你能帮他赚钱，能让他拿来做标杆教育其他员工，绝对对你刮目相看，你喝不喝酒一点都不重要。

注意！特别注意！晚上回来跟经销商讲利润故事，明确你帮他赚了多少钱很关键！做业务不但要带一双腿，还要带上一张嘴，千万不能做好事不留名。雷锋叔叔做好事不留名，但是都写日记里了。我们管经销商“擒贼先擒王”，就是要让老板知道我帮你赚了钱，天天给他“念经”：“我帮你赚了多少、我给你赚钱了”，“我帮你赚了多少、我给你赚钱了”，“我帮你赚了多少”……催眠他！他慢慢就铭记“你帮我赚钱了”。

先死命地帮经销商卖一个高价高利润的新产品，天天讲解利润故事赢得经销商老板的好感，然后借船出海发动他的人卖货，最后结果肯定是经销商以此案例和数据为题材，发动他的人卖新品。这才是厂家业务应该做的事情，你的作用不是亲力亲为帮区域经理（经销商）卖货，而是通过说服、沟通、培训去引导，做给他看、讲给他听、让他建立信心。然后你走了，他疯了！拼命利用他的各种资源（经销商的人、车、物、钱、网络）去销售公司产品。记住，货是靠经销商的团队卖的，经销商才是销售经理！

（2）**射人先射马**

卖货的人是谁？不是经销商老板！经销商老板其实不是卖货的，他们大多数已经“坐台不出台了”——在家里当老板凡事听下面汇报了，找个所谓的操盘手，自己当甩手掌柜了。真正卖货的是经销商下面的业务员。在擒贼先擒王获得老板支持之后，还得发动他的员工！

怎么发动他的员工呢？细节很复杂，方向有四个：

①小恩小惠。经销商的员工都是苦出身，别的厂家业务员来了都以领导自居，不搭理他们。你要殷勤一点，请吃个饭啊、送个小礼物呀、讲个笑话呀、一起送送货啊……记住：越是身份卑微的人，越在乎别人对他的尊重。

②狐假虎威。新品铺货期间，经销商找我要费用，我会回答“可以，但是”，“但是”背后跟的就是我想要的支持，比如经销商加人加车铺新品、经销商新品进货、经销商对人员进行新品专项考核……除此之外还有一个条件很有效：“我要求咱俩签协议，你书面承诺新品上市，你作为老板亲自上车跟我一起下去铺三天货！”这个条件大多出乎经销商预料，而他们也很容易接受，这不是什么大不了的要求。

为什么要这么做呢？如上文所言，老板们已经很久都“坐台不出台了”。这次铺新品，厂家经理拉着经销商老板一起上车铺货，好处有三：其一，借船出海，经销商老板出面，很多终端都给面子，铺货更容易。其二，示范效应，当着经销商老板的面，厂家经理使出浑身本事铺货，经销商老板看到的是这个货虽然新上市，但是只要认真卖还是能卖，回去就会给他的司机和业务提要求下硬指标。其三，狐假虎威，经销商的司机和业务会大吃一惊：“这老东西这么多年都在家待着不下来，这回上新品竟然亲自上阵铺货了。”司机、业务们看到老板对这个产品如此重视，他们自然会重视。

③培训。经销商的员工接受培训少，他们面对陌生店不知道怎么破冰，上新品不懂怎么推销，更缺乏产品知识、标准拜访步骤、商务谈判等专业知识。厂家业务主动去给他们培训，绝对有好处。老师最容易赢得尊重，如果你能讲课讲得让他们下次见了你半开玩笑叫你“哎哟！某老师来了”，你的影响力自然会加大。

④介入经销商的人员考核。经销商老板大多卖货挺厉害，管人不行。厂家业务要瞅机会一次又一次帮他做人员考核、人员管理的小改善，让他一次又一次尝到甜头。直到最后他说：“兄弟，我看这方面你挺擅长，干脆这事情你来替我办。”当你能全面介入经销商人员考核的时候，你才真正掌控了经销商。经销商的员工看到这个厂家业务来了跟老板商量商量就能把他们的考核制度修改了，他们就开始怕你三分！

四、厂商关系第三重：经销商是“地方武装力量”

1. 为什么说经销商是“地方武装力量”

同一个经销商，为什么把另一个品牌做得很好，把你的产品做得很烂？他能把另一个品牌做得很好，说明这个经销商的资金、网络没有问题，把你的做得很烂是因为经销商提供的是一个舞台，另一个品牌在这个舞台上唱的是主角，你唱的是配角！金丝猴糖果、康师傅方便面、金龙鱼食用油、飘柔洗发水都是你的竞品吗？不是？也许它们不是你的直接竞品，但是它们都在跟你抢经销商的资金、运力、仓库、人员等资源。

《智取威虎山》里面杨子荣的任务最初是什么？“收编土匪武装，让他们投身革命”，收编不成，就干掉土匪！

厂方业务代表和经销商之间就像是党（厂家）的特派员（业务代表）和地方武装力量（经销商）的关系。

党（厂家）的派特派员（业务代表）去地方武装力量（经销商）那里，就是要特派员（业务代表）通过自己的智慧、自己的专业沟通技巧对地方武装（经销商）产生影响，使地方武装（经销商）跟党（厂家）走，让地方武装的十几个人、七八条枪（经销商的人、车、货、钱、网络）都朝着党指的方向（厂家的市场策略）去努力。

2. 经销商如何做好“地方武装”

地方武装力量的前途是什么？“出来混，要够狠！兄弟多！最要紧的是跟对老大！”往上游看：经销商要想发展，必须选准几个有实力、有前途的厂家深度合作、长期合作、共同成长。几十年来我们看到多少厂家从几千万几个亿，发展到几十亿上百亿的规模，随着这个厂家的业绩倍增、市占率加大，一直陪厂家走下来的经销商肯定同步上升、登堂入室。只看眼前利益做高毛利杂牌货，朝秦暮楚的经销商是做不大的。同理，往下游看：经销商还要选定几个重点终端渠道紧密合作，随着紧密合作的重点终端（比如连锁卖场）的门店数增加、市占率提升，经销商的业绩和覆盖能力也同步提升。

经销商选定战略伙伴靠的是眼光，跟下去靠的是胆识和决心，结局靠自己努力和坚持，也靠这些伙伴的带动而“水涨船高”。

3. 厂家怎么用好“地方武装”

第一，厂家要尽可能增加自己在渠道资源（经销商）中的垄断（专销）和排他性

（同品专销）地位。一个区域市场上的优质经销商很有限，你能垄断这个资源就是给竞品设下障碍，否则你辛苦培养的经销商平台就可能给竞品创造机会。市场上的强势品牌大多要求经销商专销或者同类产品专销？这话的因果关系颠倒了——是绝大多数品牌都是从要求经销商专销或者同类产品专销之后才开始逐步强势的。具体办法有很多，可以硬性要求，也可以通过返利、奖罚、厂家支持来引导，总之随着品牌的日渐成熟，往这个方向努力不会错。

第二，厂家要注意扩大地方武装的力量。或者细分通路增设更多的经销商，或者辅助经销商加人加车，同时调整产品结构、终端渠道结构，产生利润，消化人和车的成本。总之，在成本可承受前提下，市场上卖你货的人和车越多越好。

第三，厂家要给当区业务人员创造跟经销商博弈的筹码，业务员手里要有给经销商的奖罚资源。比如康师傅常用的方法，区域经理对经销商做新品铺货专案奖励（新品每铺一家奖励经销商多少）；比如立白的方法，业务员区域经理对经销商做一定比例的市场表现和专车专销过程考核等。

4. 厂家业务人员如何与“地方武装”相处

业务员做到什么程度才可以说把经销商管好了呢？首先就是经销商的人、车、货、资源全都被业务员影响甚至收编。经销商有 10 个人，9 个人在卖我们的产品——还有 1 个请病假了；有 10 辆车，11 辆车在送我们的产品——还有 1 辆是租的车；有 100 万的资金，有 80 万在进我们的产品，还有 20 万在外面压着……

其次，业务员要特别关注自己的产品在经销商那里的库存占比、资金占比、资源占比。比如讲利润故事，说服经销商抛掉仓库里占资金的滞销货，进自己的产品。比如在经销商抱怨没钱进货的时候骂他：“什么没钱，我让你进方便面你没钱，看看你库房里全是白酒，你不肯下本钱进货，我在你这里是二等公民，你还想让我给你出费用做市场?”

业务员要勤于给经销商“挖坑”扩大他的队伍，开拓新网点、新渠道把市场做大，然后引导经销商“车不够、人不够，再这样下去我不得已要加分销商”，最终逼经销商加人加车。

最后，厂家业务人员要介入经销商的人员考核，“收编他的团队”。

五、厂商关系第四重：经销商是厂家的商业合作伙伴

1. 商业合作伙伴意味着什么

经销商和厂家是要战略合作，要双赢，但是前提是商业合作伙伴！商业合作的前提就是交换，你给我我想要的，我给你你想要的，大家各取所需，然后双赢。厂家过河拆桥是逼不得已，经销商也别以道德模范自居骂厂家背信弃义，假设有一天厂家不行了，经销商也是第一个转身走的。厂商之间也有临危救难的感人故事，但那一定是个案，不是共性！在商言商，商业交换前提是双方利益的满足，商业不应该寄希望于“报恩情结”，不要让友谊承担责任。大不了厂家干掉经销商的时候会说：“大哥，不用你我没有今天，再用你我就没有明天。”

2. 经销商如何做一个有价值的商业合作伙伴

经销商要明白厂家想跟你交换什么。厂家要的是经销商的资金（承担压款能力）、配送网络（承担配送成本）、自销能力（承担销售服务功能）。

常见经销商给厂家哭穷“我没钱进货了，你们能不能给点资金支持”，这话太蠢了。相当于丈夫告诉妻子“我不是男人”。厂家找你首先就是要你的资金能力，你没钱，他就想着换一户有钱的经销商。当经销商资金紧张时首先要考虑开源：主推高利润产品、细化终端渠道、丰富产品结构和渠道结构，从而产生利润给自己的资金“造血”。然后要考虑节流：清掉占资金的滞销货，盘活仓储资金；减掉自己能力所不及的赊销客户和区域，盘活市场资金；考核员工账款回收，盘活应收账款……经销商的资金其实没有“多与不多”，只有“够与不够”，能做到开源节流，资金自然就够了。

当经销商被厂家淘汰的时候，首先问自己：我是否满足不了厂家的需求？我这张旧船票是否已经登不上厂家这艘破船？

3. 厂家如何做一个有价值的商业合作伙伴

经销商找厂家要什么？品牌、稳定的产品质量让经销商不赔钱；稳定价格秩序和不断推出的新品带来的新利润源；强有力的市场支持和管理协助，让经销商收获利润之外的价值。厂家要想吸引经销商，每年要反思自己能否提供给经销商 4 个层面的利益，有没有推陈出新更具竞争力。

（1）**服务层面**

经销商的订单，发货，费用报销，退换破损等基本服务是否便利、及时、有信誉？经销商对公司销售、产品或后勤支持等方面有意见的时候，能不能找到公开的信息反馈、投诉渠道，信息反馈之后是否有及时的回应？

（2）**让经销商觉得更安全、不会赔钱**

产品质量是否稳定？厂家在行业中是否有不可替代的优势（比如成本优势、性价比优势、产品差异化卖点、广告、品牌或者厂家的人员支持和费用支持）？厂家在稳定价格秩序、品牌推广、促销支持、滞销即期货物退换上有什么新的突破？有没有让经销商感觉到跟这个厂家走，产品质量好、企业有优势、价格稳定、厂家讲信誉且支持大、至少不会赔钱？

（3）**经销商的利润是否持续增长**

厂家在成本降低上有没有新的突破，是否能提供更具较高性价比的产品？在产品线更新、终端渠道结构更新以及与之配套的市场支持上有什么新的规划？能不能让经销商有新的利润源和兴奋点？有没有竖起利润标杆让他们看到希望？

（4）**对经销商的管理水平、经营能力有没有帮助**

厂家在协助经销商开拓终端网络、经销商及其团队培训、经销商的管理协助方面有没有新的突破，有没有提供利润之外的价值？有没有对经销商进行“商业模式植入”，提升经销商整体经营竞争力？

4. 厂家业务人员如何对待自己的商业合作伙伴

（1）**厂家业务人员要理性看待自己的角色**

①我不是领导：经销商叫你一声“领导”是给你面子，你必须在专业上征服他，让他尊重你；在做人上感动他，让他接受你；在赚钱上帮到他，让他感激你，你才会有面子。叫你一声“领导”你真的当自己是领导了，不成熟！

②我也不是孙子：经销商不是“上帝”，是和你一起为“上帝”（消费者）服务的人，他是天使还是魔鬼，就要看他的做法是不是有利于市场。所谓“先做人后做事”，不是让你一切都听经销商的话！打着做客情的幌子出卖市场利益，不但不成熟，而且职业道德有问题。

③我更不是杀手：有个学员听完课总结“经销商是一盏灯，我是一把火，用我的火点经销商的灯，烧他的油照亮我”，我评价他听课听“疯了”。一切以厂家利益为出发

点，不惜牺牲经销商利益，抓住经销商挨个放血，你肯定做不下去的。经销商不是傻子，他们是区域经理，他们是地方武装，他们是入场券，他们是商业伙伴。厂家不关注他们的利益，最后肯定自己搞死自己。

④回归平常心：厂家业务员就是一个代表厂家跟经销商共同做市场的业务代表，厂方业务员管理好经销商的终极目的，就是通过业务员的专业技巧，协调厂商这两个根本利益冲突的个体之间的利益，引导经销商的人、车、货、钱更多地投入到厂家的市场工作上来，在保证厂方根本利益（如经销商守约付款、不冲货乱价、不截留市场费用、全品项推广等）的前提下，帮经销商创造最大效益，实现相对意义上的厂商双赢。

（2）站在执行层面，建议厂家业务员“建立公众形象”

厂家业务代表是代表厂家来跟经销商谈生意的，在厂商利益一致时（经销商配合厂家策略开发市场），要对经销商热情服务大力扶持，尽可能减少厂家违规操作给经销商带来负面影响（如送货不及时、爆仓、断货等），帮经销商创造效益；在厂商利益发生冲突（经销商的各种恶意操作）时，则要坚持原则，维护厂方的利益（如追收货款，制止经销商砸价，“逼”经销商给超市供货，调换不合格经销商等）。一句话，对经销商要像敬上帝一样敬起来，像防贼一样防下去。

怎样才能既坚持原则，又不至于轻易激化矛盾呢？业务人员应建立公众形象！

为什么诸葛亮对阵司马懿，唱了一出空城计能大获全胜？因为诸葛亮长期以来营造的公众形象就是“谨小慎微”，“诸葛用兵，从不弄险”，所以司马懿就被唬住了。换个人唱空城计可能会被揍死，因为这家伙诈金花经常偷鸡！这种公众形象唱空城计，肯定被揍死。

业务人员要建立什么样的公众形象呢？

让经销商对你建立个印象：“这小子翻脸比翻书还快！”平时挺和气，开得起玩笑，也是热心肠，小事情也不计较，但是上一回喝着酒，我半开玩笑说了句：“完不成任务我就冲货”，当时这小子翻脸了：“大哥，咱俩的交情是有前提的，你能和厂家诚意合作，咱们就是朋友，你要是反戈一击，我也会翻脸无情，今天我把话摆出来，你敢冲货我就杀你全家。”哎！这小子就这样！别的事都好说，原则问题不能碰，一碰就翻脸！

一碰原则问题，翻脸比翻书还快！这个公众形象一旦建立起来，经销商在你面前轻易不会有非分之想。你想想，要是有个女的，穿得挺暴露，还不自重，成天跟一帮坏小子开玩笑，掐这个一把，踢那个一脚，那么就会有人有非分之想；要是这个女的每天一脸正色甚至满脸杀气，天天拿个菜刀看谁都不顺眼，别人就不会有非分之想，只想跑！

有人开玩笑说，经销商和厂家业务员的关系不能太好，就像计划生育干部和老农民的对话。计划生育干部问老农民："大叔，你知道近亲为什么不能结婚吗?"老农民听完大笑三声，害羞地说："太熟了，不好意思下手。"太经典了，经销商和厂家业务员的关系不能太好，因为太熟了就不好意思下手了。

六、世事洞明皆学问，人情练达即文章

厂商关系原本多维，从一维角度非此即彼地定义厂商关系难免局限，在错误的理论指导之下行为就会越错越离谱。必须动态地、多维度地分析双方复杂立体的关系，客观认识自己的角色，认清自己能提供的价值和能获取的利益，才能寻找和谐相处的方式。

经销商不要有怨妇意识，更不要抱不切实际的幻想。你只是厂家的"商业合作伙伴"，合作的前提是你能和厂家交换利益，能弥补厂家的短板。而从容的资金运作和压款能力，能为人所不能为的配送竞争力以及低成本的自销能力，就是经销商和厂家交换的筹码。经销商是"地方武装力量"和"区域经理"，所以要"跟对老大"，慎重选择可以长期合作、互相扶持的厂家共同进步。随着厂家不同战略时期和市场阶段对经销商提出的不同要求，经销商要调整自己能贡献的利益尽量配合，让自己这个"区域经理"的价值更具不可替代性，与此同时争取厂家最大支持，壮大自身力量。最后经销商要知道"入场券"迟早会过期，天下没有不散的宴席，商业合作伙伴迟早还是要分手。和厂家的合作再紧密，最终也逃不出重用、利用、弃用、被"扁平化"的过程，所以经销商要提前做好战略布局，迎接变化的到来。

厂家管理经销商不要总以老大自居。厂家多的是，经销商凭什么给你抬轿子？凭你作为"商业合作伙伴"能跟经销商交换的利益。所以厂家要不断反思自己能给经销商提供的4个层面的利益是否有吸引力，是否还能有突破。厂家懂得经营自己的魅力，厂商的爱情才能持续保鲜。厂家的业务队伍要为经销商提供服务，但是职能上必须和经销商队伍有所区分，要明确经销商才是"区域销售经理"。厂家要发动经销商的力量，壮大经销商的力量，更要驾驭这股"地方武装力量"——品牌逐渐成熟的时候厂家就要在自己的经销商队伍中推行专销、同品类专销的政策，给自己创造垄断性平台，给竞争对手设下壁垒。因此厂家要给业务人员"筹码"和权利去和经销商博弈。厂家的通路布局要有前瞻眼光，在和经销商精诚合作的同时，还要寻找突破，逐步"撕票"（推进自己的通路扁平化），逐步把市场做细致。

厂家的业务人员心态要成熟：厂家业务人员作为“商业合作伙伴”的代表，要时刻反思自己在4个层面的利益上能够给经销商创造多少价值。作为“经理助理”，厂家人员要用利润故事、专业实力赢得经销商老板的尊重。作为“收编地方武装的特派员”，厂家人员要尽量用介入经销商人员考核，用培训、良好沟通来增加自己在经销商业务团队中的影响力。要“擒贼先擒王”，“射人先射马”，“不但带一双腿还要带一张嘴”，发动经销商的力量做市场。要促使经销商加人加车增加分销商，壮大实力，要尽可能增加自己的库存占比、资金占比乃至接管经销商的人员考核，驾驭它的团队。最后厂家业务人员要避免“撕票”——慎选可以长期合作的经销商。但是更要明白客情和交情的区别，建立“翻脸比翻书还快”的公众形象，暗度陈仓建设分销商队伍，掌握经销商的网络，为不得已的“撕票”提前埋下伏笔，做好准备。

“世事洞明皆学问，人情练达即文章”，《红楼梦》里的一句话给我们作了总结。洞明世事就要走捷径“做对的事”。参透厂商之间4个维度的关系才能摆正自己的位置，没有不切实际的期望，就不会有捶胸顿足的失落和不平，一帆风顺时能居安思危，遇到障碍能从容自处，受了挫折也能认赌服输。经销商知道自己能提供什么才能更有利用价值，知道自己的未来出路早作战略选择。厂家也能知道自己什么时候要俯首为孺子牛，菩萨低眉慈悲六道；什么时候要横眉冷对，金刚怒目降服四魔；什么时候要该出手时就出手，还要先下手为强斩草除根，出手还不能激化矛盾伤害市场而留下后遗症。关键是要把握这个度，这就是所谓的功力。成熟的商人悟透了，就可以驾驭这些多维度关系，接受既定的游戏规则和规律，少些浮躁、多些务实，少些冲突、多些和谐，集腋成裘、前赴后继，去把握那些正在到来的未来。

要想管好经销商，先管理好自己的心态，思路不同出路就不同！

作者评述

有些话可能不太好听，但却是实话——做销售培训需要讲实话。

厂家跟经销商之间一直是相互对付又相互应付、互相重用又互相利用，甚至是胡萝卜加大棒，外加凌迟剥皮的故事。

其实大家心里都明白，只不过嘴上不方便讲出来，结果就对一些销售人员造成误导。

有一次我在创维集团做培训，培训经理对我这节课的内容有点意见，下了课找我谈话，说：“魏老师，你说得都很对，但是能不能讲得委婉一点，您这样讲课弄不好会让我的员工感觉经销商是坏人，下次见了经销商都是带着仇恨去的，那就麻烦了！”

我在这里再做个补充。

你们说经销商是“好人”还是“坏人”？

好像没有答案。

如果说经销商是“好人”，好像又做了很多“坏事”。

如果说经销商是“坏人”，好像也不公平！因为无非是商业利益使然，真要让你做经销商，你可能比他还“坏”！

那么经销商到底是“好人”还是“坏人”？

请问座山雕是“好人”还是“坏人”？

假如当年策反成功；假如座山雕投身革命，洗心革面重新做人；假如他现在还在人世的话，他会在哪里？

也许在政协（据年龄推算，这个老家伙现在早已过了退休年龄，只能去政协了），“六一”儿童节还可以给小学生们讲一讲雕爷爷当年打鬼子的故事。

可是这家伙却执迷不悟，结果怎么样，就被干掉了。

一个道理，我们和经销商的合作关系也是在变动之中，没有永远的朋友，没有永远的敌人，只有永远的利益。

经销商是“好人”还是“坏人”？他认认真真按照游戏规则做市场的时候就是“好人”，这时候我们要大力扶持；他投机取巧不当牟利的时候就是“坏人”，就是阻力，这时我们要尽可能地通过说服教育去化解阻力，化解不了就要排除。这就是游戏规则。

希望我们的经销商里面“好人”多，“坏人”少。

第二章

2 新经销商的选择

本章预告

解决一个问题的最好方法是从根本上防止问题的发生，因此要想日后在经销商管理问题上少出麻烦，就必须选择一个好的经销商。这一章主要阐述以下几个问题：经销商选择的思路、经销商选择的标准、经销商选择残局破解和经销商选择动作流程。

第一节 经销商选择的思路

一、选择经销商就像选员工，要严进宽出

在第一章，我们讲到厂家选择经销商是因为企业在当地没有销售网络，而直营市场成本又太高，所以才寻找经销商，利用经销商的网络、人、车、物等资源低成本进入市场，管理市场，从而把经销商的网络纳入厂家整体营销网络之中——从这个角度讲，经销商其实就是企业的员工。

企业招聘员工都有一个“严进宽出”的原则——在招聘阶段要严格把关，做详细的调查研究，一旦聘用则尽力培养辅导，用各种激励手段促使员工发挥最大效能，尽量避免招聘时轻率行事，进门后发觉“不合格”又频频解聘的做法（被解聘者的前期培养费用全部浪费，岗位工作被延误搁置，而且过高的解聘率也会造成员工队伍的动荡）。

企业选择经销商也是同样的道理，选择新经销商时要慎重行事，全面调查，经销商一旦选定，就要尽可能地通过销售政策、促销支持、一方人员的具体工作等方式去激励经销商更好地进行合作。

知名企业的销售人员在经销商面前往往“霸气十足”，认为“我们的产品好销，我们市场做得细，终端网络都在厂家手里”，“经销商只不过是一个拉车送货的司机，不听话我随时可以换他”。有企业荣誉感是好事情，但销售并不是这么做的，这种业务代表恐怕这辈子只能在知名企业工作，离开大企业这一背景，这个做法是行不通的。

即便是大企业，如果在前期经销商筛选和后期经销商更换问题上草率行事，也会对自身造成危害：

其一，厂家对经销商霸气太重，在产品好销时，经销商为了个人利益忍气吞声，敢怒不敢言；一旦企业在市场上遇到障碍，就会难逃墙倒众人推的命运。

其二，如果对经销商选择得轻率，合作一段时间发现“不合格”要更换，这时市场已经被做乱，冲货、砸价已经泛滥，超市已经开始将产品清场，通路上已经有较多的即期、破损产品。此时更换经销商，重新启动市场，需要面对这么多遗留问题，你会发

现，拯救一个做乱的市场比启动三个新市场还难。

二、选择经销商时考评要全面

选经销商如同选销售经理。招聘销售经理要考查他的学历、工作经验、敬业精神、以往的业绩、因何在前工作单位离职等各项因素，选经销商同样要全面考查。

1. 实力

经销商的人力、运力、资金、知名度（如同招销售经理考查其学历）如何？

2. 行销意识

经销商对做终端市场的意识是否强烈，是否是那种坐在家里等生意上门的老式经销商（如同招销售经理考查其敬业精神）？

3. 市场能力

经销商是否有足够的网络，他现在代理的品牌做得怎么样（如同招销售经理考查其在原单位的业绩表现）？

4. 管理能力

经销商自身经营管理状态如何（如同招销售经理考查其管理下属的能力）？

5. 口碑

同业（其他厂家）、同行（其他批发商）对经销商的评价，是否有带头冲货、砸价、截留费用、截留货款等行为（如同招聘销售经理考查他在以往的工作单位中是否有劣迹）？

6. 合作意愿

经销商是否对厂家的产品、品牌有强烈的认同，是否对市场前景有信心——没有合作意愿的经销商不会对这个产品积极投入（如同招销售经理考查企业提供的环境是否可以留得住他，是否可以满足他的基本需求进而激发他的积极性）？

三、选择经销商要与企业市场发展策略相匹配

营销是谋定而后动的行为。企业在开发一块新市场、选择经销商之前，首先应该思考的是：我现在会在这块市场上卖什么产品，在哪些渠道销售，我两年内会跟进哪些新产品，下一步是否会延伸扩大该经销商销售区域。这些问题在经销商筛选过程中要考虑好，以给自己下一步的市场策略做好铺垫。否则，今天选择的合格经销商明天就可能会成为障碍。

如，经销商可能卖小包装饮料业绩很好，但对大包装新产品却无能为力。原因是大包装饮料多走超市、酒店渠道，而擅长卖小包装的经销商则多走零销店、批发渠道（在商场、超市、酒店无成熟网络），尤其做超市要求经销商有充足的资金实力（超市压款一般是销售额的3倍）、充足的运力（超市要货是小批量、高频次）和一般纳税人资格（开增值税发票）。因此专做零销店、批发的经销商很难迅速实现渠道转型，担负起开拓大包装饮料市场的任务。

四、权衡大小，合适的才是最好的

选择经销商不是越大越好——经销商越大往往越难控制，而且砸价、冲货的“潜力”也越大；另外，大经销商代理的品牌多，很难对一个品牌专注投入。

当然，经销商也不能太小。前面提到专给零销店供货的经销商很难转型去做超市渠道，主要就是因为实力问题。

从权衡大小的角度去看，经销商选择就像找对象，财大气粗的不一定好，但没有面包的爱情也不现实。男的找个女的太漂亮，危险；女的找个男的太有钱，也不一定幸福。

选择经销商，合适的才是最好的。

何谓合适？

企业在开发新市场前，首先应明确自身的区域目标、渠道目标，明确自己要让经销商在多大的区域，在哪些渠道做销售。然后，根据目标市场规模、目标渠道的特殊要求（如网络、资金、运力）考虑经销商必须具备的实力——经销商至少要能够满足及时给这些目标区域和渠道及时供货、及时服务。在此前提之下，经销商甚至越小越好，因为经销商越大越“不听话”。

接下来就让我们看看经销商选择的标准及其具体动作分解——经销商选择思路的讲解，只能使员工对概念的理解更加清晰，要想让员工迅速把培训的知识运用于实战，还要进一步把思路变成具体的标准和动作。

经销商选择应该考虑什么标准呢?

经销商的实力、经销商的网络、经销商的合作意愿、经销商的理念等，很多人都会这么回答。

但是深究一下，问题就出现了。

这些标准怎样才能落实到动作？用什么动作去看一个经销商的网络实力？用什么动作判断一个经销商的经营理念是否先进？很多人都会顾左右而言他。

为什么我们老是会说不会做，理念落实不到动作？这跟我们从小接受的教育有关。

小时候我们学语文，总要总结中心思想：抒发了作者对祖国美好河山的什么什么感情……其实作者根本就不是那么想的。

记得小时候看过一部电影《庐山恋》，电影最后一段男女主人公冲破重重阻力终于“恋”到一起了，两个人在小河边面对面奔跑（那年头电影里这种场景都是用慢镜头），马上两个人就要抱在一起打“啵”的时候，男的突然一转身抱了一棵大树，然后大喊一声：“我爱祖国!”

喊得地动山摇，紧接着刷的一下拉出一个长镜头，很壮美，但实在是有点跑题。

我们已经习惯喊口号，而一讲到具体动作就抓瞎。理论丰富，激情有余，但是实践却严重不足。

老外在这一点上要比我们务实。

比如，“微笑服务”这个口号在中国已经不算是先进理念了吧，我们去人民医院、人民邮政也都会看到“微笑服务”的标语。可你去问问，人们对这两个单位满意吗？肯定是不满意!

为什么?

因为理念没有到动作，无法执行。

如果一个医院的副院长，在检查工作时，问护士为什么面对患者时不微笑。护士说她笑了，院长说她没笑，护士说她就是笑了。院长会怎么办?

沃尔玛超市就把微笑落实到了动作，它有一个著名的八颗牙理论：当消费者走到销售人员身边一米之内，销售人员立刻要让消费者看到他的八颗牙。

你试试看，露出八颗牙的微笑是何等灿烂!

而且这样也就可以量化了：“刚才消费者来买东西你为什么不笑?”

"我笑了。"

"还敢狡辩，我看见了，只有三颗牙，没有八颗牙！"

接下来我们就用八颗牙的模式，把经销商选择的思路变成标准和动作。

第二节 经销商选择的标准

一、经销商选择标准一：行销意识

什么叫行销意识？简单说来就是一个人做生意的利益取向和价值观念。

经销商行销意识是指经销商做市场的思路是否符合厂家终端销售方针。行销意识是否先进，往往决定着经销商的发展是否有前途。

笔者在消费品营销行业里走了12年，亲眼看到很多经销商（尤其是那些上世纪80年代就下海的"老前辈"）现在手里有人、有车、有钱，实力强，但这几年生意越做越差，而另一部分新兴的经销商（上世纪90年代末才进入商业领域，年龄在35岁以下，知识结构相对较新），虽然实力不是很强，但经营手段灵活，生意越做越红火。

前者（以下称"老式经销商"）优势占尽却日渐衰落，后者（以下称"新型经销商"）初出茅庐，资源严重不足却日渐成长，两者的主要差别就在于行销意识。

1. 新老对比

（1）老式经销商当年为什么能迅速崛起

①当年，厂家都是大代理商制，一个代理商可以垄断几个省的经销权。

②当年，老式经销商与同行小户相比，有车、有钱（下海早，迅速完成原始资本积累），可以大笔现金提货，又有网络（在各县、市有一些固定的下线大户）。

③当年的生意好做，一个有车有钱又有网络的经销商给厂家大笔打款，大车要货，然后给下线的大户打几个电话，他们就会上门提货。那个时候厂家需要的就是这种经销商。

④可以迅速将产品分销出去的经销商，厂家纷纷找他们代理产品，给他们特惠政

策，于是在诸多厂家扶持之下老式经销商迅速做大。

（2）现在这些老式经销商为什么又江河日下，渐渐衰退

①厂家现在多实行密集分销制，经销商已经开到县、乡级，原来老式经销商的下线大户都已经被厂家撬走了，再想靠几个固定下线大户做“腿子”大车倒货已经不可能。

②厂家现在都要求终端销售，日益崛起的卖场对传统经销商也形成极大压力，但老式经销商大多仍然不能认清形势、及时调整经营思想，还在固守以前的“成功经验”（找好销的产品做代理、降价、等下线客户上门提货），他们不愿给卖场供货（怕卖场压款，手续也麻烦），不愿给小店供货（嫌零销店单次要货量太小，送货成本太高）。

③市场变化导致厂家需求变化，老式经销商不能及时跟上这种变化，于是也就被越来越多的厂家所放弃。中国的经销商史说白了就是一部“傍大款”的历史，这个“大款”就是厂家，失去厂家政策支持的老式经销商一定会越做越小。

（3）为什么新型经销商这几年发展迅速

新型经销商人起步较晚，没有当年坐在家里收钱的成功经验做包袱，而且由于年龄、文化层次方面的优势，接受新事物较快。他们非常了解厂家要求经销商走终端、进卖场、送零销店的想法。他们愿意承担各种风险给卖场供货，因为他们知道，今天不把卖场抓在手里，明天卖场就会把自己挤垮。他们不会因为小店单次要货量小就不送货，他们知道多一个客户就多一个网络，网络建起来可以销售很多种产品产生利润，也可以作为跟厂家讨价还价的重要砝码——新型经销商的经营风格符合市场变化，符合厂家要求，成为厂家新宠，自然越做越大。

好了，行销意识的概念到此应该已经很清晰了，如果销售经理给新员工讲一下上面的内容，他一定会很兴奋。但要让新员工找个有行销意识的经销商回来，他仍然会犯“晕”。

接下来我们就把经销商行销意识的标准落实到具体可操作的动作分解上。

2. 具体动作：三句问话，两小时观察

究竟用哪些动作来判定一个经销商有没有行销意识呢？通过对经销商的三句问话，加两小时现场观察就能切实完成。

（1）第一句：问经销商现在代理的各品项的销售情况

话术：

张老板代理的品牌不少呀，您现在代理的 A 产品一个月卖多少？B 产品一个月卖多少？A 产品在超市渠道一个月能卖多少？C 产品在超市渠道卖多少……有时候你把这些

问题问两遍，他的两次答案就不一样。这些人属于“神志不清”型的经销商。

更多的经销商则会回答：我这里一天大约能卖3万元，一年大约有1000万元的销售额。去年能净赚六七十万元，今年情况没去年好，可能赚不了这么多。至于具体哪个产品每个月在哪个渠道卖多少，谁有工夫去算那个细账？

当然不可能让经销商把他的财务数据全都告诉你，但是精明的经销商对自己的产品销量、利润和各个产品的作用都会心中有数。

比如，他会告诉你：我一个月大概会有多少销量，我手里有不同的产品，冬天适销的和夏天适销的产品搭配让我的销售全年没有淡季。A产品利润薄、销量大，纯粹是拿来带货的；B产品销量不大但价格透明度低，是赚利润的；C产品包装新颖而且价格不透明，是专门为今年过年做团购准备的（团购产品要新颖，同时价格不能太透明，否则团购中间人的好处费不好操作）；D产品价格低廉，是专门走乡镇渠道的；E产品是正在准备淘汰的……

典型的老式经销商，虽然店铺大，但他连自己的各种产品卖多少量都算不清，当然算不出自己是赢利还是亏本，这种经销商是市场淘汰的对象。

新型经销商有产品线整合和运作市场的思路，他接受一个新产品不太容易，但是一旦接受，操作起来往往比较有力。

（2）**第二句：问经销商当地市场的基本情况**

话术：

（求教者的口气）张老板，您好！我是外地人，刚来这里，对这个市场不了解，我想请教您这块市场有什么特点？

老式经销商会告诉你：“有什么特点？这里穷，穷就只能卖便宜货，你多打点广告再降点价我就能帮你卖。”

新型经销商则会告诉你当地的市场特点，比如他可能会讲：“陕西3000万人口，西安600多万，地级市中现在咸阳购买力最强，咸阳有来辉武元气袋，有咸阳彩虹显像管，有步长脑心通，这几个大企业人数多而且都很有钱，做团购产品一定要拿下咸阳。延安、榆林交通不太方便，市场相对保守，批发仍然是主流。更独特的是这两个地方虽然经济一般但是名烟名酒卖得快，因为革命老区每年都有扶贫款，会议消费很大。商州是陕西最穷的地区之一，四面环山，几乎没什么大超市，全是批发。那里有个商南县，总共只有两条街，但这地方三省交会，背靠陕西西安、蓝天，毗邻河南南阳、三门峡、龙峪湾，还有湖北十堰和襄樊，是个冲货的最佳地点，我们要迅速起销量就奔那里去……”

我们并非很看重一个经销商对当地市场所做的头头是道的分析，一个精明的商人对当地市场基础情况的了解，对我们是很有帮助的。

（3）第三句：问经销商需要哪些支持

话术：

张老板，假如咱们签协议，我们厂找你做代理，你希望我们给你做哪些支持？

老式经销商往往会要求：多打广告，多做特价，搭赠，降低价格，提高返利，这些要求说明该客户只会靠低价格卖产品，没有丝毫的终端销售意识，而且可能还是一个冲货、砸价的好手。

新型经销商则会要求，你们厂出几个人几辆车帮我铺货做市场，给我支持几个导购帮我进超市做专柜。这种客户要的是终端促销资源，他们懂得真正的销售是在终端市场实现的。

（4）两小时观察：在经销商早上开门或晚上关门时现场观察两个小时

在经销商开门、关门时现场观察两个小时，是为了了解经销商的业务员分工状况，以及经销商对下线客户的主动服务程度：

☆有些经销商的业务员根本不出去，坐在店里等人上门提货，他们帮忙搬货，这是最传统的坐商。

☆有些经销商是等人打电话下订单，然后派业务员送货，这是被动服务的经销商。

☆更多的经销商则是把员工不定期地像放鸽子一样赶到市场上去卖货拿提成。这种做法要稍微好一点，但也肯定会造成业务员骗销、压货、销售品项不均衡、产品即期等诸多隐患。

☆新型的经销商会对每一个员工都有清晰的责任分工，每人负责一块区域，每人每天跑固定的路线，固定地周期性回访——周期性主动拜访终端客户，上门订/送货、做陈列、处理客诉等。

通过三句问话、两个小时的现场观察这 4 个动作，可以迅速而且相对准确地判定经销商的行销意识是否到位。

二、经销商选择标准二：实力认证

选择经销商如同选员工，了解经销商的行销意识，就像了解新员工的工作态度与敬业精神；而了解经销商实力，就如同考查一个新员工的学历。

表面上看，了解一个经销商的实力很容易，但实际上也有不少误区。有的经销商会有意向厂家展示自己的优势：人多、房子大，甚至吃饭的时候搞一帮当地“有头有脸”的人物作陪，以示自己“有路子”。但如果一个经销商刻意把这些东西做给厂家看，背后也许有阴谋。

那么怎样才能全面了解一个经销商的实力呢？首先不要受他的误导，不要去看他刻意让我们看的东西，而要从仓储、运输、网络、资金各方面做出理性判断。

1．看门店

了解经销商的生意是否“太差”：观察经销商的门店规模。

具体动作：

到经销商门店观察一下，看看门店的产品陈列，办公室现场管理做得怎么样，业务电话是否频繁拨打，上门提货的客户多不多，来提货的是周边分销的农民批发户，还是市内的批发商……

2．看库存

了解经销商的库房规模和库存资金：推断经销商的生意规模和流动资金。

具体动作：

到经销商库房转一圈，目测一下他的库房面积，库房大小标志着最高和最低吞吐量。假如一个经销商实力不够强，生意不够好，他绝不会花钱租一个大库房。

在目测库房面积时，不露声色暗中清点一下经销商库存的货量，大体了解一下哪几个厂家给经销商是赊销，哪几个是现款，然后测算经销商库存产品的价值，由此可以大致推断出经销商的流动资金——经销商的流动资金一般是其库存资金的2~4倍。

比如：经销商库存可乐中瓶5000箱，一箱单价大概50元，共计25万元；库存康师傅方便面1000箱，一箱单价38.5元，共计大约4万元；康师傅、可口可乐这两个厂家对他都是现款销售。那么该客户库存资金在30万左右，流动资金应该在60万元以上。

3．看运力和网络

了解经销商的运力和网络知名度：衡量经销商的实力中有多少可以对厂家的市场开拓起到真正的作用。

特别提示：

如果经销商说“我有20辆8吨车，而且在北方八省同行大户中没有不认识我的”，这样的客户能算是运力充足、知名度高吗？

不能。恰恰相反，这样的客户不能要！（北方八省都认识他，他一定是窜货大户，是“导弹发射”基地。）

对厂家而言，经销商的车多并不一定意味着他的运力大；经销商在“江湖上赫赫有名”，也不一定能就此断定他有很好的网络知名度——我们要考查的是经销商“对厂家市场开拓有用的知名度和运输力”。比如：经销商有20辆8吨车，但我们要他代理的是大包装果汁（主要走超市渠道），则该经销商的运力真正能用得上的就是——零！原因如下：

其一，全是8吨车的客户一定做不好本地终端和超市，为什么？很简单，因为8吨车不让进城。

其二，超市要货高频次、小批量，而且收货手续复杂，压车时间较长。8吨车给超市送货会造成极大的运力浪费。超市送货要求是小的厢式车，经销商的“20辆8吨车”在超市渠道毫无用武之地。

经销商在业内名气很大，但考查发现该客户是专做外埠农村市场的，他的车、人、网络主要分布在邻近的县、市市场，而厂家则是想要通过他做市内终端市场，因此该客户虽然在各市、县大户中赫赫有名，但在厂家的目标市场上的知名度却为零。

那么如何去衡量经销商对厂家有用的运力和网络知名度呢？

具体动作：

①开发新市场之前先明确自己的渠道目标和区域目标。如，计划在市区的学校、卖场、酒店、批发渠道销售产品。

②到目标市场各渠道售点去实地拜访与询问店主/采购：某某批发公司您知道吗？他以前经常给您供货吗？您的货都是谁在送？把店主提及率比较高的客户名字记下来。按以上做法，从厂家的目标终端市场实地调查，才能得到经销商真正对厂家的市场开拓有用的运力（分布在厂家目标终端市场的车辆数）和知名度（在厂家目标终端售点中的知名度）。

4. 看资金

了解经销商的资金状况：初步判断经销商的还款能力。

厂家对经销商的资金要非常关注，因为这能说明他的吃货能力、还款能力和做超市卖场压款的能力。时刻掌握他的资金状况，还可以防止他经营竞品，一旦发现他有“闲钱”，马上想法让他进货，免得他的钱“无事生非”——毕竟业务员管好经销商的一个标志，就是能尽量抢占他的资金和注意力，促成对本品的主推。钱，是一个敏感的话题，尤其是新经销商，他不可能实话实说告诉你他有多少资金，我们能做的只有旁敲侧击，根据蛛丝马迹去了解和推算。以下列出几个常见招数，供大家选用。

具体动作：

①了解他现在代理的品牌组合，如果都是杂牌，那么他的资金能力值得怀疑。

②了解他现在做了几个超市，到超市里问问导购，他的主要产品在超市里的大致销量，基本上可以推算出他在超市里压了多少款（超市压款一般是月销售额的3倍）。压款多少也能从一个侧面反映出他的资金实力。

③与经销商“闲聊”，挑起“现在超市压款太多”的话题，看经销商是否正在为账款问题发愁。如果根据你刚才的了解，他才压了20万元货款，却在你面前叫苦连天，这个人不是想哭穷要赊销，就是根本没钱。

④打听一下经销商的员工，工资发放是否及时充足。

⑤同行了解，问一下别的厂家业务员，该经销商有无恶性欠款历史。

⑥同业了解，问一下该市和临近县、市的其他批发商，该客户有无恶性欠款历史。

⑦注册资金一般都是虚的，但也多少能够反映出一些问题——注册1000万的经销商不一定真的是阔佬，注册资金才10万的经销商则一定没有多少钱。

三、经销商选择标准三：市场能力

考证经销商行销意识就像看一个新员工的敬业精神，考证经销商的实力就像看新员工的学历，而考证经销商的市场能力，如同考证新员工的实际工作能力及其在前单位里的业绩表现。

1. 了解经销商下线网络和批发阶次

可通过查看经销商的客户名单，跟踪经销商的送货车，询问经销商员工，以及向批市/终端客户询问等方法了解。

经销商将货分销到终端售点，中间要经过几次分销中转，这就是批发阶次（如果经销商有直营终端零销店的能力，则说明该经销商的批发阶次短，反之则说明经销商批发阶次长）。

批发阶次到底是长些好，还是短些好？大多数人都是认为短些好。

但我要说不长不短最好——批发阶次长短各有利弊：批发阶次短（经销商可直营零销店），则公司推新产品铺货率比较容易增长——短网络适合做市场；批发阶次长（经销商在二、三批市场里有固定的下线客户网络），则要以通过对成熟产品二、三批通路搞促销达到迅速起销量的目的——长网络适合起销量。经销商如果只有短网络，则代理的区域市场越大越容易丢失销量（经销商直营能力无法覆盖整个市场）；相反经销商如果只有长网络，则只能做成熟产品，无法推新品，而且容易出现二、三批砸价现象（经销商的终端直销的“武工队”对二批是“核威慑”——你再敢砸价我就断你货、抢你客户，否则经销商在批发商面前是直不起腰来的）。

因此选择较大区域（地级以上城市）经销商，最好是批发阶次长短结合，既能直营零销店，迅速提升铺货率推新品，又能在二、三批市场有较高的威信，可以做通路搞促销，使成熟产品尽快上量。

2. 了解经销商现在经销的品牌业绩和市场表现

具体动作：

第一，了解经销商目前正在代理的主要品牌，选定样本品牌。

第二，走访终端，调查该品牌产品的终端铺货率和生动化情况——验证经销商的终端掌控能力。

第三，走访各级批发商，调查该品牌的各阶价格是否稳定（是否出现恶性乱价、砸价现象）——验证经销商对下线客户的价格掌控能力。

冲货乱价是营销“顽症”。到目前为止，尚无一个营销专家能根治这个问题，但我的看法是“冲货可耻，被冲无能”——经销商是一个区域市场的管理者，如果他跟进及时，对下线客户管理手段到位，砸价自然少得多。换言之，如果一个市场价格极为混乱，也说明该区域代理商的无能。

第四，了解该品牌厂家近期推出的新产品是什么，用同样方法观察经销商有没有把这个新产品做起来。

看一个经销商对某品牌的市场运作效果一定不要忘了看看他有没有把这个品牌的新产品铺货率做起来，价格有没有掌控好。

比如，可口可乐的中瓶铺货率高，大多不是经销商的功劳，成熟产品拉力强，铺货率不可能低，要看就看酷儿和岚风的表现。

特别提示：你要把可口可乐的河南经理挖过来，最好先看看他有没有把可口可乐的河南市场做好，跨国公司里不一定全是好样的。

同样，大品牌的经销商也有能力很差但能仅靠产品知名度跑量的主儿，所以你不要被经销商的大品牌背景吓倒。测试一个经销商的市场能力，看他到底能不能卖货，一定要冷静地看看他把现有品牌做成什么样，也许他手里这个品牌的今天就是你的产品的明天。

3. 查验经销商与当地 KA 的客情

走访 KA 店，了解经销商现营产品是否在 KA 销售、在 KA 店中的销量和终端表现。跟经销商闲聊，查探他手里其他产品的进场费以及店庆费、赞助费缴纳情况，看他有没有被超市优待。

特别提示：何为 KA？即当地市场销量最大、形象最好的售点（如大卖场）。KA 内部对供应商有等级评定，我们把超市分为 KA 店、B 类店。超市同样把供应商分为 KA 供应商、B 类供应商，对重点 KA 供应商在促销、陈列、新品入场各方面都有绿色通道政策。

大卖场的门槛很高。如果厂家新选的经销商和大卖场一直有密切的生意往来，甚至本身就是 KA 供应商，则厂家就可“借壳上市”，减少成本（快速进超市，少交甚至不交进店费，同时利用经销商客情取得陈列、促销方面的优惠条件）。否则合作之后就会变成经销商“借壳上市”（厂家多掏费用帮经销商建立 KA 卖场网络客情），虽然这样做也行，但是时间成本、费用成本、机会成本都很高，因此要三思而后行。

四、经销商选择标准四：管理能力

本书第一章讲过，经销商实际上是企业在当地的销售经理（当地市场的促销管理、渠道管理、价格管理、销量实现等都是靠经销商来完成的），因此调查经销商的管理能力也就如同调查新聘销售经理的“管理工作经验”。

常见到不少经销商虽然“身价千万”，但其管理能力仍停留在“练摊”的水平。

表现一：物流管理没有库存统计，没有分类码放，没有先进先出。有一天把库房门打开一看：“哎呀！仓库空了一半！”于是赶紧开车去省城进货，至于进什么货、进多少货他也只是凭感觉（因为库房里到底有什么货、有多少件货他并没有报表统计）；进货回来往库房堆放，也不做先进先出，然后突然一声惨叫：“哎呀！怎么仓库最里边还有 300 箱前年的果汁——已经过期了！糟了，某方便面已经断货了，怎么这次又忘了进货?!”

表现二：资金管理没有基本账目，没有收支两线，只管卖货收钱扔进抽屉，日常用度、进货资金都从中开支，甚至老婆孩子用钱也去抽屉拿，当然算不出来自己是否赢利。

表现三：人员管理没有基本制度，两个业务员一个是侄子一个是外甥，迟到、早退、顶嘴、磨洋工、动辄跟客户吵架是家常便饭，侄子、外甥偷货换烟抽，更是“天经地义”。

表现四：客户资料或者没有，或者写在墙上一张旧年画上，好一点的可能有个小本子记着客户明细。至于下线客户的实力、面积、进货量等详细资料，全都记在老板脑子里。应收账款更是一大堆白条，一团乱账。根本没有建立欠款明细，更不用说进行账龄分析了。

……

经销商姚老太太非常敬业，去厂里进货把膝盖骨摔裂，自己竟然不知道，还摸上爬下跑着办手续——直到装车的时候才发现自己的腿肿得像个皮球。就是在这么个铁打的老太太店里曾发生过一段趣闻：老太太经销健力宝，年底盘库时发现“奇案”，库房最里面放了100箱健力宝，箱子好好的，里面的健力宝易拉罐盖也没打开，但是——水没了！什么原因？

假货？不对，不可能假得连水都没有只有空罐。

挥发了？没那么玄，健力宝质量没那么差。

原来看库房的是她侄子，这家伙每天晚上住在库房里，拿一箱健力宝底朝天倒转过来，拿个钉子瞅准位置“砰”打个眼儿，插个吸管喝一罐，过两天一高兴找一群哥们“砰、砰、砰”打十几个眼一人喝一罐，日积月累，一年下来100箱健力宝就这样被喝完了。这件事暴露出什么问题？——姚老太太至少一年不倒库房存货了，要是每周清点一下，先进先出倒一下位置，怎么可能到年底才发现？

分析：经销商大多数是个体经营，搞得太正规反而会背上成本包袱，但有些基本的管理跟不上，也会直接造成损失和危害（有些经销商每年因为库存管理不当而导致货物丢失、破损、过期、断货造成几万元损失，可能他们根本感觉不到）。经销商如果连自己的“鸡毛小店”都管得一塌糊涂，也不可能担负起开发和管理市场的重任。

如果你是中小企业，刚起步，可以不用十分“挑剔”。

如果你是大企业而且产品主要通路又在超市，经销商将来主要是跟超市和国际连锁卖场打交道，你的经销商就要上点“档次”了。

动作分解：检查经销商的人流、物流、资金流、信息流等管理现状，要求至少拥有以下基本管理能力。

1. 人员管理

人员有明确分工（划分固定的线路、片区和客户，周期性拜访服务），业务人员职责和业绩考核方法确定；有相对正规完整的客户明细资料。

2. 物流管理

仓储、送货、内部财务结算流程完整；应收账款有明细登记；对每个超市的收货单、促销费用支出凭证、对账单保存完整。

最常见的是司机送货回来，对账环节出现漏洞。

仓库领货的时候手续不全，每一笔货是哪个司机领走的记录不清，丢了货查不出责任人。

司机出去进货，送完货之后，在超市领了收货单往裤兜里一装，回来又开车送第二车货。

第二车货收的是现金，结果司机回来光记得交现金而忘了交收货单，而公司也没人追究。收货单丢失造成与超市结账困难，因为超市结款是收货金额减去应缴纳费用，但是费用缴纳凭据在业务员、财务手里传来传去甚至不知去向，货款自然结不回来。

第二天司机的老婆洗裤子把收货单洗了，司机急得大骂老婆：“完了，臭婆娘！你把5万元的收货单弄没了，拿啥赔？”过了一段时间发现：“咦，没人管，没人问。”连着三次，司机就开始动脑筋了：下次把货拉出去卖了，把钱往兜里一装肯定也没人问。

3. 订单管理

经销商有没有专门的传真机接收超市订单？有没有专人负责？很多大卖场发的订单都是传真或者E－mail，传真订单发过来，无人照管而有可能丢失，造成无法按订单送货，引发一连串“后遗症”。

4. 库房管理

从一个经销商的仓库物流管理水平最容易看出其管理层次，下面我们就来深入学习如何判别一个经销商的仓库管理水平——或者说一个管理先进的经销商仓储管理有什么特征和标志。

（1）库房分区、分品项码放（基本要求，必须做到）

经销商的库房门口放快销货，非快销货放里面，为什么呢？因为快销货搬运次数多，放到门口节省时间和人力。

你若是到许多经销商库房里去看，就会发现洗衣粉上摞面包，面包上摞洗衣粉，洗衣粉上摞牙刷……没有分品项码放直接导致一个结果：点不清数。哪一堆货的时间长，哪一堆货的时间短，老板自己都不知道，必然会造成断货和过期（给批发商送货断货没关系，给超市送货断货，超市就会罚你的款）。

（2）**最好有卖场专项库存区**

经销商往往同时代理几个厂家、几百个条码的产品，又要给几千个零销店、几百个批发商、几十个卖场同时供货，以他的经营规模和管理素质，要做到对每一个品种都保证完全不断货，不现实。

怎么办呢？现在比较成熟的方法，就是经销商在库房里设立一个专项库存区，行话叫“逻辑分仓”。

有一个500平方米的库房，经销商在库房里用白灰画出一块地方，这块地方叫“卖场专项库存区”，专门存放给卖场供的货，别的地方则都是给批发零售等其他通路供货的库存（暂且叫“通路仓”）。

从各个厂家进了货，先给卖场库存区补足货，再给通路仓补货，以保证卖场库存区的全品项安全库存。

卖场专区必须每天盘点，发现某个品项断货，立即从厂家调货，调货来不及怎么办？从通路仓借货。

（3）**动态盘点（比较好的经销商才能做到）**

仓储管理水平高的经销商，库房里有3万件货，他进去之后两分钟就能点清。为什么？因为库房里放着栈板（没有栈板也没关系，可以人为划成不同的货位）。从厂家进了一车货，放到某个栈板或者货位上，这个货堆上就会有一个看板（可能就是一个小白板），上面写着进货日期、货物的数量规格和生产日期（比如：2010年12月22日到货汇源果汁330毫升软包装真朋友苹果汁500箱，生产日期是2010年12月1日），平时出货的时候看板上立刻更新记录（比如2010年12月27日，此堆出货100箱现结存400箱）。

每一个货堆上面都有一个看板，就可以做到每一堆进、销、存都很清楚。经销商进仓库点货，只需要把看板看一遍，两分钟之内就能点清数，随时都能掌握库存数字、掌握哪个品种断货了、哪个品种有几箱即期产品需要消化。

（4）**先进先出**

虽然“先进先出”一直都挂在人们嘴边，其实并没有几个经销商真正明白和做得到：难道是每次进货都把库房里外倒一遍，把里面的老产品搬到门口来吗？不可能。

只有在动态盘点的前提下才有可能实现先进先出。每一堆货上面都有看板，写着这堆货的数量、日期，每个货位都是有编号的（比如1排1座可口可乐中瓶50箱货，生产日期2010年12月12号），把这些信息全部输入电脑。现在销售部说“出100箱汇源果汁”，仓管在电脑里面一查询——有10个货位放着汇源果汁，把这10个货位的产品按生产日期排序，立刻就能查出来了，3排5号的汇源果汁是日期最早的，然后就可以告诉搬运工：“去3排5号拿货。”

（5）**同时管理几十个卖场的大经销商要注重配送流程的建立**

给卖场送货的司机要相对固定，因为各个超市的送货程序不一样。超市送货是很麻烦的，压车时间非常长，送50箱货可能1个小时手续都还办不完。超市送货要求不定时，不定量，还不定品种，而且动不动就拒收。经销商刚开始做超市不懂，他有4个司机、4辆车，大家混在一起送货——今天你送批发他送超市，明天他送批发你送超市，结果没有一个司机对超市流程熟的，以至于弄得晕头转向丢三落四。其实给超市送货的司机必须固定，而且给每一个司机或者是每一辆车上最好固定对应超市的送货流程（送货的路怎么走、单行道的方向、收货时间、收货手续流程、拒收货条件），提高超市送货效率，减少被拒收的可能。

五、经销商选择标准五：口碑

招聘新员工时企业要了解他在原单位的表现，因何从原公司离职；同样选择经销商也要了解该经销商在同行（其他批发户）同业（其他合作厂家）中的口碑，从而了解经销商的商业道德水平。

动作分解：

1. 了解同行口碑

去该城市（及附近市、县）的其他批发商处询问：你们以前跟张老板合作过吗？信誉怎么样？也许你会听到这样的评论：“这家伙不能共事，这边给我们35元/箱放货，转过身他自己34元/箱砸价，甚至带头经销假冒产品……”

2. 了解同业口碑

尤其是当你了解到这个经销商曾经跟某知名厂家合作然后又分手，一定要下工夫弄清楚他们分手的原因：是因为这个厂家市场“精耕”将他正常更换？还是厂家发现他砸价、窜货、市场业绩不佳将之淘汰？抑或是因为他截留促销资源、拖欠贷款，导致厂商交恶直至决裂……

不仅要了解经销商本人的口碑，还要了解他的合伙人的口碑（所谓经销商合伙人就是指对他的店内产品经营、促销、货款结算等问题能发生重大影响的人，而这个人往往不是老板娘，就是老板的娘，总之是亲戚）。很多时候你跟经销商接触，觉得各方面都不错，一旦合作你才发现经销商多数时间都在外拓展业务，厂家进货、送货、收款、促销、市场服务都要和这个合伙人打交道；如果这个合伙人在市场上“恶名远播”，是出了名的“难缠货”，那么要不要跟该经销商合作也得掂量掂量。

六、经销商选择标准六：合作意愿

让一个硕士生去做直销员肯定做不长久，因为他对企业提供的环境根本不感兴趣。同样，经销商也只有对企业提供的代理权感兴趣，才会真心实意地配合厂家的市场工作。合作意愿不佳的经销商，实力、网络再雄厚也不能为厂家所用。

动作分解：

1. 看经销商对厂家人员是否热情接待

首先看经销商是否愿意请厂方人员吃饭。我当业务员的时候，就很喜欢请我吃饭的经销商，我当销售经理时也告诉业务员：“新经销商如果不请你吃饭，你就不要选他！”

大家别误会，我说这话并不是想要吃经销商请的一顿饭，想抽他敬的一支烟（经销商的饭最好少吃，吃两餐饭之后非分要求就来了），但是如果跟经销商几次磋商都准备签协议发货了，这家伙依然对厂家的业务代表冷冰冰的，虚情假意，你都走出大门15米外了他才喊“吃了再走嘛”。这说明他根本不把这个代理权放在心上，当然也不会对这个产品的铺货、市场开发投入太多关注。这样的经销商一定不要。

2. 看经销商在经销合同细节问题上是否讨价还价

去年给一个房地产企业做培训，售楼小姐告诉我一条她们总结的经验：凡是来说楼房好的一概不要理，这家伙会讲这房子不错，采光好，间隔方正，坐北朝南，配套完善，涂料也环保，只不过暂时不买而已。真正想买楼的一定会说楼不好，采光不好，景观不好，交通不便利等。为什么？为了还价。

挑剔的才是真买主，真正有合作意愿的经销商，一方面会对厂方业务人员热情接待，另一方面则会在价格、折扣、返利等问题上跟你反复讨价还价。如果经销商一味豪爽，对厂家开出的条件毫不犹豫，满口答应，则可能会有以下几种情况出现：

☆厂家是赊销制，经销商根本无合作诚意，只想骗一笔货而不还货款。

☆产品是旺销大路货，经销商想拿这个产品低价甩货，迅速套现，再去做别的生意。

☆他会满脸微笑地接你一车货，你一走他就把货放进库房，你来了他就哭“生意难做”，然后请吃请喝把你打发走，只要你不“干掉”他就行，能拖一天是一天。为什么？因为这家伙正在代理你的竞品（而且竞品利润较高），他无条件服从地要拿你的代理权，是怕你找别人代理这个产品将来跟他抢市场，霸着你的经销权他就能更加专注地卖竞品，你的产品成了陪绑对象。

作者评述

知识只有在实践中才能变成技能

从第二章起，我们开始了实战培训。前两节我们讲了选择经销商的四大思路、六大标准、24 个动作。

这中间所有内容我都尽量具体到学完立刻可以用的招数（比如，讲了用三句问话、两小时观察来判定一个经销商是否有行销意识）。

所谓“培训内容要落实到动作分解，让学员上午听完下午就能用”就是这个意思。

这样“动作分解”你们同意吗？

是不是我讲的这些动作放之四海皆准，以后遇到任何经销商都可以用这个动作“搞定”？

再问大家一个问题。

我们销售人员为什么要参加培训，对自己有什么好处？

学习新知？启发思路？解决问题？

我以前也是这样想的。

入行的头两年，培训了近万名销售人员，让我对培训有了新的认识。

除非讲师对企业情况深入了解，设计有针对性的课程，而且能按梯次进行循序渐进的系列培训，这样也许会对员工的行为质量、企业的业绩发生直接影响，否则一年一度销售大会上临时应景式的“专家培训”没有一点实际意义。

唯一的作用就是让你“以为自己会了”！

没错，就是以为自己会了。

听完课以为自己会了，心里感到方向更清晰，更有信心，你出门的时候劲头都不一样，有的人是攥着拳头咬着牙出去的（我这下可有招了）。

结果满怀信心冲出去，头破血流滚回来！回来的时候脸上一个脚印，瘸着腿，胳膊缠着绷带，哭着说“魏老师说得不对”。有可能。

因为市场总是“千姿百态，千奇百怪”，你想用“请不请吃饭”来衡量经销商的诚意，结果对方是一个管理严格的销售公司，跟厂家合作是公事公办，没有招待费这一说。有可能。

你用三句话、两小时观察去测评经销商的行销意识，刚一问经销商这个产品卖多少，那个品种卖多少，结果经销商说：“八字还没一撇就敢查老子底牌，滚！”也完全有可能。

说到底培训提供给大家的是一个工具箱，工具箱里有斧子、锤子、凿子、钻子。要劈开一块木头用什么？可以用斧子也可以用锤子，只不过用锤子费力而已，另外你用斧子时不小心把自己脚砸了也有可能。为什么？因为你不熟练，知识只有在实践中才能变成技能。

销售培训更像是教大家下海游泳。

讲理论的老师讲游泳是合理利用水的浮力、阻力、作用力、反作用力……你越听越晕。

讲实战动作培训的老师会告诉大家：自由泳要反手切水（用大拇指、食指这一边的手刃切水），而不要用手掌拍水，手肘要夹耳朵，头始终跟胳膊成180度，出水的时候要吸气，手动的时候脚不要动……

怎么样，够动作吧？你以为自己会了，你下去试试，你不喝上几口水怎么可能学会游泳？

满怀信心冲出去，头破血流滚回来。没错，但是等你“滚”回来的时候，你就已经真的学会了，因为你对工具进行了演练和体会。

再说一遍，知识在实践中才会变成技能。

我在所有课程里都尽量使自己的培训贴近实际工作，涵盖对工作中各种变数的应对方法，销售理念全部落实到动作，让大家有可能马上就去实际应用。

但是市场总有更多变化，不同行业做法不同，而且同一个行业，不同规模的企业做法也不同，就是同一企业也会在不同片区有不同做法，甚至同一片区面对不同实力的经销商做法也不尽相同。实战动作式的培训，更贴近工作，更容易吸收，更容易学以致用，但要注意，千万不可固化，因为销售没有固定的答案，正所谓“兵无常势，水无常形”。那么作为听课的销售人员如何处理课堂与实践的差距，才能把握变数，使自己能融会贯通，学以致用呢？建议大家注意以下三点：

第一，要有筛选的意识。老师讲的这10个动作其中有3个不适合你这个行业，不适合你这个企业，不适合你这个片区，那么你就要删掉它。

第二，要有举一反三的能力。比如，我们讲看经销商实力的其中一个方法是看他的库存面积和库存量的大小，但对家电、建材行业的经销商而言，经销商店面展厅的布置、装修、陈列量、专柜设计更能反映他的实力和经营意识。对于烟草行业来说，经销商根本无法选择，因为全部是烟草公司专卖体制，不过，烟草行业的朋友仍可以从这两节中获得收获，就是通过这些测试动作，找到这个烟草公司的经营思路和管理方式上的薄弱点（比如，仓库没有执行分区管理，访销人员不能固定线路周期性拜访客户），作为以后工作中帮助经销商改善管理状态、提升自己专业形象的切入点。

第三，听课一定要分清“道”和“术”。

道是做事的方法，即遇到这个问题怎么思考，从哪些方面下手解决，要注意哪些问题。

术是行为步骤，做什么动作，问什么话。

比如，从大的方面来讲，选择经销商考虑六大标准就是道，24个动作则是术。

从小的方面来讲，判断一个经销商的合作意愿，“道”是看他是否谨慎考虑你的合作条件，同时，是否表现出足够的热情；“术”就是看他是否请你吃饭，是否在合同条款上跟你较真。判断一个经销商管理能力怎么样，“道”是看他的人员管理有没有分工明确，有没有基本的仓库管理信息等；“术”是看他仓库里有没有做到分品分类码放、看板管理、逻辑分仓、电算化、动线方针……

“道”是原则和规律，具有一定的普遍性，我们要依循。

“术”是细节技巧，会因不同行业，不同企业，不同背景而变，我们要借鉴和变通。

修道，习术，遵循营销市场规律，在招数上进行“融会”的同时也要进行“变通”（而非贯通），方可练好营销武功。

第三节 经销商选择残局破解

我们在实际工作中总是会遇到一些新变化，有时候选不到好的经销商，有时候经销商的这个条件很好那个条件又很差，有时候经销商不错但是他却不看好你的产品等。这一节就来讲一讲“选择经销商遇到困境如何应对”这一问题。

一、经销商选择的六大标准哪个更重要

如果一定要对六大标准进行优势排序的话，建议遵循以下思路。

第一，合作意愿最重要。不论经销商的实力、行销意识等条件多么优秀，如果他对这个品牌不是很有信心和很感兴趣，那么他就不会对这个品牌的推广投入太多精力和资源，从而经销商的一切优势都不能为厂家所用。

第二，对有合作意愿的经销商候选人，要注意调查其口碑，行内有砸价、冲货、截留货款恶名者不能选用。与其找一个“劣迹斑斑”的经销商合作，然后再对他严加监控、斗智斗勇，不如趁早不要用他。不要幻想这样的客户在和你合作之后，其经营理念和品质会自动改善。

第三，在合作意愿和口碑都符合标准的前提之下，经销商的行销意识、管理能力、市场能力越强越好。

第四，实力并非越强越好——在经销商的实力能够覆盖厂家给他规划的渠道、网络和区域市场目标的前提下，经销商实力越弱越好（尤其对中小企业而言）。超出厂家目标市场的实力并不能为厂家所用，相反太大的经销商市场反控力强，砸价、冲货潜力大，客大欺厂的潜力也大。

二、时间紧迫，没时间慎重选择经销商怎么办

股市有句行话叫“股市有风险，入市需谨慎”！

老人家常告诫儿孙辈“婚姻大事，不可儿戏”！

股票选不好你会“伤筋动骨”，老婆选不好你会“枉度半生”，很多战争还没有打响之前就已胜负判定，选择很重要。

企业选择经销商也是如此，对大多数国内的企业来讲，有什么样的经销商就有什么样的市场。在经销商选择问题上草率妥协，就会带来无休止的烦恼并会付出惨重的代价。

如果在某个区域市场，经过筛选发现找不到合适的经销商（大多数情况是有合作意愿的经销商不能满足要求，而能满足要求的经销商又没有合作意愿），企业千万不可退而求其次，“先找一个经销商临时应急，凑合着用，不行再换”。抱着这种心态往往会到想要更换经销商时发现市场已经做乱，而拯救 1 个已经做乱的市场，比启动 3 个新市场都难。

作为企业，要有耐心容忍自己的业务员在陌生市场上找经销商十天半个月不出业绩；作为业务员，也要有这个耐心在经销商选择上投入时间和精力。

三、与新经销商合作后感觉“不好”怎么办

我们前文讲到，对待新经销商要像对待新员工，严进宽出——选择时要慎重，一旦选进门就要努力激励扶持，而不要轻易“开除”。这个思路也有例外——员工入职一般都有 3 个月试用期，试用不合格不再签合同；对经销商也一样，在与新经销商刚开始合作对市场影响不是很深入时，一旦发现其在合作意愿、基本实力（资金、网络等）、行销意识等要素上的确不能胜任，就要当机立断，考虑马上更换。拖沓、延误、寄希望于经销商的自我完善，大多会导致悲剧的发生。

比如：

☆经销商在其资金实力不够时，大多会说“请给我时间，几个月内我可以融资”，但其兑现可能性极小。

☆经销商的行销意识和企业市场要求格格不入，不愿主动送货，不愿意做超市。企业想教育经销商转变观念，最后才发现，教育一个经销商从根本上转变和改善其经营习惯所付出的成本远比开发新客户大得多。

☆经销商目前欠公司十几万货款，暂时“不敢换”，几个月后发现欠款更多……

四、经销商的产品线长了好还是短了好

产品线长短是指经销商代理的产品品种多寡。产品线长的经销商必有较大网络实力和资金实力，但注意力分散，很难对单一品牌投入太多关注。相反，产品线太短（甚至

专销一个产品）的经销商关注度足够，却又难免实力较弱，网络不全面。

到底找代理几个品牌的经销商比较好还是找专销一个产品的经销商好？这要根据厂家的品牌力、厂家的市场开发人力物力投入情况而定。我的原则是，在资金、运力能满足市场开拓基本条件的前提下尽量找产品线短的客户，否则你将来的对手就不仅仅是同类竞争品牌，还有经销商代理的其他产品要跟你抢资金、抢运力、抢主推力度。市场上守着个大经销商还把产品做死的例子太多了，相反倒是有不少小经销商主推一个产品却后来居上，原因很简单——态度决定一切。

提供一个思路：选择产品线与本品“相容而不相背”的经销商。“相容”是指经销商目前代理的产品与本品销售渠道吻合，网络可以直接借用。“不相背”是指经销商现在代理的产品中最好不要出现本品的竞品（品牌及通路利润较本品有优势）。比如乳品企业可以去找做碳酸饮料的经销商：一方面，这种客户零销店、超市、餐饮各渠道网络全面；另一方面，他们大多已经看清了碳酸饮料市场必然下滑，茶、水、乳品市场必然上升的趋势，意图在此一展拳脚，一般都会对新代理的乳品品牌投入更多关注。

五、国营经销商实力强但是意识差，怎么合作

先前的多次市场实践让我们对国营经销商积累了一些“经验”——今天全国各地很多糖酒公司都折戟沉沙就是例证。

1. 国营企业的弊病

国营机制下的经销商大多实力较强，账款信誉较好，但同时因机制问题，部分企业也不同程度地存在以下弊病：

（1）人浮于事，事亦难行

遇到有利可图时（比如促销投入），各部门（销售、财务、储运）都伸手，遇到难题（如给下线客户放赊销）又相互推脱，事事有人干涉，又事事无人管。

（2）由于人员分配奖惩机制滞后造成的员工的惰性

5：30下班，5：00拿订单给经销商，经销商的员工就不送货了。问其原因，大家都振振有词：“虽然现在还没有下班，但我送货回来的路上就到下班时间了，后面的时间还有谁付加班费？”

春节做促销，厂家派业务员在超市加班做现场促销（出的是经销商的货），需要补

货的时候，打电话过去对方竟然找不到库管、找不到司机——全放假了。

（3）**财务制度非常正规，不能应变市场**

厂家常常需要为经销商临时垫支促销费、推广费用，可经销商那边的财务却又无法垫支。更可怕的是，厂家派人派车带他的货帮他去做铺市，他竟然说公司规定不见现金不出货，要厂家付钱，把他的货买出来，再去铺市，然后连本带利还给他，真是不可思议！

2. 如何与国营经销商合作

第一，对国营经销商，一定要慎重选用。

第二，很多国营经销商都知道厂家不愿意和他们合作，因此他们会告诉厂家自己已经改制，但实际上真正改到根本的却不多。看一个国营经销商是否彻底改，要看他的分配机制是否真的利润独立核算，负责你这个产品的操盘手是否真的从市场业绩里面拿提成和奖金，业绩不好的是真的没钱拿，还是旱涝保收只是象征性地扣一点。另外，还要看他们的人事制度，问问他们公司一年内有没有真的“干掉”过“业绩不好、工作不努力的中高层经理”。

第三，如果真要跟国营经销商合作，一定要想办法参与他们的人员奖金分配——你的产品销售得好，上至经理下至员工，都可以享受厂家的奖励（不方便给钱给小礼品也可以）。

第四，注意和每一位员工搞好人际关系，但千万别掉进派系关系的旋涡。

第五，提前签订好协议，比如经销商直辖的卖场要给我们陈列位置，临时垫支促销费手续如何操办。只有丑话在先，后面才好操作。

第六，详细调查他的渠道网络、客户分布，对他们做不了的渠道另找经销商和分销商。如果他们告诉你“你不让我独家代理整个区域，我就不做”，那么坚决不要妥协，除非你对这个市场期望值不高，放任自流，做一点是一点。

六、选不到合适的经销商，或者好的经销商没有合作意愿怎么办

选不到好的经销商有两种原因：一是当地客户都没有厂家要求的覆盖力；二是“你爱他，他不爱你”。那么，该怎么办呢？有以下方法供大家参考。

1. 撤退

道不同不相为谋。的确找不到符合企业要求的经销商，说明时机暂不成熟，不妨将

这块市场暂时搁置。中国有那么多城市，干吗非要啃这一块硬骨头？宁可晚一步开发，也不要降低标准选择不合适的经销商，以防埋下祸根。

2. 煽动经销商合作意愿

前面说到找经销商要首先考虑合作意愿，但是合作意愿也是可以管理出来的，不是一看人家没有合作意愿就作罢——找女朋友不是也要追半天才能“到手”吗？厂家认定某个经销商不错，但是他又不怎么搭理你，这时你只要能让他对“你的产品能赚钱”产生信心，结果就会是另一番风景（怎样煽动经销商的合作意愿是我们下一章要讲的内容，这里只提出一个概念）。

3. 中小品牌不要在“不毛之地”上“种庄稼”

对完全陌生的市场，可以考虑先有意往那里冲一笔货，让产品在当地自然销售一段时间，有一定知名度了，再去找经销商，告诉他：“我们还没来呢，就已经有人从外地接冲货卖我们的产品了，现在光冲货每月就有300多件的销量，你要是接了经销权，这个销量就是你的，唾手可得。”

4. 倒着做渠道

选择经销商跟找女朋友是一个道理，你不可能看上一个女孩子后就直接走过去说：你好，我姓魏，叫魏庆，走，看电影去。真的想跟她结为秦晋之好，可能第一次见面啥也不说，换过名片之后一个微笑转身走了——我给你留一个背影。然后再慢慢展现优点，什么事业有成、性格开朗、有车有房、身体健康、用情专一、爱做家务……火候一到，你就会发现姑娘会主动跟你打电话谈“独家代理”的问题。

选择经销商也一样，如果你已经物色了两个经销商，但他们都对你很冷淡，甚至不搭理你，你怎么办？经销商合作意愿低，无非是怀疑你的产品能否畅销和是否有钱赚。厂家如真的有决心一定要开发这块市场，不妨先派厂车、业务代表在该市场直接做终端，选择重点区域进行零销店铺货、超市促销、家属区宣传活动（当然做这些动作的目的绝不是要做直营，而是造势），同时放出风去——厂家要在当地找经销商。这些客户看到这个厂家挺有市场运作能力，这个产品稍做促销销量就可上升，很快就会主动找上门来。

可能读者会有疑虑，先造势是没错，但造势要花钱，花时间呀！这个成本怎么算？

我建议大家换个思路想问题。

没错，造势是要花钱、花时间，但造势可以使你在跟经销商的谈判中占据主动，可以找到更好的经销商，可以争取客户更大的合作力度，使市场开拓更顺利。

相反，不经过造势和铺货就直接进入市场，可能只能降格以求找一个不太满意的经销商，而且合同谈判时要做更多让步，客户支持力度也不够，厂家政策执行不到位，最终市场拓展很可能失败。

做生意就是这样，要么你主动，要么你被动；要么前期你为了使自己主动而付出代价，然后获得利润弥补自己前面的付出，要么你不付出，使自己被动，然后在以后的日子付出更大代价。

话又说回来，即使直接去找经销商，不是一样要花时间和金钱帮他们做促销启动市场吗？现在不过是把次序颠倒了一下，先做推广后找经销商。

5. 跳出思维定式

惯性思维是：一个城市找经销商只找一家，而且必须是当地客户。

实际上一个城市也并非绝对就只能找一家经销商。如果当地暂时没有好的经销商可以合作，不妨先同时找几个小客户各自做一个小区域或者渠道，等产品有一定起色之后再考虑筛选独家经销商。蒙牛在一些城市就是这样操作的。

比如，对乡镇市场的覆盖，一个县里很难找到对所有乡镇都有覆盖能力的经销商，所以同时找几个经销商分别覆盖几个乡镇是常见的做法。只是这种做法的前提是厂家在当地有人员投入，能控制价格。

经销商不一定必须是当地的，尤其是在一些三线城市，当地客户的素质差、实力弱，个别大户又自以为是。这时候尝试找邻近区域合作比较好的老经销商，说服他们在当地开办事处、分公司间接覆盖，也是个办法——厂家配合他们扩张地盘，打开新市场，对有发展欲望的经销商来讲这是很有诱惑力的。

比如，常规思路是乡镇由县城覆盖，实际上有时候乡镇若能让地级市经销商覆盖，效果会更好。因为：第一，地级市的经销商的思路、实力等方面都比县城的经销商优秀；第二，地级市经销商听到厂家把别人的地盘划给他会很高兴，也会很主动；第三，现在的交通状况使乡镇到地级市更方便。

好了，我们小结一下。找不到合适的经销商或者经销商没有合作意愿怎么办？要么撤（换个区域做），要么想办法煽动经销商合作（具体方法下章详述），要么利用冲货把市场“炒热”再下手，要么干脆倒着做渠道，要么跳出思维定式找相邻区域的经销商“隔山打牛”，或者先找几个小分销商把市场做起来明年再筛选独家经销商。

如果以上方法都不奏效怎么办？万一真被逼得没办法那就得“无中生有”——请看下面笑拳怪招。

七、笑拳怪招

1. 挖别人的二批

不少厂家的入市策略都是挖大品牌的经销商，但我劝你还是少费这个劲，除非你的产品有很大优势，否则就算挖来了，他们也是跟你逢场作戏，绝对不会主推你的产品。不过挖他们的批发商倒是可以考虑，因为大品牌的批发商实力也不弱，而且早已不甘心“寄人篱下”——永远做一级经销商的下线客户，早就憋足了劲要当总经销，这时你让他当“正宫娘娘”，给他“名分”，对他来说还是有诱惑力的。

2. 收编破烂王

批发商中有些专门卖杂牌产品的客户，他们最擅长做批发通路和外围市场。这些人前几年没少赚钱，但在“江湖上”却没什么地位，因为他们无门无派（没有代理厂家产品），行业里把这种客户叫做“破烂王”。他们并不甘心就此下去，也很希望通过代理品牌产品正规运作来提升经营层次。

3. 找“名门之后”

一些职业经理人在企业里做销售人员打工十几年，然后辞职干起经销商。他们有丰富的销售经验，有较强的管理能力和相对先进的营销理念。同时他们做生意的本钱是十几年打工的积蓄，来之不易，因此做起生意来往往更有头脑，也更努力。

4. 外派“子弟兵”

这是没办法的办法。产品刚上市，影响力小，在当地找不到合适的经销商，厂家被逼得没办法，就游说自己的熟人、朋友、当地村民、送货司机、员工家属在外地开荒——去外地当经销商（当然厂家要给予一些赊销铺底的支持）。这些人起步不是批发商，在厂家支持之下入市，虽然没有经验，但是“无知者无畏”，敢打敢拼而且绝对“主推”。这种子弟兵式的经销商队伍一旦发展起来，最大的优势就是忠诚，只要厂家的产品和政策跟得上，有时会有意想不到的收获。

在中国市场上异军突起、势如破竹的华龙面以及全球最大的豆浆机生产厂家九阳公司，当年就是这样发展起来的。尤其是华龙面，在它的经销商队伍中，有部分子弟兵成了独家经销又经销独家的铁杆部队（只做华龙面，别的什么都不做）。

中国的市场，特别啊！这种“亡命打法”居然能成功，外企想破脑袋也想不通。

需要提醒大家注意的是，这种做法的前提是你的产品具有竞争力，要么你有产品卖点（比如九阳豆浆机），要么你有性价比优势（比如最初的华龙面），否则子弟兵倒下时还会卷走你一大笔货款。

5. 考虑诱导资金量充足的其他行业的经销商进人新行业

注意，我这句话里有两个关键词：“诱导资金量充足”和“其他行业的经销商”，意思就是——“钱多人傻”。

西北有一个很大的乳品经销商张老板，原来是个名牌汽车的代理商，被我下面一个姓段的业务主管抓过来卖牛奶，没想到卖得还挺好。后来这个业务员给我讲他说服这位张老板的过程。

小段：张哥，你不能再卖汽车了，再卖汽车没出息。

张老板：（吓了一跳）我怎么没出息了？

小段：卖汽车是贸易，卖牛奶才是生意。为什么卖汽车是贸易？你看这位小姐，今天上午找你买辆汽车，会不会下午再买一辆？不会！所以你们卖汽车的人，是卖一个客户就少一个客户，你永远都在开发新的客户，累死你！

我们卖牛奶是“生意”不是“贸易”，为什么？卖牛奶你掌握3000个零销店、1000个超市，这4000个售点可以源源不断地找你进货，源源不断地给你创造利润，给你养老送终。

现在中国人的健康观念越来越浓厚，整个牛奶行业的销量也越来越大，所以你还是“弃暗投明”，跟我卖牛奶吧！

张老板：（有点心动）那你说卖牛奶要投资多少钱？

小段：卖牛奶投资很大的，要6万元。

张老板：多少钱？6万元？费半天劲就6万元，半个汽车轮子钱，给你！

小段：卖汽车的人给厂里打款，一次肯定是几百万，哪里会把几万块往眼里放？另外他对牛奶懂不懂？他不懂！不懂就好啊，不懂的人进入新行业会有一个特点，冲劲大，特别合作。刚开始我们跟老张合作的时候，我就觉得这个经销商真爽，你说“做事业要投入，要招人”——他说“招，马上招”；你说“要租房子”，他立刻就租；你说要买送货车，他说“买，立刻买，我拿本田车给你送奶都行”。要钱也痛快。做超市，你找别的经销商要钱，进店费5000元，他们就磨“能不能厂家出2500元，我出2500元”？给这位说进店费5000元，他说“5000元小意思，一晚上应酬钱，给”。过两天又要交堆头费500元，他一愣“还有堆头费？多少钱？500元，嗨，小意思，一杯茶钱，给”。过两天超市又要交国际店庆费……为什么他这么慷慨？他老拿这种几千元的投入当成小钱。但是日子长了他发现“小刀子割肉也很疼”，半年之后再想拔腿拔不出来了，130万元沉进去了。

这件事也充分说明一个道理，中国现在的营销竞争水平还没有那么残酷，钱多人傻的经销商只要完全配合大厂家的规划，厂家告诉他市场怎么做他就怎么做，市场完全可以做得起来。

解读：这个案例有些搞笑，但是也有一定道理。我给各行各业的企业做培训，几乎没有一个企业的经销商说自己日子好过，卖彩电的卖一辈子彩电说彩电利润低，建材客户说建材不好卖——小商人大多数都有行业厌倦心理。他们的另一个特点就是这山望着那山高，不少人总以为别人的饭更好吃，这个时候你若能说服他投身新事业，借助他初生牛犊不怕虎的冲劲，也许能创造奇迹。

这个现象现在已经不是个案，我给家电行业做培训时发现，小家电企业挖大家电的经销商几乎成了一种风气。其中的道理是一样的，对大家电经销商而言，以往给厂家打款都是几十万甚至上百万，但是利润却越来越薄（尤其是彩电）；现在代理小家电只需投入几万、十几万就可能有十几、二十个点的回报率，何乐而不为？

收编大品牌的批发商、破烂王、名门之后、外派子弟兵，诱导资金量雄厚的别的行业的经销商进入新行业，这几种客户有一个共同的特点就是：一旦他们看中了某个产品，肯定会竭尽全力，不计较短期得失，在合作意愿上可以评120分。善用这些客户的热忱，有时可以创造比正规经销商更好的业绩。

需要注意的是，这只是在正常途径遇到阻力时不得已而为之的方法，可遇不可求——如果你正常途径找不到合适的经销商，你的产品又有一定的优势和诱惑力，碰巧又有打笑拳怪招的机会（比如认识一个正在头疼手头生意不好做的陌生行业客户），你可以尝试一下这些方法。但千万别走火入魔，如果到处挖钱多人傻的主来给你当经销商，那你就悬了。

八、业务员听了培训，但还是按老方法做事怎么办

到此为止，我们已经学习了厂商关系与经销商选择的思路、标准和动作，但业务人员了解了这些内容之后，一下市场还是不由自主地按思维定式找一个大户回来，因为人的思维是有惯性的，“知不等于行”，所以要给业务人员进一步提供指导，引导和转移他们的注意力，使他们不由自主地按照企业教给的方法去选择经销商。

推荐方案

使用经销商评估表，具体步骤如下：

销售经理根据企业产品特点、市场投入力度、该区域的市场特点，设计经销商评估表。在表格左栏写明该区域合适的经销商应该具备的条件，然后针对每个条件进行最佳状态描述、次佳状态描述、最差状态描述（不同状态对应不同分值）。销售人员在经销商选择过程中要针对以上内容，如实填写并评分。销售人员只要把下面这个表格填一遍，就会被引导着按照培训的内容去做事，避免惯性运作。

经销商评估表

填表人：　　　　时间：　　　　区域：

审核：　　　　核准：

项目＼得分	100 分	80 分	60 分	40 分	20 分	打分
发展意识	急于发展，有学习习惯，已有一定理念，自己投资开始进行促销、物流扩张、铺货、广告、服务工作	有学习习惯，有一定理念，自己投资开始进行促销、物流扩张、铺货、服务工作	一般	有初步理念，无动作	满足现状	
服务意识	主动周期性拜访下线客户，及时送货、处理客诉	不定期主动服务	被动服务	被动服务，只送大户	无服务意识	
对自身经营状况及市场环境的熟悉程度	熟悉自身经营品项业绩、回报率，熟悉自身网络、产品结构优劣势，熟悉当地市场人口、渠道等基础资料	熟悉自身经营品项业绩、自身网络、产品结构优劣势，对当地市场人口、渠道等基础资料有概念性了解	一般	较差	不熟悉	

续表

项目 \ 得分	100 分	80 分	60 分	40 分	20 分	打分
物流、资金管理	有明确的分品项储运制度，有基本的现金账，收支两线制度，基本没有物、款流失	有明确的分品项储运制度，有基本的现金账，收支两线制度，有物、款流失	较好	一般	较差	
人员管理	业务人员素质高，有明确的分工和管理制度、薪资考评制度，执行到位，业务人员纪律性强，效率高	有明确的分工、管理制度，薪资考评制度，执行到位。业务人员纪律性强，效率高	一般	较差	原始管理，业务员不服从管理，效率低	
法人合作意愿	合作意愿强，愿为前期市场开拓作出努力	较好	一般	较低	不愿合作	
合伙人合作意愿	合作意愿强，愿为前期市场开拓作出努力	较好	一般	较低	不愿合作	
同业口碑	非常好，当地的金字招牌	较好、无负面评价	一般	较差	经常跨区砸价，拖欠货款	
零销店知名度	设定区内零销店 80% 以上与该客户熟悉，常有业务来往	60%	40%	20%	20% 以下	
批市知名度	设定区内批发户 80% 以上与该客户熟悉，常有业务来往	60%	40%	20%	20% 以下	
客情	下线客户 80% 以上表示对该客户满意	60%	40%	20%	20% 以下	
运力	网络覆盖达设定区 80% 以上	60%	40%	20%	20% 以下	
经营品牌	产品线相容而且不相背	代理产品 4 个或 2 个，未做到产品线相容而不相背	超过 4 个或少于 2 个	超过 6 个或少于 1 个	超过 10 个或少于 1 个	
本品品类占比（本品同类产品销售额占其总销量的比例）	50% 以上	40%	30%	20%	10%	

续表

项目＼得分	100分	80分	60分	40分	20分	打分
实力（包括资金、运力、人力、网络）	当地前三名	一级批发商	二级批发商	零售兼批发	非专业批发	
下设阶次	一级批发+直销+特供	二级批发+部分零销店	一级批发+直销	有散零销店但属小批发户	非专业批发又无散货能力	
现经营品牌	销量大，通路利润稳定。售点气氛好，零销店铺货率70%以上，全品项推广，大店进店率高，表现好	销量大，终端铺货率60%以上，KA店占优势，批发市场铺货率高	终端铺货率40%以上，批市铺货率高，批发利润0.5元以上	终端铺货率30%以上，KA店进店率50%以上，批发市场铺货率50%以上	终端铺货率20%以上，批发市场铺货率50%以上	

注意：

1. 此表不能由企业统一定制，因为不仅企业之间会有差别，同一企业不同产品、同一企业同一个产品不同地区的经销商选择评分标准细则内容也应当不同（如，同一企业同一产品在开发市场和成熟市场上对经销商的实力要求就不同）。

2. 要告诫业务人员在经销商筛选的过程中不做任何许诺，以免引起将来落选者的愤恨，谈及“如果合作成功，货款如何结算”时要明确表示——现款现货。

3. 此表只能作为培训手段，不能作为管理手段。表中有些栏的资讯采集有一定难度（如经销商资金实力、经销商本产品品类所占比率），不要强求业务人员必须一一填报（否则只会造成假报表），用意只为指明思维方向，告诉业务人员用此表可帮助他们更快捷准确地评估经销商。此表的填报仅为培训和业务辅助手段，不作硬性要求。

第四节　经销商选择动作流程

我们已经学习了厂商关系、经销商选择思路，进而又把思路细化为具体标准、动作、注意事项，乃至经销商选择的评估工具，但是学员在掌握了这些知识技能后，到了陌生市场，一看“那么多人，那么多车，批发市场门朝南朝北都摸不清”，一下子又会感到茫然，不知从何处下手。因此要想真正让学员学会选择经销商，还要给学员一个动作流程，告诉他到陌生市场下了车，先干什么，后干什么，具体流程是什么，只有这样才能把前面所学的思路、标准、动作运用于实践。

一、业务员在陌生市场选择经销商动作流程中的常见误区

1. 误区一：预设立场

表现1：业务代表甲在去目标城市之前，已经找同行询问了当地几个大户的名字，打算在这几个大户中间筛选一个。

预设立场：经销商一定要在几个名气大的批发户中筛选。

表现2：业务代表乙下了车直奔批发市场，看哪个批发户门店气派、店内售卖的产品种类多，哪个就是候选经销商。

预设立场：锁定经销商一定是在批发市场。

在实际工作中，在一个城市开发经销商前，首先应该考虑的是产品要在这块市场的哪些区域、哪个渠道进行销售，然后再去寻找在目标终端渠道有供货网络的客户。至于实力——能满足我们设定的区域要求就够了，大未必是好事。所以江湖上“威名赫赫”的明星客户未必是首选，业务代表甲的做法有失偏颇。

业务代表乙也是犯了经验主义错误。一个城市里的优秀经销商未必一定在批发市场，越来越多的精明的客户激流勇退，关闭了批发市场的门店转为贸易公司，小一点的在家属区选址，大一点的在写字楼。相反，执著于批发市场门店店头生意的客户往往是些观念相对陈旧、有跨区冲货动机的老批发商（尤其是在各地长途货运汽车站附近的批发市场的批发商），这种客户的终端服务意识和客户网络都不是很强。

2. 误区二：贸然拜访

“行家一伸手就知有没有”。业务人员到一个陌生城市，由于寻找经销商心切，往往不对当地市场进行细致的调查分析，就直接去登门拜访心目中的“经销商候选户”。

但经销商也是“老狐狸”，他们和这样的业务人员一搭话，就会感觉到对方对当地市场非常不熟悉，是个“生瓜蛋子”。

经销商是通过看业务员来看厂家的，业务员很专业，他对这个厂家印象也就不错；如果业务员“不是个东西”，他就会觉得厂家也不怎么样。

业务员只有一次机会给经销商留下良好的第一印象，如果第一次见面就让人家轻视

你，就会造成以下两个负面影响。

负面影响1：由于业务人员对当地市场陌生，经销商就会有意夸大市场开发难度和竞品的市场投入，漫天要价。

哎呀，你可不知道，小王，咱们这个市场穷，而且当地有个小厂的价格特别低，所以你的产品价格必须得降，否则根本就卖不动。这个城市赊销是风气，我们经销商没有一个不给客户赊销铺底的，所以各个厂家来这个城市找经销商也都给点账款政策……

负面影响2：业务人员的种种外行表现，使经销商产生对其业务人员（乃至厂家）的轻视，直接导致合作障碍。

不好意思，我暂时没兴趣做新产品，所以你也不用和我浪费时间了。

3. 误区三：不重视新经销商谈判及其合作意愿的煽动工作

选择经销商最难的工作是如何促成经销商的合作意愿，解决“你爱他，他不爱你”的问题。在这一环节上很多业务人员都缺乏足够的重视和充分的准备，他们往往是在锁定经销商候选人目标之后，只简单地把公司的产品、政策向对方介绍一遍，便坐等对方表达合作意愿。

尤其在新市场开发阶段，经销商的配合力度和对该产品的关注和投入力度决定着市场的成败。促成经销商全力投入的动力来自于三个方面：

第一，经销商认为该产品能卖起来；

第二，经销商认为经销该产品能赚钱；

第三，能带给经销商利润之外的收益（如培训、网络扩张等）。

业务人员要根据自己企业的实际情况，针对这三个驱动经销商的动力做好充分的素材、话术准备和演练，然后跟经销商谈判，并进行煽动。相对那种简单直白地把公司政策讲一遍的做法，这样做一定会收到意想不到的效果。

不要为自己是否有好的口才担忧，商务谈判不是节目主持，不是为了让对方娱乐。关键是你是否有充分的准备，把自己能提供给对方的好处和利益展示出来，有几分准备就有几分效果。

二、经销商选择工作流程示例

1. 做到“知己、知彼、知环境”

业务员大多数都知道会见经销商之前要进行市场摸底，可是摸什么底，怎么摸底，很少有人真正搞得清楚。现在我们再把市场摸底这个理念，落实到“微笑服务八颗牙”的动作上。

（1）**知己**

动作：到了陌生城市，下了车先兜一圈，看看自己的产品市场上有没有自然销售（是指厂家在某地还没有设经销商，而当地已经有几个批发商从外地自提该厂家的产品在当地销售），表现怎么样？具体关注以下几个指标。

①**通路**：谁在从外地自提本公司产品进行销售？

这个客户主动经营我公司产品，说明对本公司产品有兴趣，而且已经从中赚到利润。他也许就是未来的经销商候选人。

你去找他，告诉他你是这个产品的厂家业务代表，问问他这个产品卖得怎么样，哪个渠道的客户对这个产品比较感兴趣，这一段时间销售遇到什么阻力，跟竞品相比优劣势在哪里……

他有没有话讲？有，一定有。首先，他看到正在做的产品厂家来人了，一定会热情接待，与你好好谈一谈；其次，他对这个产品在本市场上的优劣势、价格应该怎么改、包装有什么问题、功能有什么问题等，一定有一肚子话要讲。

他的话有没有价值？有，毕竟他已经卖了一段时间了。他讲的是实际体验，跟他一番话谈完，下一步我们主打哪个品种、做什么促销、定什么价格等思路也就出来了。

②**产品**：本品的哪些品项在当地自然销售？哪个品项卖得最好？哪个最差？

自然流通进入该市场的品项，说明该市场对这个品项有需求，其中最好销的品项也许是下一步攻打该市场的先头部队。至于最难销的品项就要考量一下要不要淘汰。

③**价格**：自然销售阶段，我公司产品在通路各阶售价和利润是多少？

一般而言，自然销售阶段，从外地自提产品的一级批发商利润较高，二级批发、零销店利润较低，要想在开设经销商之后销量有所提升，必然重新调整渠道利润，至少讨好一个渠道（一般是针对二级批发商），让该渠道利润有明显改善，主推我们的产品，带动销量。

（2）**知彼**

动作：在市场走访过程中锁定自己的主竞品（包装、价格、使用功效与本品相近），同样是了解产品、通路、价格三件事。

①**产品**：竞品在哪个渠道销售？卖得最好和最差的产品品项是什么？

竞品已经在当地销售了一段时间。它的市场表现可作为我们的“指路明灯”，研究它的什么品项卖得好、什么品项卖得差、目前它在哪个渠道表现好、哪个渠道尚有空白等。这些都对下一步制定我们的产品/渠道策略极有参考意义。

例：竞品500mlPET橙汁、355ml纸包装苹果汁卖得极好，而其各种包装葡萄汁则几乎都卖不动；目前竞品主要在便利店进行销售，在学校渠道几乎没有铺货。

竞品500mlPET橙汁和355ml纸包装苹果汁能卖火，说明当地市场能接纳类似的产品。竞品葡萄汁一点也走不动，似乎在暗示着葡萄汁在当地接受度不高。对比竞品，我公司500mlPET橙汁在包装、价格等多方面均无优势，但我公司355ml纸包装苹果汁是照相版包装，外观光泽超过竞品，而且价格比竞品低，有一定优势。

结论：以我公司355ml纸包装苹果汁为新市场开发的首选品项迅速铺货，抢竞品的网络。500mlPET橙汁做后续跟进的第二品项。渠道选择上注意抢占被竞品忽略的学校渠道。针对大学生的消费特点推出促销活动：5个空袋换1张露天电影票，在最短的时间内建立区格市场壁垒。

②**价格**：竞品各阶通路的价格和利润。

我公司产品要想在当地后来者居上，必须借助通路力量，针对竞品的各阶通路利润设计我们的价格体系，至少讨好一个通路（如，二级批发商利润高于竞品），在该通路形成排斥竞品主推本品的格局。

③**通路**：竞品在当地手伸了多长？

竞品在当地有没有经销商？厂方有多少人驻守在这里？有没有设办事处、分公司？他们已经直接拜访到哪一层通路？

了解竞品在当地的人力投入，知道竞品已经控制到哪一层渠道，对我公司在当地的“兵力”部署可以起到比照作用。

比如，发现对方在人员配置上比我们投入大，市场掌控能力比我们强，那么我们要想取胜就只有三个机会。

第一，产品品种上打对方的空当（新口味、新包装、礼品盒等差异点）；

第二，价格低，通路利润比对方优势大，“策反”通路；

第三，走对方的渠道空当，如专打它没有留心的学校渠道、团购市场。

（3）知环境

动作：通过向酒店大堂经理、出租司机、零销店/批发店老板询问，向同行其他业务员询问，以及查阅黄页资料等方法对当地市场基本情况建立概念，再通过实地走访观察建立初步的感性认识，掌握以下资讯：

①当地人口数，行政区划，收入水平，当地支柱产业；

②有多少个批发市场，分布在哪里，各个批发市场的货物流向（有的批发市场专走外埠，有的批发市场则专覆盖市区）；

③大约有多少零销店、超市、酒店和进店费等渠道费用的大致情况；

④当地其他市场特点（如，有几个购买力极强的大家属区、大单位等）。

（4）业务人员做到熟悉环境的好处

①使自己不再显得是一个初来乍到的外行，在经销商候选户面前建立自己的专业形象，从而间接促进经销商合作意愿。

②通过对本品与竞品在产品、通路、价格三方面的了解和对比，为自己确定主打产品品种、目标渠道，为制定各级价格策略找到初步依据。

在一次培训的时候，有个学员问我，如果他通过知己知彼知环境的调查，发现他的产品和竞品相比没优势，通路利润比人家低，市场上对方的人力投入又很大——他们根本就投不起。怎么办？

你们说怎么办？

要我说就一个字：撤。

为什么要提前做市场调查，就是为了看看自己的胜算在哪里，扬长避短发挥优势做市场。

做市场其实跟打仗一样，有很多兵法策略都可借鉴。

《孙子兵法》讲：“夫未战而庙算胜者，得算多也；未战而庙算不胜者，得算少也。多算胜，少算不胜，而况于无算乎？”是什么意思呢？

聪明的将军是算好了能打赢才去打仗，匹夫之勇的将领就会“管它赢不赢，先打了再说”。打仗要先对比敌我兵力、辎重、兵器，考虑地利、水土各项要素，看我们的优势多不多，如果我们有胜利的机会就去打，没有胜利的机会就撤。

我觉得这个道理很适合市场开拓，产品力、通路推力（价格）、市场掌控力（人员投入）都已经输给人家了，还玩什么呢？赶紧换地方吧。

硬打，最好的结果也只不过是画一小块自留地，偷偷摸摸地苟延残喘。

2．终端调查，寻找目标候选客户

动作：首先通过上一环节的工作，确定本公司产品将在这块市场哪一个渠道进行销售，然后去这些渠道的终端售点调查。寻找在几个渠道都有终端供货配送能力的明星客户，得出经销商候选人名单，然后进一步深度访谈，运用前面几节讲述的经销商评估筛选的方法标准进一步筛选，得出准经销商。

例：确定本公司果汁要在县城零销店、批发市场及外埠 15 个乡镇批发零销店进行销售。

第一，走访市区零销店，询问“您店里的饮料是谁给送的货”、“这个城市里哪几个批发商在给零销店配送饮料和其他小商品”——得出在县城零销店渠道供货明星客户名单。

第二，同理，得出县城批发渠道和乡镇零售点供货明星客户名单。

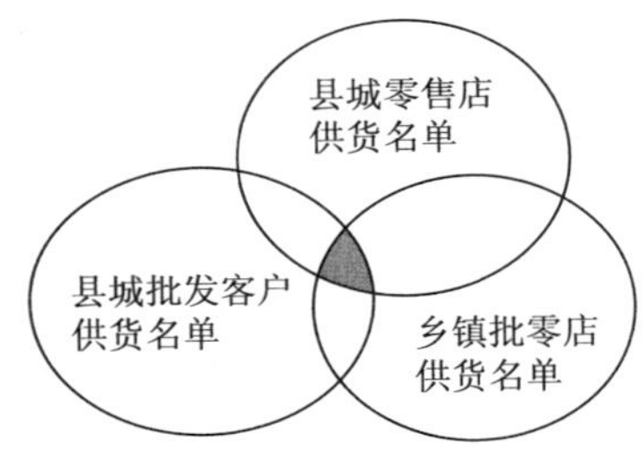

第三，锁定三份名单中重叠的部分。

第四，这个重叠区中的客户就是在各目标渠道都有终端供货能力的客户——经销商候选人。

第五，对经销商候选人中的客户一个一个进行深度访谈来确定经销商，这样做好不好？不好。你想想，你找了四个人访谈。最后确定一个经销商，另外三个会不会不爽？所以要进一步缩小候选范围，降低失望率——可以向其他厂家业务人员、其他批发商询问打听这几个“经销商候选人”的口碑——是否有过与其他厂家的账款纠纷，是否有冲货、砸价、截留促销品的恶名，排除恶名远播的问题客户，锁定真正的经销商候选人。

第六，运用经销商评估表和经销商选择的六大标准 24 个动作，对经销商候选人采取逐个预约、上门访谈、店头观察、仓库盘存等系列动作进行深度评估，最终找到准经销商。

3．做好充分的谈判准备

通过前三个步骤的走访和摸底，初步得出市场开发方案，做好与准经销商进行谈判的充分准备。

首先，业务人员锁定准经销商后，对准经销商的人员、车辆、运力、网络做详细调查和记录，这样，谈判时就会心中有数。

其次，对“知己知彼知环境”和“确定准经销商候选人”过程中收集的资料进行整理分析，初步得出本公司产品在当地的推广计划，包括以下几个关键点：

☆本公司产品哪一个品项作为先头部队攻打市场，为什么，这个品项相对竞品有什么优势；

☆在哪个渠道销售，各阶通路价格是多少，为什么这样设计，有什么好处；

☆上市头两个月共做几次大型促销，具体的人员、地点、方式、投入等，最好能预计出这一阶段将会完成的销量和经销商这一阶段实现的利润；

☆需要经销商提供什么配合；

☆公司解决经销商后顾之忧的服务和保障政策（如经销权，退换货承诺等）；

☆如果有条件，要准备公司在邻近区域成功上市的案例，当地具体客户的人名、店名、联系方式等；

☆准备好向经销商展示公司促销/政策支持的实物例证（如，经销商合同、海报、促销政策、赠品样品等）；

最后，就自己设计新市场开发计划与上级沟通，取得上级支持。

业务代表要想在客户面前树立威信，千万不要轻易做“超出自己职权范围之外的许诺”。如果公司不批准，就会让经销商反感。

新市场开发计划涉及公司的投入，业务人员要经过上级批准，心中有数之后，再与准经销商进行谈判、煽动。

好了，现在经销商候选人已经选出来了，接下来就是“把生米做成熟饭”，这一步很关键，尽管这一步不好走。

第三章 经销商谈判：激励合作意愿

本章预告

新市场选择新经销商，在市场开发初期，经销商是否有积极性，是否大力配合，是否会投入更多人员、车辆、精力，和厂家一起铺货、促销，这都直接决定着新市场开拓的成败。

老经销商管理的“弹性”很大，经销商实际上提供给我们的是一个舞台（他的人、车、钱、网络、资源），在这个舞台上往往同时有几个产品在争抢“风头”，谁能占用经销商更大的资源谁就能“舞”得更漂亮。同一个经销商既能把这个产品做得“风生水起”，又能把另一个产品做得“一烂到底”，说到底就是经销商是否主推。

经销商煽动非常重要！

本章分五节，我们会从煽动经销商的基本技巧、推荐“动作套路”、回答经销商常问问题的“标准回答话术”三个方面来学习。

第一节　经销商谈判的内功心法

经销商见你来找他做新产品会不会说“滚滚滚，老子就是不做”？——不会。

会不会说“啊呀，可算盼到亲人了，赶紧给钱发货”？——也不会。

大多数准经销商在遇到一个陌生厂家来找他谈经销权问题时，都会有点“深沉”，不会立即表态，总说这个问题“要研究研究、要讨论讨论、要商量商量”。特别是对不知名的产品，也有不少人会以“没时间”、“没精力”、“资金不够”、“现在顾不上，过完年再说”等等借口进行推托。

郁闷！

按照本书讲的经销商选择动作分解、评估工具、动作流程，千辛万苦找了一个经销商，结果“你爱他，他不爱你”。怎么办？

还是以案例说明。

先提几个问题，读者最好在心中默默回答，因为这样可以说明一个道理。

你们想不想赚钱？

你们知不知道老板比打工的赚钱要多？

你们真想赚钱，回家砸锅卖铁，找朋友借，找家里人赞助，能不能凑5万元？

你们相信不相信在中国做生意，很多行业只要5万元钱就已经可以起步当老板了？

如果我没猜错，你的答案应该是——

我很想赚钱！

我知道老板比打工的赚钱多！

我能凑来5万元钱！

我也相信5万元已经可以当老板了！

那我问你，你为什么还待在企业里“受摧残、受折磨”？

《穷爸爸富爸爸》说打工的人都是一条追着自己尾巴咬的狗，工资增加的同时消费也提高，不要说年薪2万，年薪20万都喊钱不够花，永远不能实现财富自由。多可怕！

既然想赚钱，又有当老板的钱，也知道打工永远不能过上像老板那样的生活，为什么这么没出息？为什么还不去当老板？

原因很简单，怕风险——我打了这么多年工，牙缝里攒了一点散碎金银，一把赔进去，我又得从头打工！“辛辛苦苦几十年，一夜回到解放前”，心何以甘？情何以堪？

假如你正在为眼下的事业低潮“闹心”，这个时候马路上过来一个人，跟你讲：“兄弟，别再打工苦熬了，跟我走，去广东卖建材发大财。”你会不会去？我想你会立刻拨打110。

假如你的一个远房亲戚来找你，说：“兄弟，别打工了，跟我走，去搞房地产发大财。”你想不想去？想去！敢不敢去？不一定，这年头亲戚坑亲戚比坑一般人还狠。

假如我是你表哥，咱们从小一起长大。家里人都知道我跑到南方卖灯具去了，而且还做得不错，买了豪宅名车，开了很大的灯具贸易公司，灯具博览大会上还作为成功人士讲话。这个时候如果我来找你，我动员你：“兄弟，别再打工苦挨了，跟我走。你拿10万我拿20万，咱们在家乡开一个灯具装饰公司。”这时候你想不想去？

想去！但是有顾虑（你能在灯具行里赚钱，我能不能呀）。其实我很清楚你心中的顾虑，我跟你讲：“兄弟你别担心，做生意捅透了就是一层纸，没那么神秘。灯具主要分羊皮灯、吊脚灯、宫灯、水晶灯，其中羊皮灯中的a、b型号和水晶灯中的c、d型号比较适合内地城市销售，你在济南二环路租一个门店，工商税务我帮你‘摆平’，进货你坐飞机去广州，然后坐大巴去古镇灯具城，那里是中国最大的灯具批发市场，五排四号新信灯具批发商王老板是我多年的供货商。我的货基本从他那里拿，我叫你进货的时候就多进羊皮灯的a、b和水晶灯的c、d——好卖的多进将来走量，别的品种少进将来‘看样’，我给你写个进货标准，教你每一种灯进什么牌子的、怎么认真货假货、价格是多少（你拿我的名片去找老王，他不敢蒙你），进完货之后我教你怎么办托运手续，甚至教你打集装箱的时候怎么样打点运输部门的人，让他们给你的集装箱填充防震泡沫加厚。把货发回济南，我派我的老业务经理教你怎么装修店面，培训营业员，前期市场拓展有熟手业务员帮你开荒和带新人。我预计你第一个月会卖多少，第二个月会卖多少，第一个月亏多少，第二个月亏多少，第几个月可以打平，一年下来你会赚多少。

这个店投资30万，我出20万，你出10万就行，我会把钱先打到咱们的公共账号上，公司执照上咱们俩的股份一人一半，年底对半分红，为什么我让你占这个便宜？因为第一你要入人股（这个店要你来打理，我没多少时间亲自过问）。第二我知道你这些年在企业里面做营销，在销售开拓和员工管理上有一套，而且你为人我也信得过。第三更重要，你爸爸是市城建局处长，你哥哥是建筑设计院工程师，做灯具一个主要业务是工程单，要跑工地，这方面城建局和设计院的人际关系大大的……”

好了，各位，要是这一幕发生在你身上，你会不会动心？可能早跑去卖灯具了。

我讲这个案例，圈子兜得比出租司机还辛苦，为了说明什么呢？

这就是经销商谈判的内功心法，你看看这个案例里面的人像不像经销商的心态——

刚开始他是想做又不敢做（经销商面对新产品时嘴上说不想做，实际上是想做怕赔钱）。

他对你没有信任度的时候，让他“跟你走”、“发大财”，他会以为你骗他（就好像面对一个不知名的厂家，业务员夸下海口，做我的产品一定赚钱，经销商不但不信还很反感）。

但是一旦你详详细细地给他讲了做灯具的学问和门道，让他明白“噢，灯具生意就是这么做的”，他就会以为自己会了，然后就会跃跃欲试。

现在明白了吧，煽动经销商的内功心法只有一个基本原则，就是“带着上市计划去找他”——充分向他展示我们的产品如何适合当地市场并且比竞品有优势；渠道选择上如何打到市场空白点，价格制定怎样确保各层通路有钱赚促进通路推广意愿；公司何时投入多少人、车、资源帮经销商做促销推广工作；第一波做什么促销、完成多少销量，第二波做什么促销、完成多少销量……

你的新市场开发计划要让准经销商听完之后，觉得是一个很有道理、很可行的行动方案：“噢，这么做，这个产品就能做起来。”

你的上市计划煽动做得成功，等你说完了，经销商看你的时候眼珠子会变成方的，眼眶子会变成圆的，外圆内方那是什么？——钱！经销商看你跟看见钱一样，这样他肯定立即会有合作意愿，立即请你吃饭，而且会以百倍热情投入市场开发工作中去，也会由准经销商变成铁杆经销商。

到底怎么煽动，让我们先学习几个内功心法。

一、心中有数

1. 苦苦哀求没有用

中小品牌面对新经销商时大多是“你爱他，他不爱你”，有时厂家为了让经销商经销产品苦苦哀求，百般让步（赊销供货、送货上门、答应投入广告促销、给客户更高返利）。这样被动达成协议，实际上是饮鸩止渴。经销商进货是拿来卖的，他关心的不是这个产品有多便宜，而是这个产品能卖多少量和多少价格，将来能赚多少钱。苦苦哀求往往适得其反——经销商大多不会对这种可怜的品牌全力投入。推广市场，更多的是接一批货，截留各种市场支持变成自己的利润，然后靠低价格往外抛货，货款是否能还给厂家都是个问题。

2. 只要你能让经销商看到“钱途”，他就会来“求”你

冷静下来，分析一下经销商的心理。经销商在面对厂家来找他做经销时，一定有两种矛盾的心态并存：一是兴奋（有厂家来找我，看来我“混”得不错，万一做成了，又多一个赚钱的产品）；二是忧虑（这个产品能做吗？万一做砸了怎么办?）。天下没有经销商不想代理新产品（他们就是靠这个赚钱的），他们所犹豫的只是“这个产品能卖得动吗”、“能赚钱吗”。

如果他对你的产品没信心，他甚至会说“我不想做，你即使先赊给我10万元的产品不要钱，我也未必有兴趣”。

但假如你送他10万元现金，他会不会要？他可能当时就乐晕了。

同样的道理，你要做的就是在他的两种矛盾心态中搞平衡，让他兴奋，把他的顾虑打下去。具体做法是让他看到一个理论上可行的上市模式，让他相信按这套上市方法市场一定能做起来，让他看到这10万元的货就是1万元的利润。这样他就会来“求你”要经销权。

二、营造环境

应该在什么地方跟经销商洽谈新市场开发计划？在经销商店里可以吗？当然不行！一定不行！绝对不行！为什么？原因有二。

第一，受打扰：一会儿有人来买货，一会儿竞品业务员来拜访，你就没法讲下去了。没有安静的环境，沟通不畅，效果自然大打折扣。

第二，客场作战：在经销商的门店跟他谈判——你是客场作战他是主场作战。你有没有发现，场地的转换对一个人的心态有很强的暗示作用。比如，不管多大的经销商，一旦你组织他们去厂里参观、开会，他们大多都老老实实的；但是这些经销商一回到他的地盘，哪怕只是个鸡毛小店，他往那张破老板桌背后一坐，立刻就感到自己像个“角儿”，他在自己的地盘上会比较“横”，而我们的业务员一坐到他的办公室里往往也就好像矮了半截。

怎么办？

最好把经销商约到一个环境优美、安静的地方，比如，一起去喝咖啡，一起用餐或者干脆到宾馆房间里一人一杯茶，安安静静地聊。

我比较喜欢约经销商去洗脚（足浴），为什么？便宜。三五十元就能消耗一个小时，吃饭一百元也搞不定呀。第二是因为足浴的环境比较安静，沙发也很舒服，半躺半靠地谈一个小时也不累。第三是最重要的，这一个小时——他的脚在水盆里，他走不了！

请经销商吃饭喝茶，可能中间碰到熟人，可能环境太吵，可能经销商喝高了，也可能他突然接听了个电话，然后说："不好意思，我有事先走咱们下次谈………"

足浴可搞个小包间，两个人促膝长谈，就算来了电话对方也不能说："来，拿个擦脚布让我把脚擦了走吧！"

三、厚而不憨

外行人总以为做销售需要一定天分，做销售的人必定是"八面玲珑，冰雪聪明，拔根头发是空心"，实际上要做好销售必须要踏实、敬业，要有耐心——要一针一线像绣花一样做市场，抓管理。

谈判更是如此，外行人以为谈判高手必须口才好，高山流水侃侃而谈，其实我的经验正好相反。如果你给别人留下的印象是伶牙俐齿，精明过人，"眼珠一转一个鬼主意"，"不偷都像贼"，那么你谈判一定不成功，别人一看到你就会"把口袋捂紧"。

成功的谈判者要做到"厚而不憨"——"长一张牛马脸，生一颗玲珑心"，给人的外在印象是很厚道，老实，甚至有点木讷，但心里要有数。

销售人员面对经销商怎样体现厚而不憨呢？

不要做没有根据的承诺！

有一个东北的经销商，一次去广东进货我请他吃饭，他得知我现在做销售培训了，在饭桌上专门告诫我："教教你的学员，千万别跟我们这些老江湖讲'江湖口'，我们最讨厌这个！"

很多销售人员激励经销商时就是用"江湖口"。

比如：

你放心，做我们产品肯定赚钱，很多批发商做我们的代理一年就翻身了。

你放心，万一卖不动，到时候我给你打广告，我给你做促销！

你放心，卖不完包退！

你放心，咱们兄弟感情我还能骗你……

我的这个老经销商说得很有意思，他说：“我们听这种话太多了，厂里来的个个都是这一套，现在我一听人家说‘你放心’，我就立刻不放心！我一听人家讲‘咱俩的感情我还能骗你’，我就立刻知道对方又要骗我了！”

专业严谨的表达方式是：面对经销商谈起促销支持时，一定要细化到人、地、政策、时间、目标客户、厂家和客户各自负担的责任等，你越是讲得细，就越可信，越有煽动性。

张老板，您5月1日进货500件，我计划先帮您做一次批发商奖励，买三箱送一把雨伞，雨伞样品我也带来了，给您看一下。5月1日到4日我会配合您把活动告知传单发出去，传单我都印好了，您看这是样品。然后5月4日我们公司派2辆依维柯车、4个业务代表。对了，我这里有我们公司厂车的照片（车身上有大幅彩色广告，很漂亮）。到时候您再出2辆车4个人，咱们4辆车8个人一起针对西门糖酒市场、中山市场两大批发市场和6条主街道的300多个批发商、大零销店车销铺货，估计第一轮车销要两天时间，出货应该在300多件，也就是说您5月1日进货，到5月6日为止。您的库存就只剩下100多件了……

这种落实到人、时间，针对什么客户、做什么促销、预估完成多少销量等各个细节的描述，才会让经销商觉得可信，觉得“这个小伙子人挺实在，是个干事的人，不讲大话”。反之，你跟他讲“你放心，铁定赚钱，包在我身上”，他的感觉就是“这家伙不老实，不可靠，满嘴跑火车，火车还站起来跑”。

四、双向沟通

与经销商沟通新市场开发工作计划时，一定不要纯粹单向灌输。其一，你的上市计划未必完全正确，毕竟经销商对市场比你更熟悉，听听他的意见一定有好处。其二，你的上市计划准备得再详细，15分钟也会“背诵”完的。经销商刚开始还会认真听，后面就会漫不经心了——反正他记住一点“你策划了上市方案，你要给他搞促销”。到时候真的需要经销商出人、出车来协助，他可能还不情愿，因为他觉得“这些都应该是厂家的工作”。万一促销效果不好，他会把责任都推到厂家身上，认为是厂家的产品不行，或上市计划不好。

真正的谈判高手在谈判过程中能做到“移行换位”，把对方想说的话从自己嘴里说出来，把自己想说的话从对方嘴里讲出来。

1. 把对方想说的话从自己嘴里说出来——顾虑抢先法

如果你知道经销商在这件事上一定会有某些顾虑，千万不要回避（让经销商自己把顾虑说出来你就被动了），而要主动把这个顾虑讲出来，而且要用一种大事化小的语气让经销商觉得“这种困难是正常现象，是小事，完全可以化解”。

我们在生活中常常遇到顾虑抢先法。

十几年前我在大学里勤工俭学时，在一个快餐店打工，周末在公园门口做外卖。当时我的展位旁边有一个姓邢的小伙子在卖条绒裤子（现在这个人已经是西北一个很有名的超市的副总），有的地方把这个叫灯芯绒。他的裤子布料是次品，很薄，而且染的颜色还不匀称。这家伙很善于用顾虑抢先法。他看到一个老太太在买裤子的时候用两个手指一直捏着裤子来回搓，嘴里还“嘿哟”（肯定是嫌这个裤子布料太薄），他就先说话了：“大娘这是今年最流行的超薄条绒。”老太太一听立刻不说话了，估计老太太心里还想：“多亏了我没说薄，要是说了还显得我不懂呢。”这就是顾虑抢先法，如果让老太太抢先把顾虑说出来“这裤子怎么那么薄呢”，你再去辩解“不薄，不薄”，有用吗？

对经销商的谈判也是同样的道理，当然不是让你把假货卖给经销商，而是要你学会打消他们的顾虑。让经销商经销新产品，经销商必然存在的顾虑是：“这个产品在当地没什么知名度，能卖得动吗？”（如果让经销商自己把这句话说出来，然后你再去解释，事情就严重了。）你要做的是抢先把经销商的顾虑说出来。“张老板，这个产品特别好卖，你赶紧进货！”错了，这是自我吹嘘，不是抢先说出经销商的顾虑，不但没用，而且会适得其反。你应该认真地去还原经销商怕不好卖的顾虑：

业务员：张老板，这个新产品不一定好卖。

张老板：（吓了一跳）哎哟！这个业务员可不一样，可真敢说实话！

业务员：真的不一定好卖，销售这东西说不准，虽然这个产品在东北已经卖得很火，但在咱们这里还不敢打包票。所以我建议您先别急着进太多，我们公司有规定，新经销商进新品种要保证经销商的资金安全，第一次进货最多只给300件，超过300件您给钱我们也不给货。（其实你想想，你直接让他进货1000件，他也不会同意呀，再说了，就算他同意了，到时候卖不完还不是要你来处理。）

我建议你第一次上200件货试一下，然后我这边马上跟进帮你一起铺货（具体铺货促销计划），做生意就是要多样化嘛，如果您一试产品能卖。您花了1万元就“试”出了一个好销的产品，要是不能卖，凭您的店面位置、网络实力再加上我的促销协助，这点儿货您也肯定压不住。

张老板：有道理，有道理。这个小伙子说话很实在！

2. 把自己想说的话从经销商嘴里调出来

在讨论上市计划具体内容的过程中，厂方人员要注意多发问，引导经销商讲话，如果你引导得当，完全可以做到“把厂家的想法从经销商嘴里说出来”。

背景：某市场主流产品是500mlPET果汁，另外350ml纸包装果汁也有一定销量，该市场超市较发达，批发零售已经日渐萎缩。厂家有A、B、C三个产品，其中A、B是500mlPET果汁，C是330ml纸包装果汁，但A、B相对竞品无任何优势，C虽然不是主流产品，但相对竞品在价格和包装上都有明显优势。

产品品项策略：以品项C为切入点。（用有优势的产品迅速做开市场和通路，与卖场建立关系，增强经销商信心，然后再跟进其他产品。）

渠道策略：因为产品有优势，所以是从主流渠道超市入手。

谈判演示：

业务代表：张老板，您觉得假如咱们合作，第一步是先用哪个产品做市场呢？

经销商：我觉得应该先从A、B做起，咱这地方的人主要还是喝500mlPET果汁，这个品种销量大。

业务代表分析：坏了！经销商想的和我想的不一样，而且很明显，他的想法有点经验主义，不够聪明，这时怎么办？直接反驳经销商吗？往往适得其反，甚至有时会引起情绪对立，吵起来！怎么办？这时候我们就要用到比营销4P还要了得的MP原则。

MP/PMP/MPMP

这是什么意思呢？MP就是马屁，PMP就是拍马屁，MPMP就是猛拍马屁。

业务代表：对，张老板，您说得对，高，实在是您高，还是您对这块市场了解得透彻，这里的确是500mlPET果汁为主流，将来咱们肯定也是以A、B为主打。但是有一点我有点犹豫，不知对不对，讲出来您给参谋一下。虽然500mlPET是主流产品，但您把咱们的A、B品项和竞品对比一下就知道，A、B产品没什么优势，而C产品虽然不是主流，但在价格、包装上都有比较大的优势，我想咱们刚开始是不是不要让自己那么累，先从有优势的C产品做起，迅速打开市场，让下面的客户赚到钱，也建立点信心，同时给卖场也留下点好印象，然后再跟进A、B品项，您说好吗？

经销商听到业务员想的虽然跟他不一样，但也有道理，这时他们一般会回答："嗯，有点道理，哎，其实我原来也是这么想的。"

业务代表：那太好了，咱们想到一块了！

业务代表提第二个问题：张老板，那么咱们首先打哪个渠道，先给批发让利还是先给超市让利？

经销商：当然是先进超市了，咱这里批发早就不行了！

业务代表分析：好，这次客户跟我想的一样。

业务代表：对了，张老板，这次咱们又想到一块了，我是外地人，对这块市场了解不多，也想着要以超市为主攻渠道，但一直也拿不定主意，你这么一说我就更放心了。

业务代表提第三个问题：张老板，您看咱们第一拨做什么促销？

就是这样一问一答，经销商的回答和业务代表原计划不一样的，先听经销商的"道理"——如果有理，业务代表就修整自己的计划。如果经销商的想法有失片面，业务代表就对经销商采取MP（还是您对当地市场了解），然后再引导（但是，我有个其他想法跟您商量一下……），如果经销商的想法跟业务代表一样，就大加赞扬MPMP，甚至PMPMP（拼命拍马屁），然后转入下一个问题。

这样，厂家的上市计划其实就从经销商嘴里说出来了，一个经销商执行自己"做出"的上市计划，肯定会多七分主动，少三分推托。

第二节　新经销商谈判"套路"一——建立专业形象

《孙子兵法》云："兵无常势，水无常形，能因敌变化而取胜者，谓之神。"

上一节讲了经销商谈判的内功心法，那么谈判有没有可以借鉴的套路？很多人都以为没有，我告诉你，有。下面我就给大家演示这个套路。

本节先学习这个套路的第一步——开场白，让经销商迅速感受到你的专业素养。

“兵无常势，水无常形，能因敌变化而取胜者，谓之神。”很多人曲解了这句话的字面意思，只看到了变量——“兵无常势，水无常形”，而忽略了其中的定数——“能因敌变化而取胜者，谓之神”。

实际上兵法就是对变量之中规律的捕捉和掌握，熟练运用兵法规律，就能预知敌人将会出什么招，从而以静制动。

听起来好像有点玄，先举一个例子。

小时候大家应该都玩过“石头、剪刀、布”，相信大家也都划过拳“老虎、杠子、鸡、虫”，还有“哥俩好”。

其实，玩这些东西是有绝招的。

我曾是我们学校篮球队的“主力”之一，不过我只有一米七三，当不了主力，我是争场地的“主力”。每次校际联赛我都第一个上场，跟对方争场地——“石头、剪刀、布”，把对方干掉，然后我下场，球员上场。

“老虎、杠子、鸡、虫”，还有“哥俩好”，都一样，这些东西都是有绝招的。我现在教大家一个方法，3 秒钟就能学会，以后上场（上桌子）可以多赢少输。

以“石头、剪刀、布”为例，玩这种游戏，第一拳是赌命，如果一上来你第一拳就把我打死了，那我认栽，这叫命不好。

但是大多数情况下第一拳是不可能决出输赢的，第一拳往往是和局。从第二拳开始就是谈判——猜测对方的心理和招数决定自己出什么招。

假如我们两个人划拳，第一拳大家是石头对石头打成平局，我问你第二拳出什么？

石头？剪子？布？行了，别乱猜了，你应该先猜猜我第二拳会出什么？

我第一拳出石头，第二拳会出什么？会不会再出个石头？个别人会这样，他划拳是石头、石头、石头、石头。没办法，这是个倔人。这种人少，而且你一旦发现他的规律，下一局就可以布、布、布、布，整死他。大多数人第一拳出完之后第二拳都会变，那么我第一拳出石头，第二拳只能出布或者剪刀。这种情况之下你应该出什么？你出石头我有可能用布包死你，你出布我又有可能用剪刀剪你。你出剪刀怎么样，最多咱们打平局，这就是规律。那么剪刀对剪刀平局，下一局出什么？不用说，是布，因为对方只有可能出石头或者布。“老虎、杠子、鸡、虫”也是一样的道理。好了，大家现在先合上书，闭眼想象一下其中的“奥妙”，看看自己能不能很快回答：老虎对老虎平局，下一局出什么？

大家找到规律了吗？秘诀就在于，你第二把出的拳总是第一拳可以打死的东西（第一拳石头，第二拳就剪刀；第一拳老虎，第二拳就鸡），按这个规律出拳，你就会平局平局平局，赢了，再平局平局又赢了。平局平局——对方已经醉倒在桌子底下了。遵循这个方法不敢说一定能百战百胜，但是至少你赢得多输得少，这就叫“概率推演技巧”，大学里概率论老师应该讲过。

商务谈判的套路说白了就是这个“概率推演技巧”，你要猜透对方的心理，他可能问什么话，他正在顾虑什么东西，他爱听什么，不爱听什么，你之所以在谈判桌上能够一招制胜，是因为你知道对方将要出什么招。

上节中所讲的经销商谈判五条基本技巧只是“内功心法”、“基本功”，而非具体动作。

下个环节我们来学习一下经销商谈判套路——作者集多年一线销售经验，根据常见的疑惑心理与常问的问题，总结出一套有针对性的破解方法，类似中国武术里面的“沾衣擒拿手”、“一招制敌防身术”。熟练掌握可起到“见招拆招”、“借力打力”、“四两拨千斤”的效果。

我们先看某乳品厂家业务员拜访经销商的场景：

背景：某乳品厂家业务员小李，拜访的西安经销商王老板是当地三大经销商之一。小李试图说服该客户在当地代理他们的产品，双方已经谈了多次，小李也跟经销商谈了上市计划，经销商也很感兴趣，就是决心还没下，仍在犹豫。

业务员：（整理了一下服装，来到经销商门前）哎呀，王老板，好久不见，咱们上次约好我这个月6号来看您，您看我如约而至了。

经销商：坐坐坐，怎么样，刚下车辛苦吧。

业务员：哪里是刚下车，我来西安3天了，已经把市内和周围户县、杨凌、长安县几个地方的市场都转遍了。我给您讲，您的新品推荐能力确实不错，我发现您把华龙面的新产品今麦郎铺得到处都是，陈列也做得不错。

经销商：（非常得意）哪里，哪里，小生意，还得多请你领导关照才行。

业务员：王老板，您可不能叫我领导，我可当不起。我今天来拜访您的意思您也明白，就是合作经销的事。不过您别误会，我今天来不是来找您签合同的，经销我们这个产品对您可能是个小事情，对我可是个大事情。我有任务压力，但我希望我的经销商都是想好了再做，这样合作，以后会更顺利。我今天来有两个意思：一个是前面我已经把公司的产品政策都跟您讲过了，看看您还有什么疑问要我解答的，主意您要自己拿，咱们不要因为沟通不清楚浪费时间。另一个就是向您请教，说实话我是外地人，对当地市场没您了解得透彻，您在当地是前辈，行业里面赫赫有名，不管您做不做这个产品，我都想跟您请教一下，假如我做西安市场要注意哪些问题，您就当是提携后辈了。

经销商：（更得意了）哪里哪里，我可不敢当。

业务员：敢当，敢当，绝对敢当。王老板我叫您前辈是有根据的，您在当地做了11年，现在公司39个人，26个业务员，5个司机，8个财务、内勤、后勤人员；拥有6辆车，2辆8吨车，2辆3吨车，还有2辆厢式的半吨小车，其中1辆3吨车坏了正在修。西安二环以内的售点您都能覆盖，而且还建立了详细的资料库。现在正在着力细化莲湖区的网络，还在“开疆辟土”向长安县下面的乡镇进军，在西安有这么大实力的也就只有您，西门糖酒市场的老板王跛子和小西北的周经理。

经销商：（吓了一跳，而且有点恼火）我的天，小李，你可够厉害的呀，我的底你全知道！对了，你不是说有个王跛子、一个周经理也挺厉害吗？这两个人我都认识，那个周经理我们都叫她周寡妇。那你说说我们三个谁最强？

业务员：各有优势。

经销商：来点儿实际的，优势在哪里？

业务员：您非让我说的话，那我就说了，别人的长短我不方便讲，我当着您的面讲您吧。您在西安市场上实力、资金还不是最大的，对吧？

经销商：你说得不错，但是中国现在哪个市场也不敢有人说他是最大的，现在这生意，哪里都有几个旗鼓相当的大户。阿猫很大，阿狗也不小，没有一家独大的市场。

业务员：您说得太对了，您知道我为什么总跟您谈吗？说实话那两家我也曾经谈过，但我还是比较想和您合作，关键不是看您的实力，而是我感觉您做生意的思路比较超前，意识很到位。

经销商：怎么讲？

业务员：您看，您的销售部有一个专门给零销店做拜访的零售组，从这一点就能看出来您对终端的重视程度。我们就是要找您这种既有实力，又懂得精耕细作的经销商。我为什么专门去看今麦郎的状况？因为我感觉一个经销商意识好不好，能不能跟厂家配合，这全看他的新产品推广程度，您把华龙面的“小康100”卖得好那不是本事，别人也能做到，但您这么短时间能把今麦郎卖起来，别人就不一定有这个本事了。

经销商：（脸色由阴转晴，觉得爽多了）你这个小伙子做事情挺用心。

业务员：真的，我跟您合作挺诚心的，要不然我不会花时间把您的情况摸这么透。

我们厂选经销商就是要选意识好、配合好的，上次咱们已经商谈了促销计划，这次我把上次咱们谈好的促销步骤都细化成行动计划给您拿来了，而且我也跟领导打了申请批了资源做这些活动，只要大家能想到一起去，把终端做起来，价格稳住，促销执行到位，物流跟上，只要这些东西能落实，市场应该是水到渠成。

经销商：其实我对你们公司的产品也是挺有兴趣，只是有两个问题心里没底。

业务员：您讲讲，看我能不能帮您。

开始进行客户疑问解答……

分析：大家从上面的对话中看到了什么？把前面这个场景再回头细看一遍，你觉得这个业务员哪里做得好，哪里做得不好？

案例中的业务员做得不好的地方就是话太多，话太多会让对方觉得不愉快。

除去这一点，这个业务员展示的是一个迅速建立专业形象的套路，每一句话和动作背后都隐藏着心思和技巧。

我们再分析一下，技巧在哪里？

业务员：（整理了一下服装，来到经销商门前）哎呀，王老板，好久不见，我上次约好这个月6号来看您，您看我如约而至了。

隐藏的技巧套路第1招：业务人员保持良好个人专业形象，守时守诺。

分析：经销商眼里业务员的素质就代表厂家的素质，很多业务员在言行举止上的小失误（如不守时、头发蓬乱、衬衣里面穿个高领内衣露一圈领子、西装袖子商标未拆）都会让经销商感到这个厂家没实力，跟这个厂家合作不安全。所以业务人员要首先从守时、个人风度、言谈举止各方面保持稳重得体的专业形象。

经销商：怎么样，刚下车辛苦吧。

业务员：哪里是刚下车，我来西安3天了，已经把市内和周围户县、杨凌、长安县几个地方的市场都转遍了。

隐藏的技巧套路第2招：提前看市场，并且让经销商知道我不是外行，业务人员的专业素质让经销商感觉到厂家的实力。

分析：在经销商选择动作流程中我们讲过，业务员要经过“知己、知彼、知环境”，然后再去拜访经销商。否则“行家一伸手就知有没有”，经销商感觉厂家业务员对当地市场完全是外行，也会产生不信任感。

业务员：您的新品推荐能力确实不错，我发现您把华龙面的新产品今麦郎铺得到处都是，陈列也做得不错。

隐藏的技巧套路第3招：从经销商关心的问题谈起。

分析：业务员会见新经销商，刚开始就谈合同，会显得太直接，寒暄天气又显得太虚伪，不如从经销商关心的话题谈起，经销商关心什么呢？

经销商的下线客户对经销商送货、陈列等服务水平的褒贬（注意一定要有褒才能有贬，否则经销商会觉得你一来就告诉我下面的客户骂我送货不到位，这是找碴来了）。帮经销商出主意，提高利润点。比如，王老板，你门口这一块地方空着太浪费了，我给你出个主意，在这里放个“量贩车”，上面挂个海报写上“热销产品推荐”，然后把你想主推的、利润高的新品种摆上，让每一个来你店里进货的客户一进门就能看到。

经销商现在所经营产品的市场表现也是他最关心的。因而我强烈推荐，你谈他现在做的产品的表现，同时还在告诉他“你对市场很了解”——只要业务员在看市场的过程中稍加留意，从这个话题开始谈就比较容易，而且一定能吸引经销商的注意力，同时让他感受到这个业务员很踏实，对市场很熟悉。

经销商：（非常得意）哪里，哪里，小生意，还得多请你领导关照才行。

业务员：王老板，您可不能叫我领导，我可当不起。我今天来拜访您的意思您也明白，就是合作经销的事。不过您别误会，我今天来不是找您签合同的，经销我们这个产品对您可能是个小事情，对我可是个大事情。我有任务压力，但我希望我的经销商都是想好了再做，这样合作，以后会更顺利。我今天来有两个意思：一个是前面我已经把公司的产品政策都跟您讲过了，看看您还有什么疑问要我解答的，主意您要自己拿，咱们不要因为沟通不清楚浪费时间。

隐藏的技巧套路第4招：施加压力让经销商签约打款进货，自己又不要显得太着急。

分析：假如你一进门就喊，王老板，代理产品的事情你考虑得咋样了？旺季就快到了，可不能再拖了。会是什么效果？经销商就会觉得你是来求他的。

如果你装出一副满不在乎的样子，“不急不急，慢慢考虑，时间还多”，经销商要么觉得你这个人不实在，装孙子，要么你工作态度根本就不认真。所以最好告诉经销商：“您别误会，我今天来不是找您签合同的，经销我们这个产品对您可能是个小事情，对我可是个大事情，我有任务压力，但是我希望我的经销商都是想好了再做，这样合作，以后会更顺利，所以咱们都要慎重。我已经把公司的产品政策都跟您讲过了，看看您还有什么疑问要我解答的，主意您要自己拿，咱们不要因为沟通不清楚浪费时间。”

业务员：另一个就是向您请教，说实话我是外地人，对当地市场没您了解得透彻，您在当地是前辈，行业里面赫赫有名，不管您做不做这个产品，我都想跟您请教一下，假如我做西安市场要注意哪些问题，您就当是提携后辈了。

经销商：（更得意了）哪里哪里，我可不敢当。

业务员：敢当，敢当，绝对敢当。王老板我叫您前辈是有根据的，您在当地做了11年，现在39个人，26个业务员，5个司机，8个财务、内勤、后勤人员；现在拥有6辆车，2辆8吨车，2辆3吨车，还有2辆厢式的半吨小车，其中1辆车坏了正在修。西安二环以内的售点您都能覆盖，而且还建立了详细的资料库。现在正在着力细化莲潮区的网络，还在“开疆辟土”向长安县下面的乡镇进军，在西安有这么大实力的也就只有您，西门糖酒市场的老板王跛子和小西北的周经理。

隐藏的技巧套路第5招：虚心求教，同时对经销商极力赞扬，诱导他说出“哪里哪里，不敢当”之类的话。然后充分表示你对他的细致了解，同时给经销商一定压力（我还有两个备选客户）。

分析：业务员说“您在当地是前辈，后辈向您讨教”，经销商会回答什么？不用问，一定是“不敢当不敢当，哪里哪里”。OK，就等你这句话呢——业务员立刻抓住机会向经销商展示，我叫您前辈是有根据的，我已经对你做过充分的了解，你的人、车、货、资金、网络实力我都了如指掌（说明我很专业、很踏实，而且跟您合作很有诚意，否则不会把你了解得这么透彻）。在业务员称赞经销商的同时，不妨用很平和的口气顺带提一下，“在西安有这么大实力的也就只有您，西门糖酒市场的王跛子老板和小西北批发市场的周经理”。其实暗地给经销商传递一个信息，虽然你很优秀，我们跟你合作也很有诚意。但是我们也不是非你不“嫁”，这个市场上你还有两个竞争对手。

经销商：（吓了一跳，而且有点恼火）我的天，小李，你可够厉害的呀，我的底你全知道！对了，你不是说有个王跛子、一个周经理也挺厉害吗？这两个人我都认识，那个周经理我们都叫她周寡妇。那你说说我们三个谁最强？

业务员：各有优势。

经销商：来点儿实际的，优势在哪里？

业务员：您非让我说的话，那我就说了，别人的长短我不方便讲，我就当着您的面讲您吧。您在西安市场上实力、资金还不是最大的，对吧？

经销商：你说得不错，但是中国现在哪个市场也不敢有人说他是最大的，现在这生意，哪里都有几个旗鼓相当的大户。阿猫很大，阿狗也不小，没有一家独大的市场。

业务员：您说得太对了，您知道我为什么总跟您谈吗？说实话那两家我也曾经谈过，但我还是比较想和您合作，关键不是看您的实力，而是我感觉您做生意的思路比较超前，意识很到位。

经销商：怎么讲？

业务员：您看，您的销售部有一个专门给零销店做拜访的零售组，从这一点就能看出来您对终端的重视程度。我们就是要找您这种有实力，又懂得精耕细作的经销商。我为什么专门去看今麦郎的状况？因为我感觉一个经销商意识好不好，能不能跟厂家配合，这全看他的新产品推广程度，您把华龙面的“小康100”卖得好那不是本事，别人也能做到，但您这么短时间能把今麦郎卖起来，别人就不一定有这个本事了。

经销商：（脸色由阴转晴，觉得爽多了）你这个小伙子做事情挺用心。

隐藏的技巧套路第6招：告诉经销商，我们之所以想跟你合作，是因为你终端意识好，跟厂家配合力度大。

分析：我刚才说过了，跟经销商提及有另外两个竞争对手时语气要平和，不要让经销商觉得你有意在用那两个客户压他。即使这样，经销商也可能问你“我们三个哪个最好”，这个时候回答问题要婉转。首先坚决不要在经销商面前抨击别的客户，他们之间一定很熟悉，而且你在经销商面前骂别的客户，只会让经销商轻视你的人品。所以，“别人的长短我不方便讲，我当着您的面讲您的”。

在讲经销商优劣的时候，要注意这是个新客户，还没“降服”，不要轻易直接对他的劣势指指点点，你讲他“实力不是当地最大的”最安全。因为确实如经销商所言，“中国现在哪个市场也不敢有人说他的实力是最大的，现在这生意，哪里都有几个旗鼓相当的大户”。

讲经销商的优势一定要突出“关键是我感觉您做生意的思路比较超前，意识很到位，跟厂家配合推新品推得很好”，这句话用意在于从一开始就明确我们公司看中经销商终端销售能力、市场开拓能力和合作态度，同时潜台词是：“你的优势不是实力，而是终端意识和配合力度，换句话说，如果你不配合厂家，或者不好好做终端，在厂家眼里你就没有优势了。”

业务员：真的。我跟您合作挺诚心的，要不然我不会花时间把您的情况摸这么透。我们厂选经销商就是要选意识好、配合好的，上次咱们已经商谈了促销计划，这次我把上次咱们谈好的促销步骤都细化成行动计划给您拿来了，而且我也跟领导打了申请批了资源做这些活动，只要大家能想到一起去，把终端做起来，价格稳住，促销执行到位，物流跟上，只要这些东西能落实，市场应该是水到渠成。

经销商：其实我对你们公司的产品也是挺有兴趣，只是有两个问题心里没底。

业务员：您讲讲，看我能不能帮您。

根据以上分析，现在经销商对业务员是什么感觉呢？

第一，业务员形象很专业，举止得体。

第二，这家伙没来看我之前就详细看了市场，我现在做的一个新产品哪里做得好、哪里做得不好，他都有数，这家伙跟别的业务员不大一样，很踏实。

第三，这家伙办事挺老到嘛，到底跟不跟我签合同？我看人家还不是很着急，还劝我慎重考虑。

第四，说要跟我请教，这小伙子挺虚心，但是绝对不“菜狗”。我的底让人家摸得清清楚楚，差一点把我全家的生辰八字都报出来，厉害！同时也说明这个厂家选择经销商很慎重，跟我合作也比较有诚意。

第五，不好，好像人家没有“吊死”在我这一棵树上，还在跟王跛子、周寡妇接触。

第六，他们厂最看得上我的思路超前，嘻嘻（得意），看来这个厂家做市场很实际，不是那种拼命压量不管实际运转情况的土包子，以后合作，在这一点上我要好好表现。

现在经销商感觉到你大方、得体、踏实、老到、虚心、厉害、有诚意、务实，而且“好像人家没有‘吊死’在我这一棵树上”，恭喜你，你的专业形象已经树立，经销商无论如何不会小看你，而且从开局的心理战上你至少不落下风。

作者评述

大家都知道鲶鱼效应吧。日本渔民要到内陆卖鱼，希望卖的是活鱼（价格高），但是活鱼运输到内陆要两三天时间，运过去鱼就死了，几万条鱼压在运鱼舱里憋死了。后来渔民就想了个办法，在鱼舱里放两条鲶鱼，鲶鱼是一种凶猛的食肉鱼。别的鱼为了躲避被捕食的噩运，只能拼命挣扎，鱼群翻腾不止，这一动，氧气就进来了，鱼就不会死，就会卖个好价钱。

这个故事常常用在管理学上，意思是团队要经常树立标兵，奖优罚劣，业绩排名，在团队中形成竞争，让大家有危机感，这样团队才有活力。

一次在国内著名的一家蛋糕辅料企业讲课，有学员听完这一段就提问：“魏老师，您讲得很好，讲鲶鱼效应你也从理念到动作给出了营造团队竞争气氛的10个方法，也很实用。但是我有个问题，我今天是来旁听的，我是我们公司最小的办事处主任，我总共只有一个兵，你让我怎么用鲶鱼效应？”

各位，他总共只有两条“鱼”，还非要整一条“鲶鱼”出来，谁吃谁呀？

这就叫教条。为什么我在这里讲鲶鱼效应的案例？因为这堂课我们开始讲谈判的套路，下堂课还会进一步精确到经销商问什么问题及怎么回答。

想象一下，你按照套路中讲的告诉经销商：“我是来向前辈讨教的。”你等着“前辈”说“不敢当”，可这家伙是个土包子，就是不说，有没有可能？

你自己本来就是个小品牌，没什么竞争力，经销商对你很不感兴趣，你又按照套路里讲的，暗示经销商还有两个备选客户，碰巧这家伙今天刚刚跟老婆吵架，心情郁闷，一听这句话暴跳如雷：“少跟我来这一套，你去找你那两个备选客户去，滚！”这也有可能。

回顾一下前文我在“作者评述”里讲的思想，“我在课堂里给的是一个实用工具箱，知识只有在实践中才能变成技能”、“听培训课吸收知识要有筛选意识，要能够举一反三，灵活运用，要分清道和术”。

永远记住：市场总有更多变化，老师讲的招数套路一定要熟练运用而不是熟练照搬，其实熟练运用和熟练照搬的区别就在于前者其实更加熟练，因而可以“收发由心，人剑合一”，后者是一知半解只会生搬硬套。学武术有套路拳法，但上阵搏击，你不可能告诉对手：“等一下，让我按照套路扎个马步摆个‘Pose’再跟你打。”

学习要先僵化（课堂学习记笔记），再固化（课后复习深刻体会熟练记忆），最后是优化（随时可以因地制宜地使用套路中的任何一招，甚至自创章法，无招胜有招）。

第三节 新经销商谈判“套路”二——让经销商感到安全

经销商现在已经对你的专业素质有所认识，你已经获得初步成功，接下来要谈生意，要让经销商认为“经营你的产品很安全，一定不会赔钱”，具体该怎么做呢？

一、让经销商感到安全的10条理由

大多数商人做生意，心里首先想的是不是赚钱？不是。他们想的是怎样才能不赔钱。所以在与经销商沟通市场开发计划的过程中，要注意谈判重点的先后次序，首先是让经销商感到做我们的产品不会赔钱，有安全感，然后才是能赚多少钱的问题。

经销商怎样才会觉得安全呢？

第一，业务人员很专业；

第二，厂家跟我合作很有诚意；

第三，厂家很有信誉；

第四，产品与竞品相比有明显优势；

第五，销量有保障，“看得见摸得着”；

第六，首批进货压力小；

第七，前期促销力度大，首批进货很快可以消化；

第八，价格秩序稳定；

第九，厂家重视当地市场；

第十，独家经销权有保障。

接下来，我们会把这10条逐条变成具体的动作。

二、把每一条理由落实到动作分解

1. 理由一：业务人员很专业

➢**动作**：

我们已经讲过“迅速展示自己专业素质”的方法。除此之外，业务人员还需要在新市场开发计划的准备和沟通过程中下足工夫，在日常拜访过程中还要展示自己在产品知识、库存掌控、生动化、市场机会预测、价格管理等各方面的专业素质和技能，真正建立起自己的专业形象——只有这样才能对经销商产生影响。这些内容如何落实到具体的动作，我们会在下文中详细阐述。

2. 理由二：厂家跟我合作很有诚意

➢**动作一**：

追女朋友时如果你让她知道你对她的生日、三围、穿多少码的衣服和鞋子，甚至她父母的生日都牢记在心，她至少会感到你很有诚意。

同样的道理，前文讲过的业务人员有意让经销商知道“我对你的人、车、货、资金、运力一切资源了如指掌”也会起到这样的作用，因为“要不是真的有诚意跟你合作，才不会下这么大工夫把你了解这么透彻”。

➢**动作二**：

追女朋友如果一开始就摊牌讲条件：婚前我们要各自公证财产，婚后你父母最好不要跟我们一起住，而且不准干涉我抽烟喝酒。这样说估计会找抽。找经销商也一样，前期不要碰“敏感话题”，比如查经销商下线客户名单、开设分销商弥补经销商网络不足，合作初期经销商还没有被“降服”，这些事情不宜操之过急。

3. 理由三：厂家很有信誉

经销商跟厂家合作，吃够了厂家“说了不算，算的又不说”的苦（经销商垫支的促销费迟迟不能报销返还，经销商的破损品拉回公司退换却杳无音讯），他们对厂家的要求其实不高，只要说到做到，不坑自己就行，而聪明的厂家就会抓住这一点大做文章。

➢**动作一：合同完整**

厂家在合同里把有关经销商利益的条款（比如破损、兑现返利、广告支持等）细化、量化，明确支付标准、期限、数字，甚至包括厂家的延迟支付滞纳金条款等（当然是在厂家心里有底、可以兑现的前提下）。

➢动作二：手续严密，账目清楚

刚开始打交道，厂家应把手续搞严密一些，比如业务员跟经销商商讨完新市场开发计划，要把这一行动中厂家提供的支持细节落实成协议，残次不良品拉回公司退换时，业务员要清点数字并办好签收手续。

➢动作三：态度诚恳

厂家业务员的口头禅和摆出的态度是，“亲兄弟明算账，咱们凡事丑话在前”，落成文字，到时候有凭有据，不会出麻烦。

➢动作四：多做少说

业务员一定不要“为了让经销商进货”而漫天许愿，经销商要求支持时（如要促销品、要费用等），坚决不做超出职权之外的承诺。最明智的态度是对经销商不合理的条件当场回绝，并讲明道理。对合理但超出你权限的要求先不要答应，回公司申请，等公司批准后你再“表情木讷，若无其事”地告诉经销商：“张老板，上次咱们谈的那件事我给你办了。上次我不表态是因为我不知道公司是否同意。我这人有个习惯，办不到的事情不爱说。”

➢动作五：留有余地

有关售后服务的内容，业务人员说话要给自己留余地，不要让经销商感到“反正厂家答应，一旦有即期破损就会给调换、补偿，甚至退货，多压点货没关系”。到时出了事不能兑现，会显得你不诚信。

在宣传公司售后政策、解决经销商后顾之忧的同时，还要告诉经销商“做生意就要承担必要的风险”，“经销商、批发商进货量不是销量，终端市场实际消化量才是销量”，“不要光想着卖不完退货，更要考虑如何把货卖完”。

平时业务人员要依据公司产品的历史销量、淡旺季变化，客观理性地给经销商下订单。多走访终端客户批发市场，避免隐性库存（经销商没库存，但下线客户有大量库存，淡季一到问题马上暴露）导致过期/不良品大量出现。每次拜访经销商时一定要清点库存数字，对货龄异常有积压可能的库存提前警示经销商，想办法做促销消化，力争在问题真正成为问题之前就把它解决掉。

➢动作六：坚持诚信经商原则

烤鸡翅惊现“苏丹红”，肯德基快速反应，向公众道歉，并停售该产品。这种做法比遮遮掩掩、欲盖弥彰好得多。

同样道理，产品、包装等出现质量瑕疵问题，厂家应立刻道歉，应视情节严重情况以及是否干扰销售做出补偿退换。与经销商约定好的支持投放、返利支付、不良品兑换，到期也应尽可能兑现，如有问题要让业务员告知经销商原因和预计延期时间。

偶尔也可以做一场“诚信秀”——某次厂家破损支付延期，真的给经销商发一笔“滞纳金”（可能数目很小，也可能本来就是打算给经销商的费用），经销商会吓得“眼珠掉出来”（从来没有一个厂家这么干过），一定会奔走相告。如果厂家再配合行业媒体报告这一事件，行销效果更佳。

➢动作七：拔掉钉子户

周期性跟经销商兑账（账款账、返利账），防止到时候双方账目不一致而发生纠纷，同时这个行为也在不断传递该厂家很正规、很讲诚信的信息。统一食品要求每个销售主管每周至少跟一个经销商对账，也是为了防止业务员私自找经销商借货借款造成乱账，无法收拾，影响企业形象。

一位资深房地产人士曾告诉我，碰到个别纠缠的新业主不停地抱怨“物业管理差”，楼房配套设施差而且动静大，聪明的房地产公司怎么办？做法是尽可能安抚，实在不行了找这名业主协商“我们要把您的房子改成电力间，想把房子回购回来”——您到处唠叨给我们制造负面影响，我们就把房子收回来不卖给你。这就叫大智若愚，房地产销售口碑是“第一生产力”。

口碑对经销商同样重要。对个别牢骚满腹、怨气冲天的客户，厂家应尽可能安抚，努力解决遗留问题（比如上任总监任期内造成经销商的货有500箱过期，返利没兑现，现任总监往往无法出费用补偿，因为这个费用没法出，公司没这个预算），有四个方法；

①威逼：这事已经办不成了，你拿不出字据证明，我们就无法办理（其实是给他个下马威，降低他的期望值）；

②利诱：明年我们会上新品种、新促销、新广告，形势一片大好；

③有希望：前账不究，后面我们一切交易行为走文字手续，保证兑现；

④有补偿：给他适当划大区域，提供旺销产品，提供促销支持，总监在饭桌上跟他开诚布公地谈：“你受了损失我知道，手续不齐，我无法帮助你，但我不会‘不作为’，我会给你些方便（政策），让你把这份损失加倍从市场上赚回来。咱们皆大欢喜。”

➢动作八：诚信宣言

如果你觉得有必要（同时公司条件许可），可以做一份诚信宣言，在经销商大会和企业内刊上发布，诚信宣言包括以下内容：

①我们公司是“先做人后做事”，宗旨是诚信经商，一诺千金；

②诚信的基本原则是先小人后君子，所以我们公司注重契约行为（附上合同样本、即期品退换前表单、促销支持投放协议等）；

③一切非公司书面要求的实物支持（经销商借货垫费用），经销商一律不必接受；

④我们愿意为保护诚信付出努力，公布厂家的滞纳金条款、业务员不诚信行为的投诉电话。

4. 理由四：产品与竞品相比有明显优势

讲产品优势要言之有物。建议从两个方面下手，先讲产品适合市场（意思是当地市场接受这个产品，符合当地的消费特点，潜台词是未来一定会有销量空间），后讲产品比竞品某方面有优势（包装更漂亮，口味更好，价格更便宜等），经销商不是消费者，他不关心你的产品缺点，他关心的是优势。你如果上来就讲本品的科技含量、内在品质，即使是确有其事，经销商也未必会感兴趣。相反你通过生动解说让他确信产品未来有广阔的市场空间，而且某些方面的确比竞品好，他的眼前就会出现幻觉——“销量、回款、毛利、钞票”。

➢左勾拳：论证产品适合市场

分析：21 吋、14 吋电视适合广东市场吗？张三说不适合，因为广东人有钱，买彩电都是 29 吋、34 吋的。李四说适合，因为广东有很多外来打工的人要买。等离子、背投彩电适合农村市场吗？王五说不适合，因为农村穷大家买不起。但赵六说适合，因为事实证明中国不少农村市场确实是高端机卖得快——农村人消费心理不成熟，彩电的大小和档次成了人生价值的一种体现，大家互相攀比。

每个产品都有或多或少适合市场的理由，同样也都有不适合市场的理由——正所谓成功的人找机会，失败的人找借口。作为销售人员，你不要找借口骗自己。你要做的是找到相对适合的主打品种，然后分析市场和产品的对接点，让经销商相信这个产品适合市场。

怎样分析，归纳如下：

从竞品销量分析

例：

当地产品 W 旺销，月销量可达 7000 余件。我公司产品 B 口味和包装与之相似，价位还有优势，足见市场能接纳本品，有销量空间。

从整体消费态势分析

例：说服碳酸饮料经销商经营牛奶

健康观念逐渐盛行，国际上的趋势是碳酸饮料一定会下降，果汁、牛奶、茶等健康食品市场一定增长，现在这个趋势在大城市已经相当明显了，不信你可以想办法问问北京、上海的同行，我们可以给您提供几个经销商电话供您咨询。

从特殊消费群体分析

例：

杏仁露在南方遇到阻力，因为南方人的口味已经习惯了椰汁。他们觉得杏仁露的口味有“汽油味”，造成经销商的合作意愿障碍。这时候杏仁露的业务员告诉经销商“深圳是移民城市，北方人较多，而且大多数在异乡还很怀念家乡的饮食，杏仁露是北方人钟爱的饮料口味，咱们可以先从外地人口聚集较多的城中村做起，通过示范效应逐渐把销量带起来”。

从市场特性分析

例：

陶瓷行业——你们这个城市正在加紧进行城市广场建设，需要大量的广场瓷砖，市场有较大的需求，而我公司的产品正好在广场砖中是强项。

空调企业——上海的房地产很“热”，而现在房地产的新户型都是小面积多房单元（比如，88平方米的三室一厅），这就需要大量的小一匹空调，我们公司正打算主推多种功能型号的小一匹，同时拿出两个大众型号降价以抢市场。

新概念嫁接老产品

例：

广东这地方牛奶销量很大，说明当地消费者健康观念较成熟，牛奶是动物蛋白，有营养但含脂肪胆固醇较高。我们的花生露杏仁露是植物蛋白，营养价值不逊于牛奶，而且不含脂肪，还有降血脂作用。只要咱们在当地能把“植物蛋白比动物蛋白更健康”这个概念推起来，你想想这是多大的市场。

➢右勾拳：论证产品比竞品有优势

有一次我去一家生产蚊香的企业讲课，他们告诉我他们的产品与竞品相比有五大优势：第一大优势是蚊香（不是包装盒）外观美观大方。你觉得这算优势吗？不算。蚊香不就是一圈一圈的吗？有什么美观可言？仔细一看，蚊香上面有花纹——这东西是拿来烧的呀！谁关心花纹？他们讲第二个优势是灭蚊力强，能算优势吗？也不算，至少不能算攻占新市场的主打优势。为什么？你怎么给消费者证明（灭蚊力强），难道现场抓10只蚊子熏一次，别的蚊香熏死3只，你的蚊香熏死7只？不可能。他们说第三个优势是香型好。这算不算优势？算，因为一闻就知道了。第四个优势是他们的蚊香“易脱穿、抗折离”（这是专业术语，蚊香常见包装是两盘扣在一起，一般的蚊香用的时候不容易打开，经常在把两片紧扣的蚊香打开时发生断裂，而他们的蚊香打开很轻松，不会断）。这算不算优势？当然算，现场试验嘛。第五个优势是环保，对人体无伤害，这是消费者关心的问题，但是你要把它当优势，就要拿出实证来——不要讲你的天然成分，消费者不懂也不信，搞个权威机构鉴定也许有用。

广东有一种香烟叫五叶神，这几年异军突起，为什么？因为它的烟“害”少一点，其实这个口号以前白沙烟、中华烟都讲过，只是五叶神搞了个什么中国毒理学会的证明鉴定放在那里，更让人相信。

产品比竞品好一定要可以证明给大家看才能成立，没有实证不要主张。至于具体如何体现，怎样证明自己的产品比竞品有优势，可从以下几点切入：

➢可量化的指标

如价格低，通路利润高，同样的价格下克重更大，性价比高，广告投入力度大（附广告牌期），厂家人员投入力度大（附人员投入计划）等。

➢可以直接感受的指标

包装的色泽外观更漂亮，包装独特，放到货架上可“跳出”，口味也好。

➢产品内涵优势如何证明

讲产品的品质优势一定要有例证才有说服力，除非产品品质的优势显而易见，否则就成了自卖自夸。

但有时候产品是有内涵的优势，就是无法用物理方法证明，怎么办？你看医院现在做广告再也听不到“治愈率90%”，他们说自己有美国进口的检验仪器，还有“贼老贼老”的老专家。

这就叫“曲线救国”。我们不说产品，只讲先进的生产线（进口的、国内独有的），厉害的生产研发力量（强调学术权威性），会起“以迂为直”之效。

5. 理由五：销量有保障，“看得见摸得着”

千万不要说“江湖口”——“张老板您放心，我们的产品将来肯定畅销”，这种话对经销商没有任何说服力。你不如告诉他：“张老板，我们的产品在这里的销量现在我不能给定论，因为还没发生嘛！我说了您也不相信，但我可以给您几个数据和事实，您可以自己推算调查一下产品有没有潜力。”

（1）用预先冲货销量数字来证明本品的销售潜力

例：

张老板，实话跟您讲。您也看到了，现在我们没在当地选经销商，但环南二路批发市场的红星批发已经从外地接冲货开始卖了，我去统计过，他一个月从外地接货大概500箱，这500箱对您来说意味着什么，相信您也知道，如果您做经销商，我们把那边冲货货源一卡，您再对红星批发促销，让他从您这里接货，这500箱销量立刻就是您的。

（2）用当地小店销量数字证明

统计当地一两个小店的本品销量，然后跟经销商分析："你看，现在你对门那个新星商店，那么小的商店一个月能卖一箱货（不信你自己去问），一旦你成为当地总经销，你自己心里清楚，这个城市像这样的店不下5000个，5000个店一个月的走量是多少，你算算就知道。"

（3）邻近城市销量数字证明

例：

你这个市300万人口，某某市只有200万人口，人均收入比你这里还少，但那里的经销商张三（手机号是138××××××××），去年一年销量2万箱，你这个城市能销多少箱，对比一下你心里应该清楚。

（4）用终端进货意愿事实来证明

例：

提前带产品样品以厂家名义跟当地批发商、超市接洽，取得较好的合作意愿，然后跟经销商谈："你的几个主要下线客户张三、李四、王五，还有当地最大的超市某某商厦采购经理赵六我已经拜访过了，他们都对这个产品感兴趣。"

（5）用今年公司的大好形势来证明

您也知道，去年我们公司的产品价格倒挂比较严重（讲出具体市场上去年价格倒挂具体数字和实证），今年公司采取新的返利政策，现在您在别的市场上也能看到价格倒挂有明显好转，销路更畅通了。另外公司今年又开发了几个新产品（展示新产品样品），目前增加了广告（讲出什么电视台什么时段播出），您现在加入我们公司算是赶上好时候了。

6. 理由六：首批进货压力小

首批进货压力小，门槛就低，可打消经销商的担忧、畏难心理。

话术：公司规定所有新经销商第一次进货不能超过5万元，目的就是保护经销商的利益，不让经销商有太大风险。

分析：尤其是对陌生品牌，经销商首次进货必然心里不踏实。首次订单就给经销商大量压货，难度很大，即使能说服经销商，也会让经销商产生该产品“占资金和库存、周转慢、产品不好销”的负面印象。专业销售人员应该根据市场情况给经销商下合理的订单量，明白市场实际销量不是经销商进货量而是终端消化量。面对新开户的经销商更应该注意小批量发货，迅速帮经销商实现实际销售以激励其合作意愿。

所谓“首批限量进货”，未必是企业政策，但业务人员心里应该有这本账。

7. 理由七：前期促销力度大，首批进货很快可以消化

经销商需要安全感，实际上就是坚决不愿承担赔钱的风险，而最大的风险往往来自于第一车货能否顺利销出去。所以不但要让经销商知道他一次进货量不大，还要让他相信第一批货厂家会配合他很快销出去。这才算是给经销商吃了定心丸。

话术：张老板你第一车货9月20日进来，一共1000箱，9月22日我们公司派两个人一辆车，你也派两个人一辆车，咱们一起去批发市场铺市，铺市政策是卖十箱送一把雨伞，我们公司负责提供礼品和印制传单，我们的目标是5天之内对市区200个批发商做地毯式铺货，最保守估计，也有三分之二客户成交，销量就是700箱，所以你9月20日的第一批货在国庆节前批发促销就能消化700箱以上。

8. 理由八：价格秩序稳定

话术：假如咱们合作，别的事都可以商量（促销、进货量、厂家支持等等），但有一个原则不能动——就是不许冲货砸价。我们公司在治理冲货砸价上的原则是先处罚当区的销售主管，再处罚经销商，一旦抓住经销商冲货、砸价的证据就“杀无赦，斩立决”！

分析：业务人员在经销合同确定之前就对经销商有这种“恶狠狠的威胁”，经销商不但不会生气，反倒会感到安全：“这个厂家治理冲货砸价很严格，将来我的市场不会被冲货。”

9. 理由九：厂家重视当地市场

话术：明年你这块市场是我们公司的样板市场/试点/明星市场。

注意：业务人员说这句话要懂得“表达精确”（避免经销商期望过高导致失望），重点市场不一定是厂家的一类市场，也可以是三类市场中的重点市场。

10. 理由十：独家经销权有保障

强调独家经销权的合同保障会让经销商感到安全。但尤其是相对有影响力品牌，笔者不太赞同开发新经销商没有经过一段时间的市场验证就签长期的独家经销合同——一旦该经销商不能胜任，就会使厂家在经销商增设/更换问题上陷于被动，建议如下应对：

第一，不要签“独家代理商”合同，只签“特约授权经销”合同（中国的法律只保护独家代理权，对经销权解释尚未严格界定）。

第二，话术：我不想开第二户经销商，经销商开得越多，厂家的运输成本就越高，砸价冲货就越严重，管理成本也会越高。我的期望是用最少的经销商做好市场。厂家为什么要多开经销商？因为经销商区域越小市场做得越细，我可以在合同里跟您明确“只要您能把市场做细，满足厂家要求，厂家一定保留你的独家经销权”。

第三，经销商可能会追问：“什么叫把市场做细？你能不能给我个标准？也在合同里明确？”能。给经销商在合同里规定“软指标”。什么叫软指标？销量回款是硬指标，但如果合同规定完成销量就能保住独家代理权，否则就取消，那经销商到时候为了保命一定有办法把销量给你冲上去（冲货、砸价、压货）。软指标就是指铺货率、生动化、大卖场进店率、大卖场陈列合格率等这些过程指标，在合同里体现这些指标有以下好处：

☆引导经销商，给他明确了努力方向和游戏规则；

☆过程做得好结果自然好，一个经销商真的把这些指标做到位了，厂家是不会换他的；

☆软指标的“软”就在于厂家一旦想在铺货率、生动化这些问题上找碴，随时可以找出“碴”来，到时就可作为是否保留其独家经销权的理论依据。

回顾：

现在，经销商已经看到一个严谨的业务人员来找他洽谈代理事宜。

厂家很有诚意跟他合作，对他非常重视，对他的各种情况也了解清楚了。

厂家很有诚信，合同很严密，账目又清楚，而且竟然还有厂家兑现延迟返利滞纳金的奇闻，真让人钦佩。

只要自己努力完成过程指标，经销权和奖励就会有保障。

这个厂家市场管理严格，治理冲货，砸价有力、得法。所在城市又是厂家比较关注的市场。首批进货量压力又很小。产品适合当地市场需求，而且相对竞品有优势。确实有“看得见、摸得着”的良好销售前景……这样的产品简直就是稳赚不赔。只有真正帮经销商放下“怕赔钱”的包袱，他才会义无反顾地投入市场开发工作中去。

作者评述

这节课学完，学员会有两种反应。有人说太棒了，讲得太实用了，拿来就能用。也有人会说没什么了不起的嘛！讲了半天，好多东西，其实我们也不是不知道，有的招数我们已经在做了，只是没那么详细、系统、明确而已。

两种说法都对，但是心态不同。前者的心态是：我听到的内容跟工作紧密相连，而且系统、详细，可以用来完善自己的工作；后者的想法是，我想听点以前都没想过的新思路，怎么没有？遗憾的是我在前言中已经讲过，本书都在讲凡人凡事，闻所未闻、想所未想的新思路可能没有。

如果你以为自己都会了，反思一下，看自己让经销商感到安全的理念和动作能写几个？培训经验告诉我，大多数学员分组讨论集体写的答案，跟这堂课内容比起来连1/5都不到。这就是问题。我们都以为自己会了，但是不全面、不系统、不深刻，没有从理念落实到动作，实际工作中一定会挂一漏万，错误百出。

优秀的销售人员不是超人，只是把大家都一知半解的事情搞得更清楚，把大家都知道而懒得做的工作完全做到位而已。

本章节写的10个理由和40个动作，应该成为一个思维/行为模型。什么叫思维模型？比如大家都知道4P和SWOT分析吧。你的经理让你写一个市场分析报告，你不会写，但是你按这两个格式，4P（产品、通路、价格、促销）做大标准，然后又以SWOT（强势、弱势、机会、威胁）做竞品对比环境分析，立即就写得有模有样。

什么叫行为模型？比如你老怕自己出差忘带该带的东西，就写个备忘录贴在箱子上：手机电源线、电脑电源线、身份证、毛巾、牙具、袜子、内衣等，每次出门前对照一下。这种思维/行为模型的作用就是给大家一个格式，你在工作不熟练的时候对照这个模型检查自己，提醒自己，启发自己，你就会迅速“专业”起来。

当然也需要创新，但那是以后的事，而且创新的东西最好也归入模型中才最稳定、最负责，这样才有助于你最终成为高手。

第四节 新经销商谈判“套路”三——一定会赚钱

通过前面的学习，我们已经知道，让经销商感到一定会赚钱的方法就是“带着上市促销、维护计划去找他”，让他看到“一个理论上可行的上市模式”，“噢，这个市场就这样做起来了”。接下来的问题就是如何体现促销推广计划的魅力。

一、纠正错误观念：寻找促销秘籍

我到很多民营企业做培训时，负责人总是带着向往甚至神秘的语气问：“魏老师，您以前在可口可乐和康师傅做了那么久，这两个企业的促销方法能不能给我们讲讲?”

大家总以为知名企业有“促销宝典”，其实这个想法没有任何根据。没吃过猪肉，也该见过猪跑吧，可口可乐在做什么促销，你到超市里一看就清楚了嘛。说到促销方法，各个企业都差不多。促销的绩效差异并不体现在方式的创意上，而是体现在机制、制度、思维模式上。

1. 促销设计思路的差异

跨国公司的促销方法比较多样，比如有销量奖励和促销、陈列奖励、模范店计划、消费者初次品尝促销（试吃），以及消费频率增加促销（积分换奖多买多送）等，但更重要的是他们比较理性，注重市场表现与促销设计之间的因果关系，比如当市场调研发现新产品铺货率很低，零销店不接受时，他们就推出零销店铺货奖励——买三包送一包活动，或者买老产品送新产品——把新品用赠品形式铺起来；当新品上市一个阶段后，消费者尝试购买率提高，而且也有回头客时，就推出大包装促销，空袋换奖、积分换奖促销鼓励大家大量购买。他们的每一个促销活动设计都有自己的理由和目的，在不同阶段以不同方法用促销把市场一步步做起来。

国内企业的促销则往往相对单调，其实外企的促销方法国内企业不是不会，而是“不屑”——起量太慢。国内企业做促销的目的很单纯，就是跑量，所以最常用的手法就是订货会政策、批发进货搭赠政策（而且往往促销品种总是那么一两个最旺销的品种），当产品本身有优势（尤其是价格优势）时这个方法很见效，尤其在三四类市场你用这种方法把货压给通路，因为你的货很便宜，通路自己就会想办法把货卖出去。但这个方法有两个弊病：其一是单品销售现象严重，厂家几十个上百个品种卖来卖去总是那一两个旺销的老品种，最终一定会出现老品种价格倒挂、利润透支、品牌老化乃至完蛋；其二就是不能主动去管理、引导、培育市场。为什么现在国内各行业高端市场和城市市场都是外资品牌唱独角戏？就是这个原因。

2. 执行力的差异

同样是一个买赠促销，两个企业的执行效果会完全不同，问题出在哪里呢？

最大的差别是执行力，是谁能真正地把促销执行到位：促销销量取决于告知做得是否充分、卖场布置是否有吸引力、赠品选择是否有针对性；而促销过程中是否贯彻体现监控、复命制度，决定了促销品会不会被层层截留，促销搭赠会不会折进价格里等。

二、所谓跨国公司的神秘促销方法

我在外企有七八年的从业经历，跨国企业新市场启动促销方法其实一点也不神秘。

1. 批发渠道压货

（1）批发商订货会

在经销商门店堆放产品、礼品，布置广告宣传品，提前发传单。邀请批发商参加现场订货会。（注意：此方法容易造成批发商恶性屯货、砸价。所以要控制开订货会的频率，太多的订货会只会把产品做死。订货会的举行要“兵贵神速”——传单散发要快，订货会在三天之内就要召开，否则竞品收到消息会抢先一步开订货会进行拦截，另外每场订货会要关注批发订单的质量，防止有人恶意屯货。）

（2）批发商进货奖励

批发商单次进货达到一定坎级有奖。（注意：此方法容易造成批发商恶性屯货、砸价，经销商截留赠品，执行时要对批发商广泛告知，活动结束要复查抽检赠品落实情况。）特定时间段批发商累计进货达到一定数量有奖。（注意：此方法容易造成经销商谎报虚假订单、截留促销品，最好由厂家人员亲自监控执行，但此方法的好处是可以借此迅速摸清经销商的下线客户名单。)

2. 零销店铺货

（1）零销店铺货奖励

进货奖励。(注意：提防业务人员“大单划小单”——把零销店铺货资源挪用到批发市场冲销量，零销店铺货率不能有效提升，所以制定政策时要规定提货量的上限，活动结束进行复查抽检。)

（2）零销店拆箱铺货

降低零销店进新品的坎级，降低新品铺市难度，必要时厂家会专门生产用于新品铺货的小箱容产品，或多品项多口味混合箱。(注意：要提前和经销商商谈拆箱送货事宜，必要时予以一定的配送补助，厂方人员要配合经销商进行混合箱的组装配货工作。)

（3）零销店箱皮回收

零销店把新品卖完后的空箱退给经销商，可以换取现金，增加零销店利润。(注意：小心业务人员和经销商在箱皮回收过程中虚报数量或者以其他产品的箱皮充数，套取现金，活动结束前要通知零销店尽快找经销商兑付以免过期。)

（4）随箱刮刮卡

箱内附赠刮刮卡，零销店可以刮卡中奖。(注意：利用箱皮和海报对零售点进行广泛宣传，以免经销商截留刮刮卡，小奖可交给经销商兑付，大奖必须公司亲自操作以防冒领，事后核对。)

（5）箱箱有礼

箱内附赠小礼品。(注意：礼品要有吸引力，礼品的保质期要比箱内产品保质期长，箱外要做告知，防止经销商截留。)

（6）零销店提前赠送限时进货折价券

厂家印制折价券，发给零销店，零销店持券进货可享受折扣或者返一定数量的礼金。(注意：此方法仅在厂家人力不够时适用，其促销效果比直接开订货会、车销、有奖铺货要差。)

3. 维持零销店及批发的铺货率和能见度，创造流行，维持流行

（1）零销店陈列奖励

零销店在货架最佳位置陈列一定数量产品（如6包），厂方人员不定期巡检，陈列合格者获得奖励。（注意：必须由厂家人员亲自执行。总部要有专人复查抽检。奖品兑现频率要高，如陈列1个月每周奖1包，销售人员每周巡视，每周兑现。）

（2）批发堆箱陈列奖励

批发商在门头堆放一定数量产品（如堆20箱），厂方人员不定期巡检。陈列合格者获得奖励。（注意：必须由厂家人员亲自执行。总部要有专人复查抽检，一般是堆放空箱便于操作，对于未按要求堆放的批发商要加大抽检频率，促其陈列，最后的奖品尽量100%发放。不要因为搞了次活动反倒在批发市场上结下几个因为"菜价"活动又没拿到奖励怀恨在心的"死对头"。）

（3）零销模范店

对位置和形象较好的零销店进行产品陈列、海报张贴、条幅悬挂等一系列布置。让它成为本品的形象概念店，并要求店方保留一定时间。合格者给予较大额度的奖励。（注意：陈列广告宣传标准要考虑当地城市的市容城管部门规定，奖品要有一定吸引力，最好能有宣传效果，如挂钟等。另外活动结束要尽快兑付奖品，对这些黄金位置的售点尤其要注意进行客情维护。）

（4）零销店送展架

赠送零销店本品的展示货架甚至冰柜，要求专架专用，保证本品陈列效果。（注意：如果在当区没有厂家办事处，厂方不能对售点有效巡检，就不要做这个活动，否则将来执行不力，造成自己的货架摆的全是别人的产品。）

4. 超市渠道促销

超市异型堆、超市试吃、买赠特价等。

消费者促销分两个阶段，第一阶段应该以争取初次品尝者为主，第二阶段鼓励消费者大量购买或重复购买。

（1）争取初次品尝者

样品派发、折价券、随包装赠品、免费试用试吃、新产品主题路秀活动。

（2）鼓励消费者大量购买或重复购买

集空袋换奖、礼品盒、三连包、五连包、整箱促销、箱箱有礼（针对消费者的礼品）。

三、化腐朽为神奇，老套的促销也能打动人

既然在促销方法上玩不出什么花样来，那么如何跟经销商沟通上市计划，让他看到希望，感觉一定会赚钱呢？

上市计划描述要细致入微，环环相扣，具体注意以下要素。

1. 细节描述

精确到什么人、在什么时间、什么地点、针对什么客户、做什么促销、预计完成多少销量。

2. 丑话在前

厂家和经销商各投入多少资源，经销商需要提供哪些支持？

3. 实物展示

展示做这个促销时要用到的各种实物样品。

4. 体现专业

展示具体做这个促销的时候要用到哪些技巧，强化专业形象。

5. 说明缘由

在讲述每一个促销计划的时候，要突出分析促销的设计思路和目的——为什么要做这个促销？做这个促销能给经销商带来什么好处？

6. 突出主线

各个促销环节之间一定要有递进关系，互为因果，一浪高过一浪。

某成熟品牌小包装碳酸饮料（适合零销店销售）在县级市场新市场的开发计划如下。

张老板，4 月 1 日您进货 500 件，接下来我们公司会配合您做一系列上市推动促销。

咱们这次推的是 500 毫升塑料瓶汽水。主流销售渠道在零销店，这个牌子在当地已经有一定知名度。从批发入手阻力不会太大，而且这里是一个县城，批发还很强势。从这里入手起量也比较快，能迅速把您的首批进货销到批发商库房，为后续整体起量打基础。

先分析促销的设计思路——为什么做这个促销?

第一波厂家会支持您做批发市场促销，在淮北批发、小西北市场两大市内批发市场做批发铺货。我会提前下去给每个二级批发商喜函，喜函大致内容是："恭喜各位店主，您的某某饮料来了，即日起某某饮料与当地客户张老板'喜结连理'——张老板成为本厂的经销商，为庆祝此次合作成功，举办促销活动，4 月 5 日到 4 月 15 日，进货 5 箱者，送一把太阳伞。"落款会写你张老板的大名、地址、电话，还有我（业务代表）的手机作为咨询电话。

促销计划描述精确到细节（什么人，什么时间，什么地点，针对什么客户，用什么道具，做什么促销），同时注意监控——所谓咨询电话其实是个投诉电话。

4 月 5 日厂里派 1 辆带主身广告的依维柯厂车和 3 名业务人员来，到时候您再出 3 个业务代表和 1 辆车。

经销商要出的支持资源，丑话在前。

4 月 5 日、6 日，也就是活动的头两天，咱们 2 辆车 6 个人，一起进行铺货，我们公司有标准的批发商推销话术，我也带来了，给您看一下，中间 11 天您自己铺，最后两天（14、15 日）厂车会再来支援您一起进行批发铺货，赠品由公司出。每一个批发户我们还会布置 1 个条幅、3 张海报、1 个吊旗，这些东西样品我都带来了，还有我们在另一个市场做铺货布置过的批发户门店照片。

促销计划描述精确到细节，展示实物样品——喜函、话术、条幅、海报、赠品照片。

目标是在 10 天之内，把我们的产品在批发市场的铺货率做到 80%，出货量达到 450 件，基本上将您的第一批进货量消化掉，而且喜函上写您的名字、地址，我们也是为了让当地每一个批发商都知道您的大名，知道您在和我们公司合作——这样也可以帮您建立网络，促进您以后的出货，增加打电话要货的订单。

强调给经销商带来的利益，强调首批进货可以很快消化。

第一波促销把批发商的铺货做起来，接下来就要尽快帮批发出货，按照我们公司的经验，下一步就要做零销店铺货了。

每一波促销要和前一波促销有承上启下的递进关系。

所以刚才我讲的4月7日到4月14日的批发铺货您自己铺，我们派来的车要帮您铺零销店，您再分两个人出来跟我们一起干。

经销商要出的支持资源，丑话在前。

政策是买2瓶送1瓶，最多进货不得超过6瓶。您可能不明白为什么，我们公司把这个上市促销方法叫"隔山打牛"。我们刚刚给批发商买5箱送1把伞塞了货，如果马上又给零销店整箱塞货，就断了批发的后路，而我们的限购6瓶政策恰恰是通过给零销店铺货反过头来加快批发的下货速度。您想想，零销店一般是这样的心理：让他进货1箱，3天卖掉3瓶，然后他会说"这个产品卖得好慢"；而只给他进3瓶，3天卖掉了，他会觉得"这个产品卖得好快"，转过头他去批发进货，看到批市上到处都是我们的产品，就会进货，促进批发的下货速度。这样咱们就会帮助批发销动销，把他们买5箱送1把太阳伞进的货"导入"零销店里，提高他们的二次进货积极性。

强调专业性，具体做这个促销的技巧、分析促销的设计思路及为什么做这个促销。

这个零销店铺货的具体操作细节是这样的……

通过第一波、第二波的促销，产品已经进到零销店和批发商手里，接下来，就该第三步创造流行，维持流行，避免货物在终端滞销。

结果：经销商看到一个环环相扣、一浪高过一浪的上市步骤，计划周密科学，细节行动步骤已经作出，看到了各种实物样品，而且这些促销过程中他要投入多少资源做支持也比较具体。厂家业务人员对如何执行这个计划非常专业，自己在和厂家的合作过程中不但会有销量，还能学到很多有用的经验。

相反，假如没有按上述步骤做——

张老板，您4月1日进货，我们会帮您做促销，到时候会有超市的买赠、家属区的赠饮、批发商的铺货、零销店铺货、消费者派送样品等一系列活动支持您，您就放心吧。

结果：经销商对厂家是否能信守诺言，落实这些促销会将信将疑，即使能落实，这个上市步骤看起来也是东一榔头西一棒槌，能不能成功打开市场还是个问号。

特别要强调的是，促销计划要突出各个环节之间的联系，同样的投入，同样的促销步骤，沟通方式不同，效果就会大不一样。一个上市计划的煽动，不但要厚而不憨，突出细节，还要注意分析各个促销环节之间的内在联系，使整个上市步骤有一浪高过一浪的感觉。

第五节 新经销商谈判“套路”四——残局破解

通过前面的学习，我们已经掌握了在面对一个新经销商时如何“迅速建立自己的专业形象”，如何“让经销商感到做这个产品一定不会赔钱”，如何“让经销商感到一定会赚钱”。在实际沟通过程中不可能这么简单，经销商不可能完全跟着你的思路走，他会打断你的话，会提各种各样的问题，本节将学习与经销商谈判过程中遇到的一些残局和疑虑及如何突破。

一、经销商不断发问，你没有机会讲话怎么办

常常会碰到这种情况，你想跟经销商沟通上市促销方案，可是对方根本不给你讲话的机会，而且还不停地发问：你的产品有什么好处？旺季会不会断货？产品卖不动怎么办？广告跟不上怎么办？竞品降价怎么办？超市进店费太高怎么办……

这时候谈判主动权掌握在他手里，他像审犯人一样审你，你的想法没机会完整表达——这种沟通没必要进行下去。我推荐以下方法。

1．尝试“换发球”

张老板，我觉得咱们沟通有问题，我刚一说话就会被你打断，这样吧，咱们约定：我说话你不打断，你说话我不打断，你先说，我不说了，你说完我再说。

2．识别假问题

经销商对产品、政策、价格等因素好像全部有异议，怎么办？

有些经销商看到你有些“不高兴”、要求“一方说话，另一方不要打断”就会适时止口，让你把想说的话说完。

但是有的经销商不是这样，你让他先讲，他就真的先说：“你的产品不好，口味不适合当地，包装不好看，价格偏高，广告支持不够，不给我赊销，促销支持有点小……”

总之他把能想起来的问题全部抱怨一通。

这是一个经常会遇到的沟通残局。

我们先来分析这个残局。这种全盘否定的经销商一般有两种心态。

第一种，就是想刁难你，给你一个下马威，然后慢慢要条件（这种情况要么是因为你的产品竞力太差，他根本没兴趣；要么是你专业形象展示不够，他轻视你）。被动态势下多说无益，干脆客客气气离开，晾他一段时间，同时一边注意造势（倒着做渠道等），一边积极和其他备选客户接触，也许他会再来找你。

第二种，这个经销商也想做，态度也诚恳，心里其实没有那么多疑问，他只是在一两个问题上放不下心（比如价格高、对销量前景心里没底），所以为了给自己犹豫不肯签协议找借口，就乱讲一气，甚至自己也不知道自己在说什么。

千万不要被这种经销商吓退，把他的所有疑虑回答一遍，他的问题80%是假问题，你回答他20个问题，他马上又蹦出40个问题，最后就演变成了一场无诚意的争论。

我的做法是扒掉他的“假面具”，把他心里真正的问题逼出来。

业务员：张老板，我建议您不要考虑这么多问题，您一口气把我的产品从头到尾批了一顿，我只问您一句——你对这个产品到底有没有兴趣?

经销商：兴趣是有，只是我做生意很慎重。提前问清楚，心里有底，真正做的时候我们才好合作嘛!

业务员：只要您有兴趣就好，我想跟您讲，顾虑不要那么多。做生意没有不冒风险的。我给您一个名牌产品，您说名牌产品好卖但是利润低；给您一个不知名产品，您说利润高但是不好卖；给您一个高档产品，您说价格高；给您一个简易包装产品，您说太难看……产品不可能没缺点的，做生意要想十全十美是不可能的。

这样吧，您告诉我20个问题中到底哪几个对你来说是最重要的，我把您最关心的问题给您解决掉，别的问题您自己克服吧。

经销商：我就是觉得价太高。

业务员：（价高还是借口）我们哪里价高?比我们价格高的产品多的是。

经销商：但你们在当地是新面孔。

业务员：您的意思是……

经销商：我怕将来卖不动。

业务员：（这句才是要害）哎!这就对了，说白了，您担心的就是卖不动，这个问题我给您解决……

问题回答方法可参看上一节“让经销商感到安全的理由”。

二、常见异议回答

不管什么公司，在你的产品、价格、政策确定的同时，经销商的疑虑也随之产生——知名产品经销商会担心价格太高而且利润低，不知名产品经销商又担心卖不动等。问一个销售人员：“你知不知道经销商会问你什么问题?”他们都知道。那么为什么我们不提前把经销商常问的问题摘出来？思考、总结、写出具体回答的方法——谈判不是靠口才，而是靠准备。

示例如下：

问：你们（某名牌热水器）价格太高。

回答1：价格高得有道理。

业务主任：价格高就对了。

客户：（差点晕过去）你说什么？价格高就对了？你疯了？

业务主任：我们价格高是正常现象，您买的不仅仅是产品，除了产品外，还有我们的品牌，我们的广告投入，我们的促销支持，我们的返利奖励政策，我们的及时送货、及时调换破损和不良品等售后服务……您买的是这一大堆东西的综合体，价格高，高得有道理。

客户：话是这么说，但是你们的价格就是比别人的高呀！你说的这一大堆好处和附加值，我明白，但消费者不一定认啊！他们嫌贵怎么办？

回答2：价格高，但是并不贵。

业务主任：您担心消费者嫌贵我理解，其实我们的价格偏高，但是并不贵。

客户：价格高但并不贵？什么意思？

业务主任：您听我说，您不能拿奔驰和国产桑塔纳比价格呀！我们的是比一些杂牌机的价格高，您要是比便宜，永远都有更便宜的杂牌机，几十元钱一台的都有，这样的机子您敢接吗？我们的600元一台，市场上还有比我们贵的产品，如国外的A品牌、B品牌，国内的C品牌、D品牌。

客户：有四个牌子比你的贵不假，可至少30个厂家的产品比你们的便宜，还不算那些“野鸡”牌子。

业务主任：这就是问题所在，您要在同一个档次上比价格。其实整个热水器行业就分成中高端和低端两块。600元以上是中高端市场，600元以下是低端机市场。600元以上的市场区隔里大家拼的是市场推广、品牌和服务，而且这个市场里只有几个牌子在竞争。600元以下有上百个小品牌头破血流地打价格战（见下图）。这几年您一定也看到了，有不少小品牌就是因为低端市场竞争太残酷，没利润，所以也生产精品机，想挤入高端市场，但都不怎么成功。低端企业品牌形象已经形成，再想实现升级不容易。表面看我们的价格高，其实“我们价格高不假，其实并不贵”——我们切入的是竞争相对不那么激烈、无序的高端市场（高端市场就那么几个牌子在打，竞争远没有低端市场那么混乱）。而且我们是这个市场里最有价格优势的，刚开始打市场会难一点，一旦打开，大家日子都会比较好过。其实您应该明白，任何行业都一样——高端市场难进入，但容易赚钱；低端市场好进入，但将来一定利润微薄。

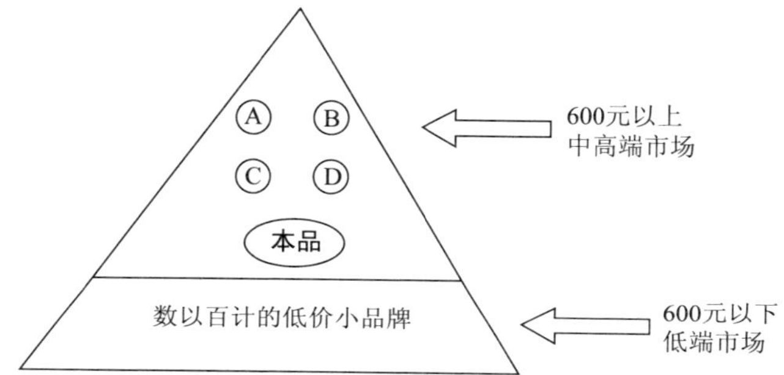

客户：你说得有道理。但是说实话，这些道理我也明白，我愿意合作，也愿意进货，也肯定会好好推广，但愿能像你说的，“刚开始打市场会难一点，一旦打开，大家日子都会比较好过”。但我就是没底，毕竟你的产品价格比现在市面上大多数品牌贵，我只是讲出来跟你探讨一下。

业务主任：您根本不用管我们的价格贵不贵，这跟您关系不大。

客户：什么？贵不贵跟我关系不大？

业务主任：对了，您听我解释。

回答3：客户买的不是价格，而是利润。

业务主任：真的是贵不贵不关您的事——您买的不是价格，您买的是钱！您要关心的不是这个东西有多贵，咱们应该探讨的是这个东西到底能不能卖出去，有没有利润，对不对？

客户：你说的没错。我就是担心这个。

业务主任：好，现在咱们就来谈谈如何把这个产品卖出去。（注意：现在，业务主任已经成功地打消了客户觉得产品太贵的疑虑，把客户疑虑转化为“产品能否卖得动”；接下来业务员就要运用本章第二节“让经销商感到安全的理由”中的技巧，让客户觉得经营这个产品一定不会赔钱；然后再运用第三节的技巧跟客户共商市场开发计划，让客户燃起希望之火，觉得这个产品一定能“打开”，一定能赚钱。)

问：你们是名牌（世界知名饮料），但是利润太低。

回答1：知名产品一定利润低。

业务主任：利润低就对了。

客户：（又差点晕倒）什么？利润低就对了？我吃什么？

业务主任：从来就是名牌产品利润低，非名牌产品利润高嘛，利润低是正常现象。

客户：但我要赚钱啊，你不能因为是知名产品就让经销商赔钱呀！

业务主任：您说的不错，但是，我说的利润低是单位利润，其实我们的利润很高。

客户：什么？我没听错吧。卖一箱只赚5毛钱你还说利润高？我卖某某牌一箱还赚两块呢！

回答2：我们产品的销量大，总利润不低。

业务主任：虽然我们产品的单位利润比别人的低，但我们的销量大，某某品牌一箱赚两块，但一个月最多销售500箱。我们的产品虽然一箱只赚5毛钱，但一个月至少是1500箱的销量。算算看，我们的利润不比它的低多少。另外，您卖我们的产品资金回转率高。您进别的产品500箱货可能要卖一个月，可我们的500箱一个月回转4次。所以我们的不但总利润不低，而且资金回报率远远高于其他品牌。还有，其实您做我们的产品，得到的远远不只是直接利润，还有很多间接利润。

客户：什么间接利润？

回答3：知名产品能给经销商的不仅仅是直接利润。

业务主任：经销名牌产品，您的资信度会提高，别的厂家听说您是我们的经销商，也会来找您做经销，我们成了您提升形象的“梧桐树”，能帮您引来“彩凤凰”。

另外，经营我们的产品绝对没风险，质量有保障不用说了，而且厂里不会给您大量压货，会做促销帮您打市场，还会及时关注您的库存，帮您消化不良品、即期品。绝对不会让您将来压一仓库的货卖不出去，最后赔钱。

还有，我们的产品销路好，会给您带来客源，我们厂办事处会有两个业务员长期帮您引订单，帮您开发网络。其实经销商做到最后靠什么赚钱？就是靠网络。客源多了，网络大了，您可以再经销很多利润高的产品赚钱。

再有，我们会给您很多管理上的支持和培训。您自己也知道，在这个市场上您不是实力最强的，为什么我们跟您合作呢？因为您的思路好，做生意的理念比较先进，咱们能想到一起（潜台词：如果你跟我们想不到一起，就不一定选你了）。我们厂选经销商最注重的就是经营意识，我们每年都有两次经销商培训班。另外我作为办事处主任，一个重点工作也是培训经销商和他们的销售队伍，帮经销商建立新的管理流程和销售模式，跟经销商一起提升。作为世界知名的公司，我们办事处的培训教材和管理制度对经销商全部公开，欢迎经销商来学习交流（其实到底公开多少，尺度始终把握在厂家业务人员手里）。

总结一下：我们是知名产品，单位利润低我承认，但我们销量大总利润高，回转率高，资金回报率高，能给你带来资信度，能帮你开发网络和客源，帮你提升管理水平，让你学到一流的管理方法，而且经营我们的产品绝对不会赔钱，绝对有安全感。这样一个产品值不值得投入精力，完全看你自己了。

经销商的问题还有很多，此处仅举此二例，不知道各位读者有何感想？

“答得好！答得妙！把答案背下来拿回去用。”

错了。

这两个问题的所谓标准回答方法，绝不适合你的企业。

我想讲的是方法而不是答案。经销商常问哪些问题呢？无非就是那些老生常谈的内容。比如：

☆价格太高怎么办？

☆利润太低怎么办？

☆不好卖怎么办？

☆再给我批点特价机吧。

☆将来有人冲货怎么办？

☆先发货，货到给钱行不行？

☆我现在有很多老产品库存，暂时不想进新品。

☆一县两个经销商我没法做。

☆你们要经常派车来帮我做终端铺市。

☆超市里卖等离子电视，样机你们厂里能不能提供？

☆这个行业都赊销，你们厂也得给我赊销支持。

☆家电行业现在已经不赚钱。

☆你的产品正好跟我现有的产品有矛盾，如果做你的产品，我原有的产品就要降销量降利润。

☆以前就曾经有一个产品卖得不好积压了，现在不敢再冒险了。

☆产品我可以做，但是价格我掌握，你们不能介入。促销品给我，我来做促销，你们不用管了，等着拿销量就行了，

☆行啊，你先放点货，我帮你试试看。

……

问问自己——作为销售经理，回去召集所有的销售人员坐下来，集思广益，共同商讨：这些问题应该怎样巧妙回答？得到的答案一定会在某些方面比本书讲的所谓标准答案更精彩，更适合企业。

然后把所有销售人员的智慧——经销商常问问题及回答话术——打印成册，销售人员必须背熟。销售人员刚开始的确会死搬硬套，但用不了多久，就会有人对公司发下来的这本话术指指点点，说“这个话术不行，我自己的话术比这好得多”——到时候，恭喜你，你的下属已经快速成长了。

这就是秘诀：谈判在于准备，不在于口才。

第四章 4 经销商日常拜访动作流程

本章预告

业务人员与新经销商见面有很多话讲（公司的产品、政策、价格促销等），但是如果去拜访一个老经销商呢？他对公司的种种政策比你还清楚。见了老经销商说什么呢？

业务人员出差拜访经销商，除去坐长途车，一天有效的工作时间也就三四个小时。如果你追问他：这三四个小时里你具体应该做什么动作？答案往往挂一漏万，甚至一脸茫然，更多的则是把培训教材里的大堆理念滔滔不绝地讲演一番。道理谁都懂，但理念不能转化为动作就没有用——市场是做出来的，不是说出来的。

第一节　经销商日程拜访动作流程——服务模块

从这一节起，我们开始模拟业务员拜访老经销商的场景，剖析经销商日常管理的动作流程。本节先学习经销商日常管理中的基本服务模块。

☆如何改变经销商一看到厂家业务员就会生出“又来逼我进货了”的心态，与其缔结良好的生意关系？

☆拜访经销商之前要做哪些动作？

☆如何回应经销商一见到厂家人员就抱怨支持不够？

☆传达政策时需要和经销商书面沟通的几种情况是？

☆如何应对经销商的常见抱怨：即期品、破损品、客诉品以及投诉厂家送错货等问题。

实际工作中我们的业务人员见了经销商往往只讲老三句——

第一句：最近卖得咋样？

第二句：货款啥时候给？

第三句：这次我们是100箱送5箱，你要几箱？

三句话说完，业务人员就开始跟经销商瞎扯——

“唉，听说禽流感又闹起来了。”

“拉登好像被美军炸死了。”

“昨天有辆汽车在你们村口轧死一只鸡。”

并不是我们的业务人员偷懒，而是他们不知道接下来应该干什么，很多业务员都在日复一日“神志不清”地拜访经销商，觉得三句话说完，他们的工作已经结束了，剩下的就是和经销商说闲话，套客情，关系好销量就好，酒量大销量就大。

那么，拜访老经销商动作分解明细是什么？

一、原则：定期拜访，计划行程，定绩效目标

天底下最难的事情就是把别人口袋里的钱赚到你自己兜里来。如果你只在销量任务完不成的时候去找经销商，见了面就“老三句”，时间一长经销商见你就怕——他知道你一来就要让他进货，让他掏钱。下次见面你还没说话呢，他可能就已经先说了：“对不起，今天没钱，不进货！”

种善因，得善果。如果你以做贸易的心态和经销商打交道，换来的一定是经销商跟你离心离德，猫捉耗子。

正确的做法是和经销商建立合作做生意的关系。

怎么办？

落实到动作就是：

1. 规律联系，定期拜访

你要让经销商明白，不管刮风下雨，你每个月大概在10日或25日会来拜访一次。你来不是逼他进货的，而是常规拜访，你每次来关心的是：

第一，经销商库存是否需要补货？会不会发生断货、积压？需不需要帮忙调换？

第二，经销商对下线客户的货款有没有收回来？需不需要你帮他建立账款管理制度？

第三，市场上价格是否混乱？如何帮经销商稳定价格？

第四，竞品正在做什么促销？如何反击帮经销商扩大销量？

规律联系，定期拜访，这样一个很简单的动作养成习惯后，你和经销商才会从买卖关系变成盟友，成为真正的生意伙伴。

2. 计划行程，绩效导向

曾经我手下有位业务经理开月会时向我抱怨：“魏经理，我这个月跑惨了，你看我光开车打表就打了1.2万多公里”。我当时点评：你比较适合去开“黑的士”。大家想想，一个月开车1.2万多公里，就算他一个月跑足30天，每天也有400公里，400公里要几小时？4小时？那是在高速上！加上进城出城时间，加上堵车时间，加上路边“方便”时间……400公里最少六七个小时，一个业务经理每天开7个小时车，一个星期下来都快昏倒了，哪有力气做业务？

业务人员大多管不止一个经销商，每天都出差，来回奔波在拜访经销商的路上，没头脑的业务人员会用“反正我没闲着”安慰自己，而有头脑有思路的业务人员会思考自己的精力分配和行程安排怎样才更有绩效，把多少时间花在正起量的潜力客户身上，多少时间花在大客户身上，多少时间浪费到“瘦狗”客户身上。

（1）现实工作中业务人员的行程安排常见三种导向

问题导向：哪个经销商“会哭”，喊叫要处理的遗留问题、市场问题多就在哪里。

——往往问题多的都是小客户，大客户有点什么问题人家可以自己消化，小客户有几箱破损就“哭喊”不停。并非让大家不要理小客户，而是告诉大家要懂得计划行程，你以问题为导向拜访市场，市场问题只会越来越多，小客户的问题最好从方法、流程、制度上一次性解决，把时间投入在真正对市场业绩有推动的区域和客户身上。

市场导向：李老板那里我这个月初马上过去一趟，听说竞品的业务代表正在和他紧密接触，我得去探探风，跟他讲讲后面公司的市场投入规划；王老板那里我要出差待一周，这是个新经销商，满腔热情，但是缺少方法，需要鼓励，我得去给他的人培训，而且还要把邻县的几个业务员召集到一齐集中铺货，帮他把第一车货卖掉；月底要去刘老板那里待一周，他那里新开了餐饮分销商，我得帮他们把工作关系理顺；其他三个经销商嘛，例行走访一下就行了，没有特殊情况一个地方待两天就够了。

——以市场导向拜访市场，问题会越来越少，市场才会有所推动，越做越好。

个人喜好导向：张老板为人豪爽，每次去谈订货也痛快，酒也喝得爽，老板娘还长得漂亮，我就多去他那里；李老板人太磨叽，要货量不到张老板五分之一，事还不少，去年的一点遗留问题他一直唠叨到今年，我就不爱见他，不去！

——这种方式正在给竞品创造“优势基地”，给自己制造“敌占区”。

（2）业务人员拜访经销商的行程计划管理

笔者目前在做企业咨询，有营销托管工作，对介入深的企业，我要求员工以市场导向计划自己的本月出差行程，每个月底填写月行程和绩效规划表：写出自己下月去哪里、时间如何分配、目的是什么，下个月月底再写出本月总结，反思本月的行程分配和工作计划有没有落实。军令如山，大家都乖乖上交了如上作业。接下来我在河北一个地级市场出差，抓住一个业务经理说：“把你上月写的本月工作时间计划拿过来看看。”你猜这哥们怎么回答？他面无愧色大言不惭地回答：“交了。”我晕！这份计划他是为我写的。

管理没那么简单，仅仅一个行程计划表要想落实，要培训、要示范、要定制度，要奖励处罚，要让顶风作案者“死给大家看”；再让通过市场导向行程计划获益者现身说法讲感受，最后才能形成习惯形成文化，由表及里。

3. 绩效目标

绩效的反义词就是例行。例行是每天都在重复做的工作；绩效是指今天做完之后，状态和结果已经有了突破，和之前不一样。举例：

例行	绩效
酒店业代每月底拿对账单。	追收回10万元逾期账款，和店主沟通，把账期从30天缩短为10天。
区域经理给经销商下订单、补老产品的库存。	区域经理说服经销商按照安全库存数补货，同时订两个新品种各200箱。
大区经理拜访××市场，与经销商沟通。	大区经理拜访××市场，协助区域经理说服了经销商放弃经营同类竞品，专销本公司产品，同时增加2辆送货车。另外大区经理核查了上月交办区域经理的乡镇开分销商工作进度，给区域经理制定了下月交办工作事项排期奖罚表。

我们需要员工做绩效还是例行？当然希望他们产生绩效！

没有绩效管理，拜访经销商往往变成了走亲戚，花了差旅费，花了时间，见了经销商，说无关痛痒的话，走马观花看了市场……例行工作都做了，但就是没有绩效！

以绩效为导向管理员工的经销商拜访行为，让员工出差前在日报中体现绩效计划，出差后日报反映绩效总结，主管批阅员工出差日报要做绩效点评、交办事项。

出发前日报要体现绩效目标

拜访经销商老李，时间：×月×日—×月×日4天。绩效目标：说服老李进新品500箱，同时帮他做新品销售员培训。

出差后日报体现绩效汇报

老李已打款进新品500箱，新品销售员培训已做，还帮老李制定了新品上市铺货的人员考核方案，以及每日新品业绩排名的墙报格式。

直接主管对员工出差日报进行批示

说服老李新品进货并作新品销售员培训，很好，但是他那边关键问题是运力不足，你要在下次拜访时检查他的送货情况，争取让他旺季前增加两辆配送车。另外你的经销商红叶酒水本月新品未发货，而且销售下滑，为什么下周拜访计划没有体现？请尽快安排红叶酒水的拜访，针对他的问题在日报中写出你的整改方案。

二、拜访经销商专业动作流程

专业拜访流程包括两个关键词：专业和流程。专业是你的工作内容，流程是你的工作形式，形式也很重要。

你家洗衣机坏了，你找楼下一个修了几十年电器的老个体户来修。老头来了，穿着大裤衩、大汗衫，咚，咚，咚，砸你的门，门一开就高声问："是你们家要修洗衣机吗?"然后，"呸"给门口的花盆里吐了口痰，两只黑脚把地毯踩一溜脚印。叮当！叮当！一会儿洗衣机修好了，脏水流了一地，老头很得意，大喊："老板，过来看，修好了，怎么样没问题吧？给钱，150 元。"人走后，留下你面对满屋狼藉，独自冒火……

假如你找名牌厂家的售后人员来修，他们一定先给你打预约电话："魏先生，下个月 5 日我们派人来修，可以吗?"到了 5 日又来电话："魏先生，下午两点我们上门维修方便吗?"然后下午两点维修人员准时敲门，"砰，砰，砰"三声，门一开（不管天多热），你一定看到一个穿工服带工牌着装整齐的售后人员，先跟你确认："您好，我是某某厂家的服务人员小李，您是魏先生吗？是您要修洗衣机吗?"接着递上一封致歉信，"不管什么原因，对我们的产品给您带来的不便深表歉意"，然后从包里拿出两个塑料袋。干吗？套脚，省得把你的地板踩脏。

进门后，维修人员又从包里拿出一张 1.5 米 ×1.5 米的红地毯铺在地上，把洗衣机搬上去——为什么？防止修洗衣机时弄脏你的地板。修洗衣机时他轻拿轻放不会制造噪音，而且渴了喝自己带的矿泉水，不用你的杯子，更不会抽烟到处弹烟灰。然后他会征求你的意见："传动轴坏了，您的机子已经过了保修期，所以要收零件费 150 元，您同意吗？如果不同意，您可以自己买零件我们免费安装，但是功效不敢保证。"在你许可后他才会装上带来的新零件，修好后他会给洗衣机注水，拿个毛巾扔进去启动，然后叫你："魏先生，您看一下，一切正常，您满意吗?"你回答满意。他把水放掉，把洗衣机擦干，盖上罩子，归位，把地毯包着脏东西装进包里，然后拿一张售后服务满意度评估表让你签字。评估表上问什么？就是问厂家的服务人员有没有穿鞋套、有没有把地弄脏、有没有把洗衣机擦干、归位……最后服务人员收钱道谢出门。

这名厂家售后服务人员和那位老个体户比，哪个更专业？

答案很明显。

其实，老个体户修电器一辈子了，是高手中的高手。后面这个可能刚大学毕业。

为什么后者让人感觉更专业？因为他看起来有一套很专业的流程。

所谓专业，有时候是可以包装出来的。

拜访经销商动作1：初步了解市场，分析数据整经销商的“黑材料”

➢情景一：业务员下了长途车，立刻去找经销商，这次经理和他同行

业务员：张老板，您好，最近生意咋样？我和我们领导一起来看您了。

经销商：哎呀！领导来了，来，坐，坐。可把领导给盼来了，我一直想到厂里去找你呢！

业务经理：有什么问题？我今天不是来了吗？

经销商：(上来就是一顿抱怨)

☆哎呀，生意难做啊！某某竞品现在又在搞促销啊，你们厂的支持不够啊！

☆你看看人家竞品B，厂里又投了很多广告，利润又高。

☆你们厂怎么搞的？市场管理这么乱，外地的货又冲过来了，现在市场上已经卖到38元一箱了，我38.5元平进平出都卖不动。

☆我跟你们厂合作时间很长了，已经对这个牌子有感情了，我可以不挣钱，但我不能亏钱呀……(规律：一般这样讲话的经销商都赚得特别多)

业务员：(心中暗想：这个死老张，在领导面前说这些!)老张，您别着急，领导这不是都来了嘛，是来解决问题的。

业务经理：(心中暗想，看来这个经销商不好对付。这个业务员够蠢的，经销商一大堆抱怨，他还把球往我这里踢，说我是来解决问题的，哼，我看你是不想干了。)张老板，您说的问题我都知道了。我回去立刻研究研究，哼哼哈哈嗯嗯哦哦……拜拜，我要走了。

情景分析：

经销商见到厂家的人（尤其是见到领导），大多会上来就一顿抱怨，其实这些抱怨多数都不是真心的，而是像小孩子哭闹一样，目的是发发牢骚，引起厂家注意，再多给点支持。他们往往会在甲厂家业务员面前说“你看人家乙厂怎样怎样”，然后又会在乙厂家的业务人员面前说“你看人家甲厂怎样怎样”。

但如果业务人员事先没有看市场，面对经销商的种种抱怨就只有听的份。

➢情景二：业务人员在拜访经销商之前已经走访市场，掌握了经销商的失职之处

经销商：……（一大堆抱怨）

业务员：张老板，不错，我承认市场竞争很激烈，我们厂里对经销商的支持还有很多需要改善的地方。您说得没错，但是我想告诉您，只有咱们厂商携手才能共建市场。来这里之后我看了看市场，东一路好几家零销店反映，多次打电话向您要货，您嫌人家要量少不愿意送货，这是谁的责任？当初咱们协议上规定，要保证零销店配送的。

宏城超市采购反映，上星期因为您没有及时送货，苹果汁断货，人家给我们减少了3个排面，这件事您怎么解释？

另外，好多我们厂掏钱买的端架，您负责送货维护，今天我去看，结果发现端架让竞品占了一半，这事您怎么解释？

您埋怨别的地区来冲货，帮您把冲货打掉我责无旁贷，但您是不是也得想想自己的责任在哪里？北郊小食品批发市场一半客户缺货，市场空白这么大，不被冲货才怪。您作为当地经销商能不能先把市场空白补上？您能不能信息灵敏一点，抓住别人冲货的证据？您能不能主动一点，查出来是哪几个批发商在带头砸价，完了咱们一块修理他？“冲货的人可耻、被冲货的人无能”，您说这话有没有道理？

……

经销商：（满头大汗，哎哟，这家伙怎么什么都知道？厉害，厉害）是，是，是，您说得对，我一定改，您别介意，我这人说话，直！

情景分析：

到达经销商所在城市后，先花上几十分钟大概走访一下市场，找几个关系比较好的批发商和零售商聊一聊，看看这一段时间竞品在做什么促销？市场上有什么动态？最近有没有人在砸价？找找经销商的工作失误之处——“整点黑材料”（诸如经销商送货不及时、放任批发砸价、截留促销品等）。别忘了你跟经销商的关系，你见经销商不是去看兄弟，而是去拜访商业合作伙伴，每次见经销商都是一种商业往来，都是一种谈判，谈判绝不是靠口才，而是靠准备。

这样，一旦经销商抱怨，业务人员就可以有理有据地回答。几个回合下来，经销商再也不敢在你面前发无谓的牢骚，也不敢在市场服务上太放肆，也许他有点“恨”你，但他绝对会佩服你的专业功力，绝对不敢小看你。

➢情景三：业务人员在拜访经销商之前做了数据分析，掌握了经销商的业绩问题

经销商：（承上，刚抱怨完，被业务人员讲了一大堆送货、市场空白等方面的黑材料，搞得很尴尬，满头大汗……）

业务员：张老板，除了刚才我说的您在送货、市场空白等方面的问题，另外我想帮您把销售数据分析一下，您觉得今年您卖得怎么样？

经销商：今年比去年销量可大多了……

业务员：嘿嘿！您今年销量比去年大了，上个月比去年同期增长30%多。但是我整个广东大区的成长率今年是70%，您比我的大盘成长率低得多，是广东大区22个经销商里面的成长率倒数第二。倒数第一是湛江的何老四，这个月何老四不做了，湛江我新开了两个经销商。也就是说从成长率倒数排名上来说，恭喜您这个月夺冠了。从业绩占比上看，您现在作为广州经销商占到我整个广东大区业绩的18%，东莞的业绩却占到16.8%，您再这么下去，东莞超过广州就成了笑话了，我想保您都保不住。

您最大的问题还不是成长率，也不是区域占比。关键是您的产品结构和发货周期，您到目前为止中低价产品占比达到您总业绩的96%，比去年还差，去年您的高价产品还能占到12%，今年才占4%。今年高价产品新产品您几乎没卖，老产品卖了这么多年，价格透明，通路不赚钱发不了多少力了，新产品上不来，您的客户利润、您的员工工资、您自己的利润自己的业绩都上不来。所以您现在业绩上升完全是靠压老产品，我算了一下，您的销量上升30%，但是毛利今年跟去年持平而已，因为价格下来了。您现在每到月底才压货冲任务，这个月总共从公司发了15车货，其中6车货集中在月底最后三天。看起来您的业绩成长了，但都在库房里，根本没铺上市场，您这是库存转移，是“便秘”！下个月您要冲任务，肯定又是月底压货月底促销，这么下去价格还得下滑，您的利润更会下滑。您知道为什么您的新品卖不动吗？您的人员考核多少年都没改了，这个问题解决不了，您的新品卖不起来，老靠月底压货，迟早有一天会崩掉……

情景分析：

你们信不信经销商对自己的数据并不清晰？他们大多只是模模糊糊地感觉，今年比去年卖得好还是卖得差。数据上的详细分析正好是经销商的一个短板。业务员见经销商之前，依照下面的模型分析经销商的业绩问题，找到他在业绩方面的“黑材料”。

经销商的当月及累计销量同期成长率、较上月增长率、当月及累计任务达成率以及这些指标在整个公司和本大区中的排名。告诉经销商“你的数据有问题”，或者“在大区中的排名有问题”。经销商看到业绩数据不行，就会少些抱怨，也没那么嚣张，接下来谈改善动作才有依据。如果这些指标完成得都挺好，怎么办？——看业绩占比。

经销商业绩占大区的区域业绩占比，对比另外一个规模比他小的市场告诉他“人家快赶上你了，你老大的位子保不住了，小城市业绩占比超过大城市成了笑话了”。如果经销商业绩数据、区域占比都很好，怎么办？——看品项结构。

分析经销商新品种、中高价品种、公司主推重点品种的当月及累计销量同期成长率、较上月增长率、当月及累计任务达成率、该品种业绩占大区的品种业绩占比以及经销商高档产品占本身业绩的比例。告诉经销商“你的业绩好，但是卖的都是不赚钱的产品，这样你的利润会越来越差”。如果经销商的新品也卖得很好，怎么办？——看他的费用。

分析上个月和前期给经销商投入的费销比（费用除以销售额），告诉他“你的业绩是我们公司拿钱帮你砸出来的”。如果经销商业绩不错，产品结构也不错，费销比也不高，怎么办？——看他的出货周期。

月初进货量大的经销商往往是上个月月底挂了“倒档”（怕任务完成太多增加任务，上个月月底停止进货），月底出货太多的经销商往往是“便秘”——月底压货库存转移。

如果经销商的业绩成长率、增长率、达成率、区域业绩占比、产品结构、费销比、发货周期都没问题，怎么办？再看看最近公司主抓的重点事项有没有问题（比如现在做专柜的进度你这里最慢、开乡镇分销商的速度你这里最慢、到现在为止超市进店你还没有完成）……

拜访经销商动作2：信息管理上传下达，尽到供应商的本分

在初步走访市场之后，接下来业务人员该去登门拜访了。

一见面少不了要寒暄几句，拉拉家常：“张老板你好，嫂子身体好点没有？侄子考试怎样？你们家的大黄狗生了没有……”

然后你要做的就是上传下达，在自己的职权之内帮经销商解决问题。

上传：传达公司最新政策。

下达：问问经销商最近有没有什么意见和建议。

所谓在职权之内帮经销商解决问题，就是尽到产品供应商代表的本分，做好售后服务。

供应商应尽常规售后服务职责：及时处理客诉，及时对账，按协议清算返利和奖励，调换即期品和破损品。

业务人员在进行这一步骤时要注意五点：

（1）**专业风范**

注意自己的仪容仪表，不要下了车蓬头垢面地去见经销商，西装袖子商标要拆掉，衬衣里面别穿高领内衣，西装口袋不要左边装香烟右边放手机，也不要走起路来像个企鹅……

不要认为这些是形式主义。形式不一定有用，但是当某个形式已经成为一个社会公认的习惯和礼节的时候，你就必须去遵守，否则就不被人接受。写字楼里大家都在打领带，领带本身有什么用？没什么用。但是你就必须打，否则就是无礼。

业务员在家里穿怎么休闲的衣服都行，一旦上了班就是工作人员，必须体现出职业风范。

（2）**谦恭、稳重、成熟的态度**

外在的形象很容易塑造，你并不一定要打领带穿西装，只要得体就行了。

内在的东西却要慢慢塑造，做销售是在和人打交道，你在销售产品之前要先销售自己，让别人接受你——所谓的“先做人后做事”。

这句话听起来有点抽象，实际上，回头想想你上学的时候，总有一些同学的威信比较高，朋友多。还有一些同学好像人缘不是那么好，那些人缘不那么好的一定有原因，要么他孤僻不愿意说话，要么这个家伙好打小报告，或者打牌输钱赖账，吃完饭不买单。

要想让客户接受你，首先，你自己在琐事上要有谦恭（绝不是谦卑）稳重的态度，产品供不应求的时候不要趾高气扬，产品销售受挫时也不要垂头丧气，一个成熟商人的态度始终是平和有礼的，不管他内心里多么喜气洋洋，情绪永远不会写在脸上。否则业绩好的时候经销商对你敢怒不敢言，一旦产品销售出问题，你立刻就会被宣布为不受欢迎的人。

还有，就是不要贪小便宜，如果你回请客户吃饭回请不起，就不要天天到饭点去拜访客户等。

总之，修炼自己的德行，做个诚实可信有涵养的人，别人就会接受你。

（3）**不要做超出自己职权之外的许诺，事事有回音**

业务人员有时为了让经销商进货，会漫天许诺（如帮您换即期品，帮您退破损，下次给您带来多少促销品等），最后许诺不能兑现，经销商就会不再相信你。

如果不在你的职权之内怎么办？就直言相告，然后报请公司批示。

如果公司不批准怎么办？很多业务员就会觉得很为难，于是今天推明天，明天推后天。其实这种行为经销商最为反感。正确的做法是尽快给经销商一个明确答复，即使公司不批准也要尽可能给经销商解释清楚。装聋作哑，推三阻四，期望经销商能自己“知难而退”，而经销商的感觉就是你根本不把他的要求放在心上（如果经销商的要求明显是恶意刁难，同时又欠公司一笔货款则另当别论）。

（4）**必要的书面沟通**

公司要进行经销商销售竞赛：半年内销量第一或者销量超过 1 万箱的奖励汽车一部。

如果你仅仅是口头许诺，结果就会天下大乱：

☆经销商可能只卖一个品项；

☆经销商可能冲货砸价；

☆经销商可能前五个月不进货，最后一个月问你：“我还差多少量就能拿奖品？5000 箱？好，我进 5000 箱放到库房里慢慢卖，你把汽车给我。”

……

这个时候你再告诉他：“不对，上次我跟你说过，要每个月进货 1000 箱以上，而且不冲货，销售品项不得低于 4 个，销量超过 1 万箱才能得到。”——你试试看，他不跟你急眼才怪！

客户欠款、返利，你试试看，你一年不跟他书面对账，年底的账肯定对不到一起，当初不对账是因为都是好兄弟不要伤感情，一旦账目对不齐就会打得像两只乌眼鸡，到那时就此一时彼一时了。

重要销售政策、财务账目、借货、促销费垫支、破损退换一定要书面沟通，客户也许会觉得你麻烦，但是时间长了就会觉得你办事严谨，负责任。

（5）**重视经销商的短期利益**

业务员帮经销商铺市，烈日炎炎去贴海报……做了大量的市场工作，经销商却不领情——他会觉得你在为厂家做事，他并不认为你这样做是帮他做市场。但他的一箱破损你尽快换了，他就会非常感激你，因为这是他的眼前利益。这也许不合理，但因为它存在所以就合理。针对经销商这种短视的心理，对破损兑换、即期品处理、返利兑现等事关经销商眼前利益的问题，业务员要尽职尽责，快马加鞭帮经销商实现，也许只因为这样一件小事，他会对你感激不尽。

经销商难免会投诉厂家给他送的货品种、数目、规格、时间有差异，哪个厂家也不敢说自己永远不送错一次货的。

怎么办？请看联合利华一个业务主管的亲身经历（摘自《销售与市场》杂志）。

市场基础状况：无锡

经销商——无锡顺鑫恒太商贸有限公司（以下简称顺鑫恒太）。

该经销商销售队伍力量较强，如果能有效地调动其信心，并动员其积极推广我公司的产品，定能事半功倍。但由于刚开始合作，经销商也在观察我公司的各种状况，甚至在持怀疑的态度。

其老总李氢，原阿尔卑斯糖业的人事行政总监，中欧国际管理学院的工商管理硕士，思路清晰，做事干练，操作正规，见多识广。能得到其认同和支持并不是件很容易的事情。

人员状况：我于7月20日正式加入联合利华

问题1：

9月25日，顺鑫恒太订货100箱正常装茶叶以销售给批发市场，但到的却是促销装——按公司规定，促销装是不能够发到批发市场的，只能迅速再订正常装。经销商李总认为这影响了生意又压了资金，要讨个说法。

解决：

针对这种突发情况，我立即反应：一是迅速组织正常装订单并向公司争取了订单加急，二是立即向客服了解出现发货错误的原因，并强调后面的订单绝对不能有误，甚至直接向我的经理ANNE求助以快速有效地解决此事。

一系列工作下来，下午下班前，我就把结果反馈到了李总那里，解决了实际问题，平息了李总的怒火。李总同时提出改进我们双方在订货环节上的问题，保证以后不再发生此类问题。

问题2：

顺鑫恒太10月盘点后发现少了7箱货，11月在收货单上终于发现，是验货人记录不清楚造成的，迅速反映给我。

解决：

我了解后，断定责任在我公司第三方物流。我立即向助理反映并同时传真了有关收货单，物流承认并愿意赔偿，但其赔偿的速度太过缓慢，我就不断跟进催促，终于在第N次（N大于等于20）电话后，物流公司同意把钱直接打到恒太的账上。此事两周内终于有个结果。

点评：

经销商是商人，厂家送错货伤害他的利益的确可恼，但实际上他心里也能理解，毕竟这种事情太多了，没有一个厂家不发生的，销售人员面对客诉，只要能让经销商看到我是尽力帮他上上下下疏通解决问题，就算没有结果也能赢得经销商的信任——这小伙子是个实在人。

大多数业务员都能做到以上5个动作，但这绝不是全部。到目前为止，所做的工作只能说是服务，真正的销售工作还没有开始。

接下来应该做什么呢？让我们先来回顾一下厂方业务代表管理好经销商的最高标准和终极目的：通过业务代表的专业技巧，协调厂商这两个根本利益矛盾的个体之间的利益，引导经销商的人、车、货、钱更多地投入到厂家的市场工作上来……

问题是业务员既不是经销商的老婆，又不是经销商的经理，凭什么能“引导经销商的人、车、货、钱更多地投入到厂家的市场工作上来”？

靠什么？靠利润诱惑？不对，产品利润你一个业务员没多少发言权。

靠管理？不对，你没有权力去管经销商。

靠什么？靠客情吗？

很多业务员往往把交情好和客情好混为一谈。对厂商之间是鱼水关系的片面理解，再加上领导有关“做销售首先要做客情”、“先做人后做事”的谆谆教导，让业务员在经销商面前不敢直起腰来说话，于是在经销商店里殷勤备至——帮经销商搬货、开车、点烟倒水、跑前跑后，甚至帮经销商冲货，对经销商截留促销品也是睁一只眼闭一只眼。

业务员的殷勤礼貌会让经销商产生好感，但绝对不会产生尊重，做过火了还会觉得你“贱”。

业务员“出卖”厂家的利益，跟经销商双赢（经销商拿实惠、业务人员拿业绩），经销商也许会跟你关系不错，请吃请喝称兄道弟，但骨子里绝对不会尊重你。他会帮你压货，但前提是你要给他更多促销让他捞实惠。小问题上也许他会念及你曾帮过他而迁就你，一旦事关既得利益你又不能给他实惠，你们的交情就会荡然无存，到那时就又“此一时彼一时”了。

交情对生意有帮助，但效果有限，真正有意义的客情是——专业客情。

专业客情是建立在尊重的基础上的，如何让客户尊重你？经销商不变的话题是利润，你要让经销商感觉到你做事认真负责，踏实敬业，你在做生意上比他强，比他专业，你能教他很多做生意的方法，你能帮他管理市场，帮他创造销量和利润，这个时候才有真正的客情可言，在经销商面前才有“面子”，才能用自己的威信去影响经销商。

第二节 经销商日常拜访动作流程——客户管理和专业影响力模块

本节将学习经销商拜访动作流程中的客户管理与专业形象和影响力模块：

☆经销商库存管理动作流程——如何帮经销商下更合理的订单，保证全品项安全库存，不断货不积压？

☆库存观念和陈列观念的宣导方法——如何影响经销商，让他真的接受你的订单建议？

☆市场走访和经销商沟通技巧——市场走访看哪些内容？怎样迅速发现市场问题？如何跟经销商有效地沟通市场问题，并对他产生影响力？

☆如何迅速建立下线市场客户资料，让经销商对你又敬又怕？

☆怎样迅速提高自己的表达能力？如何寻找适当机会给经销商“洗脑”，进一步强化自己的影响力？

☆如何用经销商管理绝招——业绩回顾“拿下”经销商的高层经理？

一、经销商拜访专业流程

拜访经销商动作3：库存管理

在上传下达之后，业务人员就应一头钻进库房清点库存，做进销存报表。

库存管理是经销商管理的“扫盲”动作，没有清点经销商库房之前，业务员是没有资格向经销商要订单的。

库存管理的基本动作包括：

（1）**库存清点**

警示断货品项和即期品数字，做到先进先出（日期陈旧的产品放到库房前面先卖，避免产品即期）。

（2）**库存占比管理**

业务员拜访经销商的库房，一定要关注自己的产品在经销商处的库存占比，库存占比越大，你的主动话语权就越多。所以要向经销商抱怨："张哥，你开玩笑，你说你跟我们公司有合作意愿，你还说跟我是好兄弟，我的货占你库存资金十分之一都不到，我连你的'二奶'都算不上，我在你这里是三等公民，你让我掏钱给你做市场，我傻呀！""经销商赚的不是毛利，是毛利周转率。康师娘方便面每箱挣3块钱，但是3个月才能卖完，平均每个月赚1元/箱。我们康师傅每箱5毛钱利润，但是3天就能卖完，月回转10次/月，毛利是5元/箱。你库房里那么多康师娘占着资金干什么，你没有算毛利周转的账啊？赶紧清掉，有它没我，有我没它。"

（3）**库存方法管理**

"张老板，防潮不是下面垫一张塑料布，是要垫高6厘米以上。PET饮料堆高不能超过15层，你现在摞这么高，最下面的饮料瓶口变形进去空气就变味了。铁皮房顶的仓库夏天太阳晒得里面有50度高温，这么下去牛奶都变酸奶了！"这些库存上的专业问题平时一旦发现，要及时给经销商预警。其一显得你更专业；其二预警可以防止不良品问题发生，给经销商创造价值；其三就算经销商不能完全听取你的意见，一旦出现问题，我们也可以告诉他"我早就跟你说过"。

（4）**资金异常动态管理**

发现经销商库房里的货物突然空了一半，你想到了什么？要么这个经销商碰到什么问题了（比如婚变或者转行），要么就是这个经销商手里有钱了——赶紧出政策让经销商进货、买车、增加库房。干什么都行，总之经销商手里有闲钱绝对不是好事情。经销商库房里竞品库存加大了，意味着什么？要么你也加大库存抢占库存占比，要么赶快去终端铺货把竞品憋死在库存里……看库存要思考经销商的资金动向和应对方法。

（5）**市场物资管理**

厂家把促销台、海报、KT板等促销品及广宣品随货发到经销商库房，被扔在角落里落满灰最后当废品卖掉的事情太多了。厂家的家当，厂家业务员不操心，没人替你操心，你不重视，经销商更不会重视。

（6）1.5**倍安全库存管理法则**

例：上次拜访某经销商时库存是100箱，上周进货是50箱，本周库存是120箱，请问这次经销商应该进多少货？

30箱还是45箱？

我们来算一下，优秀的业务员的订单不是要出来的，而是算出来的。请问经销商上周的销量是多少？是 100 + 50 - 120 = 30 箱，现在还剩 120 箱，够不够卖？够了。所以这次不用进货。

这就是 1.5 倍安全库存管理。

说明：上次拜访时存货量 + 上次经销商进货量 - 本次拜访时经销商库存量 = ？等于经销商在这一个周期的实际销量。

要想让经销商在下一个周期内不断货（业务员是周期性拜访），那么经销商的最小库存量应该不小于上周期的销量，为安全起见，把这个销量放大 1.5 倍，即周期销量的 1.5 倍。这就是一个比较安全的库存量，用安全库存数减去现有库存数，经销商此次需要进货多少就可算出。

例：上次拜访某经销商时库存是 100 箱，上周进货是 50 箱，本周库存是 120 箱，业务员是每周拜访该经销商一次，则

周期销量 = （上存 + 上进 - 本存） = 100 + 50 - 120 = 30 箱。

安全库存 = 周期销量 × 1.5 倍 = 30 × 1.5 倍 = 45 箱。

本次进货量 = 安全库存 - 本期库存 = 45 - 120 = -75 箱

所以经销商不用进货。

说明：所谓“周期销量 = 上存 + 上进 - 本存”不是绝对的，要排除上周促销、天气变化、淡旺季变化等因素，周期销量是“正常情况下一个周期可能的销量”，或者说是个“经验值”。

所谓“1.5 倍安全库存系数”也不是绝对的，保质期越长系数越大，厂家送货周期越长系数要越大。

运用库存管理可以让你对经销商实际销量、即期、断货情况了如指掌，可以帮助经销商减少断货、即期风险，让你的建议订单有理有据。

问题是，经销商往往不大相信这一套，你给他念“上存、上进、本存、本进”，他根本就不认，这时候你怎么办？

拜访经销商动作 4：订单管理——安全库存和合理订单宣导

经销商的心理是：“你一个月赚多少？2000 元。你知道老子一个月赚多少？5 万！你个小业务员才混了几天啊？跑来给我指手画脚，小样儿！”

不要紧，没关系，不管经销商多么不屑，你每次清点完库存，回到经销商店面，就给他“念经”：“上存、上进、本存、实销、安全库存……”你每念一次，他的印象就

会加深一次。

现实很快就会教育他，现实生活中经销商库存管理不善，断货、即期、破损、客户投诉几乎天天发生。下次再出现这些问题时，你的话就会回响在他的耳边，而他也就会想："哎！这个业务员小魏说的话好像蛮有道理，虽然这小伙子年轻，但做事非常踏实，每次来都钻到我的库房里满头大汗地给我点库存数字，统计即期品，做先进先出，现在想想好像人家说的什么'上存、上进、本存、本进、实销、安全库存'也有一定作用。小魏每次按照这一套给我下建议订单，结果他的货就是不会断货也不会积压。另一个厂的业务员每次来都给我进货，结果搞得我有的品种积压，有的品种断货。这小伙子虽然年轻，但做事认真，而且好像还真的有两下子。"

经销商大多不会有这个毅力，真的按照你教他的库存管理方法把他的所有品项管起来，但只要你能对他有所触动，就已经达到目的了——经销商承认你的专业水平，你的形象就高大了一些。

"念经"不仅仅是用语言，还可以言传身教，你亲自动手把新产品打一个堆头，跟他"打赌"，做好陈列销量就会上升，事实会让他信服。你让他按你的方式订货，他不吃这一套，你就把按公式算出来的建议订单放在他下的订单旁边，一个月之后回顾一下，比一比谁的订单更科学——经销商专业水平不够，同时照顾十几个品牌，专注度也不够，这场比赛八成是你赢。几个回合下来，他就服你了，你的形象又高大了一些，也许从此以后他会告诉你："订单你帮我下吧，我只管掏钱，别的不管。"

拜访经销商动作5：终端市场走访，市场情况沟通

好，现在业务人员已经完成了初步市场摸底、上传下达、库存管理、建议订单、库存管理、合理订单宣导几个动作。

下一步业务人员要进行详细的市场调查。

"张老板，我借您的自行车用一下，去看看市场，下午六点左右我回来咱们再详细聊。"在扎扎实实地市场走访之后，业务员回来要和经销商沟通此次市场拜访的信息和想法，这里就又产生两个问题：走访市场看什么？回来跟经销商沟通说什么？

（1）走访市场看什么

拜访完经销商看市场，看什么，不同企业、不同时期看的不一样，大致上就是近期促销活动执行情况、经销商送货服务情况、超市已经买位的堆头端架维护情况、终端表现、市场秩序、冲货和砸价动态、竞品动态等。

同样的市场，不同的业务员走访完，调查结果不同，为什么？能力不同。业务员要

磨炼自己的专业洞察力和市场走访能力，决不能猪八戒踩西瓜皮——滑到哪里算哪里。

某饮料公司有3个业务员被派去广东市场，回来后各自谈感受。

甲业务员说：难啊，广东市场难啊——深圳超市又多又火爆，进店费又高，广州超市很多但是个个生意一般，没有特别火的旺场！难啊！

乙业务员说：好啊！广东市场机会太大了——广东是全中国城乡差别最小的地区，乡镇里都有四星级宾馆，二类超市销量潜力太大了。而且广州人喜欢喝早茶，那里是一个新产品推广的好地方，人气又集中，费用还不高。广州的餐饮是全国最火爆的，餐馆也可以做促销。这次去广州我已经了解到几个很不错的经销商。

丙业务员说：我看完广东，感觉是——女孩子皮肤不好，长得难看。

业务员做销售就是要练一双“火眼金睛”，看谁能从纷繁芜杂的市场中一眼发现机会，找到主要矛盾，找到切入点。

①看公司近期工作重点（比如陈列费用投入）和经销商刚才反馈的市场问题（比如冲货），回来沟通也要先说这些问题，表达自己对此的重视。

②看当地重点终端的市场表现和存在问题。

③翻经销商的销售台账、电脑出货记录，寻找经销商网点销量有异常变化的异常网点重点走访。

④看经销商业务人员有什么反馈（比如，经销商业务人员反馈经销商上个月给员工的新品提成没发放，经销商最近买房手头资金紧张等）。

⑤看终端表现。比如食品业务员走零销店“九看”。

☆看本产品铺货率；

☆看本品生产日期、回转速度；

☆看产品生动化陈列状态；

☆看产品价格是否合乎公司规定；

☆看经销商拜访质量（店主反映经销商的送货服务是否正常执行）；

☆看促销是否截留走样；

☆看产品库存是否合理；

☆看竞品有什么动态；

☆看市场机会（竞品有某个品种卖得很好，而我公司该品项表现不佳，这就意味着品项空白）。

⑥看上次走访发现的问题是否存在改善（如上次走访发现终端送货不及时的情况很严重）。

⑦寻找下个月的增量机会。

（2）回来怎么与经销商沟通

跟经销商沟通时，你所讲的话题当然是要对工作有所帮助的，而且是经销商非常关心的。都有哪些话题呢？

➢近期重点工作进度

如：张老板，上周公司执行买4包牛奶送1条毛巾来提高销售铺货率，怎么市场上没反应？

李老板，新产品上市你这个区域铺得不错，但是东区那一片好像比较差。

➢市场上其他客户对经销商及其业务人员的评价

如：张老板，你下面那个送货的小刘要跟他谈谈，几个客户反映他为了拿提成拼命给客户塞货，甚至骗销（告诉客户某某畅销产品马上要断货或者涨价了，让客户大量进货，客户产品积压找他调换他又不管）。客户骂的可不是他，而是你张老板。

➢竞争品牌的促销动作

如：我发现某某果汁最近正在发传单，要在15日开个批发订货会。旺季马上到了，要是让他们开了订货会把二级批发商的资金抢走，咱们就麻烦了。我想跟你商量一下，我回公司申请些支持，咱们赶快动手，赶在他前面开订货会怎么样？

➢市场机会的分析

这一条我特别强调四件事：

第一，渠道机会。

如：张老板，我这次走访，发现竞品在超市和批发的促销投入的确很大。但他们把学校渠道忽略了，我们能不能这个月集中打大专院校渠道？你可别小看大学里的销量，那里一个商店销量比普通街道上大3倍以上。

第二，品项机会。

国内大多数企业都面临一个通病——单品销售，原因是业务员总喜欢卖好卖的成熟品种，实际上对一个相对成熟的市场，增量机会最大的就是新品项。

如：张老板，我在太原转了一圈，发现一元钱的“美味肉丝面”卖得很好，但是这个品种时间已经很长了，价格已经倒挂，零销店没利润，所以我觉得一元钱价格的产品是个市场机会，咱们下一步主打一元钱的品种增量。

第三，市场风险的预测。

如：张老板，下一批货不能进太多了，零销店普遍反映今年天气比较凉，500 毫升饮料卖不动，而且马上要立秋了，咱们是不是要把铺货重点放在大包装牛奶上（注：天气转凉，小包装碳酸饮料淡季将至，牛奶旺季来临）？

第四，市场秩序信息。

如：我发现最近西门批发市场上又来了一批冲货，批发商反映可能是义乌丁老板冲过来的，你要派人查一下，找到证据我修理他；另外，二批商李跛子带头砸价，马上给他停货。

业务员若能做到这一点，经销商的感觉会是什么呢？“这个业务员工作真的是踏实，每次来我这里说不了两句话就去看市场，回来给我分析问题，提出解决方法，人家是真心实意来帮我做市场的。这才是真正专业的业务员！”

拜访经销商动作 6：建立客户资料，帮经销商维护边缘网络

假如你一个月拜访经销商 3 次，每次走访市场 3 小时，3 个月之后你完全可以建立经销商的下线客户资料。有一天你突然交给经销商一个笔记本：

“张老板，这是我这几个月市场走访帮您建立的下线客户资料，包括本地所有卖小食品的大批发商场、超市、大型零售点，学校、大企业的其他小店的资料我正在调查中。

“您看一下，这份资料的第一页是客户的分布图，第二页是每个客户的姓名、地址、电话、联系人，第三页往后是我目前查到的每个客户的详细备注——包括他们的营业面积、代理的品牌、货架面积、主要拿货渠道等，更详细的资料我会逐渐补充进去。

“我对这些客户专门做了编号分类。编号为 1～170 的客户是您的‘铁杆客户’，每次都从您这里拿货。171～210 号客户是‘游离客户’（有时候从您这里拿货，有时候从刘老板那里拿货）。还有 40 多个客户是‘陌生客户’（从来不在您这里拿货）。打‘*’号的客户是有从外地接货砸价习惯的‘危险客户’。我建议咱们尤其要把‘游离客户’和‘陌生客户’巩固一下，我申请一些促销政策，咱们一起针对这些客户搞一次促销，上门订货，上门发传单，上门送礼品，上门做库存管理，把这些客户拉过来。您看怎么样？”

想象一下，如果一个业务员真的做到了这一点，经销商是什么感觉？

首先是害怕：“坏了，我的下线客户全被这家伙摸清了”。

其次是敬佩：“这小伙子真不简单，我老张在当地卖了几十年的货，当地大一点的客户见了我的面都能点个头打个招呼，可是这么规范的客户资料我还真没做。其实客户资料我也有，但不全，抽屉里有个烂本子，记了几个电话，墙上挂历的边上也记了几

个，但这些跟人家这份资料简直没法比。建立这个资料有用啊，以后换业务员直接拿着资料就能交接了，我这里来了新产品挨个打电话也就行了，而且人家能帮我搞清楚我的网络盲点在哪里……惭愧啊！我十几年没做的事，人家小伙子来3个月就做到了！”

最后是感激：“人家真的是帮我做生意啊，我眼皮底下的网络盲点（陌生客户和游离客户），我自己没发现，人家替我整理出来了，还能帮我一起做促销拉客户，这对我是真有用啊……”

自己问自己：真能做到这一步，对工作是否有帮助？经销商是否真的会产生以上情绪？

是的。

自己问自己：建立客户资料对业务员来讲是不是很难，甚至根本就做不到？

不是。只要你想做完全做得到。

销售工作其实并不神秘，并不像一些理论家所讲的要怎样周密分析、怎样运用营销原理……有时候想得太多就会把简单的事情复杂化，反倒执行不下去。实际上，销售就是把一些简单的动作真真正正做到位，把简单的事情执行到底就是最大的不简单。

拜访经销商动作7：给经销商“洗脑”，力所能及地帮经销商完善管理

平时我们除了谈工作难免还会和经销商有一些私人接触的时间，比如一起吃饭，一起喝茶闲聊等。

这个时候你也别忘了，我们是要和经销商交朋友的，但首先你是厂商代表，经销商是你的客户，是生意合作伙伴。因此你还应见缝插针，在适当的时候给经销商“洗脑”。洗脑洗什么？实际上就是给经销商灌输一些先进的经营管理理念和方法，促进经销商成长。

可能有的业务人员要说了：“不行，我这人能干不能说，让我做业务可以，让我给别人洗脑我洗不了。”

实际上这是典型的自我开脱。管理经销商，你要做的不是自己去卖货，而是发动经销商的力量。做业务主要是做人的工作，做人的工作就一定要影响别人的思想，怎样才能影响别人呢？用语言。不会讲话，永远做不了一个好业务员。

天性所致，真的不会讲怎么办？

别忘了我们反复强调的理念：谈判不是靠口才，而是靠准备。

其实我们要跟经销商沟通的相关话题很多吗？不多。无非就是如下这些：

☆我的库存占比不够，需要清掉其他“不重要的产品”增加我的库存；

☆经销商的人员考核需要修改，要重视终端客诉的登记处理流程；

☆经销商人不够车不够要加人加车；

☆市场上存在空的网络需要，开分销商或加人手去覆盖；

☆经销商要重视新产品、新渠道的拓展，通过改变渠道结构、产品结构增加利润；

☆库存管理对经营的改善；

☆建立下线客户资料的好处；

☆经销商业务人员的管理制度升级；

☆账款管理的制度和技巧。

既然知道就这几个话题，为什么不能针对这几个问题，召集同事一起集思广益，探讨相应有说服力的回答话术，然后熟记于心，勤加演练呢？

不要觉得这样做好像有点虚伪和造作。所有人的口才都不是天生的，台上一分钟，台下十年功，所有演说家都是这么练出来的。靠业务经验和生活潜移默化的积累也能逐渐提高口才，但是很慢。有意识地去博闻强记进行有针对性的练习，你的表达能力才会迅速提高。

需要注意的一点就是，这种理念宣导要找到适时的机会，要等到经销商正在被某个问题困扰的时候，你再以“我也发现这个问题了，正想跟你谈谈这件事”的姿态出现。“送上门的不值钱”，如果你总是主动站在经销商店里指手画脚“你的这个管理不行，我给你讲应该怎么办，你的那个理念不行，听我给你洗脑”，搞烦了，经销商会把你赶出去。

拜访经销商动作8：“作秀”，让经销商说“多亏有了你”

大家别误会，“作秀”不是贬义词。

何谓“作秀”？作秀就是一种主动展示，一种有意的张扬。作秀跟“忽悠”不同，“忽悠”是无中生有，颠倒黑白，“作秀”是把自己的特点、主张和自己做过的事情不夸大地摆出来给大家看，需要提醒大家的是，“作秀”要有度，否则人家说你张狂，不谦虚。

现代社会很多人在“作秀”，广告是作秀，路演是作秀，产品代言人是作秀，产品外包装设计也是作秀，经销商大会上优秀经销商上台领奖是现场秀——商业领域不需要做好事不留名的活雷锋。

我们拜访经销商也要作秀：

神机妙算大师秀——我对你（经销商）的人、车、货、钱各种资源了如指掌，虽然我是外地人，但对这个市场我也很熟悉，下个月销量肯定会上升。

风尘仆仆辛苦秀——烈日炎炎看市场，“来得最早，走得最晚”，满头大汗点库存，一丝不苟自觉自愿。

点石成金恩人秀——这个秀最重要。

遇到大经销商，平时你总是跟他们的员工联络，老总、经理的面都见不上，怎么办？一个季度约他的主管经理或者销售总监做一次“业绩回顾”。

如：张总，您好，我是某某公司业务员小黄，您如果方便，能不能给我半小时时间，我想把我们的产品这两个月的进展、销量情况、利润情况，以及下个月一些新的推广计划向您汇报一下，我计划下个月把您销售我们这个产品的毛利总量提高20%（最后一句话打动了对方，于是你也就为自己赢得了作秀的机会）。

注意：经销商业绩回顾是一场体现厂家业务人员专业水准的路演活动。在业绩回顾之前最好提前做出正式资料，有条件的就用幻灯和电脑投影，实在不行打印出来也可以，注意一定要装订整齐，封皮一定要用彩色印刷并覆膜。内容一定是有Excel表格的，数字必定要清晰，实例要多。我的领导曾经开玩笑地告诉我，业绩回顾文稿装饰要“炫”，甚至要做中英文对照，不要说40%，要说40个percent，主要是要震慑经销商，让他们“自卑”。形式要“炫”专业，内容要更专业。

那么，业绩回顾模型具体是什么？

（1）经销商的业绩数据分析模型

绝对不能让经销商感觉到他形势一片大好，坚决从数据上分析出来他需要改进的地方。从经销商的业绩成长率、增长率、达成率、区域业绩占比、产品结构、费销比、发货周期、公司近期主抓工作重点的进度8个方向分析经销商的业绩存在哪些问题。

（2）厂家人员的绩效汇报模型

我们在第一章讲过：“做业务，不但要带一双腿，还要带上一张嘴。要不断给经销商讲利润故事，让他了解我们给他创造的价值。”所以，“有粉擦到脸上”——厂家人员要在平时工作中积累素材，不要埋没自己的“功劳”，每个月要对自己创造的绩效进行回顾总结和强调。最好让经销商听完之后，“痛哭流涕”抓着你的手喊：“恩人哪，多亏有了你呀！”

厂家可能给经销商创造的绩效如下：

①服务绩效：如帮经销商建立规范的客户基础资料、消化不良品、兑付费用等。

②内部管理协助绩效：如给经销商及其团队做培训、帮经销商提升内部员工考核和其他管理流程等。

③市场管理绩效：如打击冲货，处理价格冲突，界定同城经销商之间的区域客户，

终端客诉统计和处理等。

④市场支持绩效：如促销费投入，厂家人员所张贴的海报数字，投入的形象宣传物料数字，做的模范店、堆箱、陈列店、协议店数字等。

⑤销量绩效：注意厂家人员的职责要和经销商有所区分，经销商才是区域经理，厂家人员是区域经理助理。厂家人员“帮经销商做市场，不是帮经销商做销量”。所以在销量绩效方面要强调，厂家人员帮经销商开发新区域销量、带领经销商人员铺新品的销量以及产生的利润。

⑥网络绩效：厂家人员是“帮经销商做市场，不是帮经销商做销量”，要强调厂家人员帮经销商开发的新开终端客户数，新签协议店数，新渠道、新片区、新分销商协助开发实例和数字。

⑦品种绩效：通过厂家的市场支持促销推广，经销商人员考核的更新，经销商内部培训及管理提升等工作，最终推动经销商品项结构的改变，促销主推品种的销售增长，以及随之带来的平均价和毛利的提升。

（3）市场问题分析模型

明确本月双方在市场配合、市场推进、业绩达成方面存在的问题，这就是下个月经销商管理的重点工作。

首先回顾在第一条里面分析出来的经销商业绩数据问题。

①付款问题：本月经销商付款是否及时。

②市场拜访和储运问题：经销商运力、人力是否能满足目前的配送要求？

③客诉问题：本周发现的终端其他客诉登记清单，经销商目前对内部人员的终端拜访、客诉记录、客诉处理流程是否没有落实。

④网络问题：市场上是否存在经销商暂时没有覆盖或者无力覆盖的区域或渠道？如何改善。

⑤库存问题：本品在经销商处的库存占比是否太小？经销商的库存方法是否存在问题？市场物资是否存在浪费现象？经销商是否需要清理占压资金的滞销货增加本品库存。

⑥人员考核：经销商目前的人员考核存在哪些问题？导致什么结果？建议如何改善。

⑦行销效率：订单比例是否存在经销商自销能力太差，厂家销售比例过大，主劳臣逸的现象，如何改善。

⑧促销配合：促销活动期间经销商的人、车、物支持，陈列奖励礼品兑现是

否到位。

⑨其他问题：比如经销商人员上下班时间导致目前没办法做夜市和早市渠道等细节管理问题。

（4）**形成管理目标和改善排期，下个周期进行回顾**

第三步分析出来的具体问题，挑出能解决的，需要立刻解决的，定出下个月的改善计划。别被经销商打马虎眼蒙混过去，解决方案全部精确到时间、地点、人员、资源配置、完成标准、验收人、验收时间、奖罚标准。下个月业绩回顾第一项就是“回顾上月双方达成的改善排期完成进度，按照约定做奖罚”。然后再分析本月的问题，然后做下个月的改善排期，逐月形成“问题分析——改善排期——进度追踪”的管理循环，才能真正推动问题的解决。

二、回顾和分析

回顾一下经销商拜访的动作流程，看看按照这一套流程做下来效果怎么样？

原则：规律联系、定期拜访、计划行程、绩效目标——结果经销商不再觉得你来就是逼他进货，而是来帮他做市场的，你们成了合作做生意的关系。厂家业务的经销商拜访时间精力分配是以市场推进为导向的，会产生更大绩效。

第一步：准备工作。先初步走访市场、分析数据——结果经销商捏造事实，乱发牢骚，经常被你识破。运用专业模型对经销商的业绩数据事前分析，让你的沟通更具针对性。经销商感受到你的敬业、专业和功力，再不敢自作聪明、信口乱讲，更不敢小看你。

第二步：信息管理。上传下达，不做超出职权之外的许诺，必要时书面沟通，事事有回音，重视经销商短期利益——结果经销商觉得你稳重、讲信誉、实在，而且是为他着想，就会欣赏和信任你。

第三步：库存管理。清点库存、警示即期品、先进先出、安全库存管理、库存占比管理、库存方法管理、资金异常动态管理、市场物资管理——结果你对经销商实际销量/即期/断货情况了如指掌，可以帮经销商减少断货/即期风险，你的建议订单有理有据。你更能准确地把握经销商的资金动态，增加自己的库存占比，更及时地帮经销商发现库存问题，帮经销商减少损失……经销商会感受到你的敬业和认真。

第四步：订单管理。安全库存和合理订单观念反复宣导——结果事实很快会教育经销商，他会明白你所讲的话有道理，你的专业形象又一次提升，你的说服力进一步加强。

第五步：市场走访。有目的地走访市场，回来跟经销商沟通市场信息和下一步计划——结果经销商更敬佩你做事认真踏实，对市场有思路，感谢你真心实意地帮他做市场。

第六步：帮经销商建立客户资料，维护边缘网络——结果经销商对你又敬又畏（下线客户被你抄走了），又佩服（你做的事他十几年都没做到）又感谢（你帮他建立了很有用的客户资料还帮他维护了边缘网络）。

第七步：把握时机给经销商洗脑，帮他做培训，建立管理流程——结果经销商觉得你是专家，你真的在帮助他，以后会经常向你请教。

第八步：定期做业绩回顾，回顾辉煌历史，展示美好未来，经销商对你的贡献和帮助“感激涕零”，对你的专业水平和工作态度“膜拜”，对下个月的工作改善有了具体排期。

真的能做到这八步，并且经常回顾分析，你就快成经销商的偶像了。

经销商也许会真心实意地对你讲：“厂里一个月给你多少钱？我出双倍的工资，你来给我帮忙吧。”

“你帮我培训培训我下面这批人吧。”

“最近有个新厂家来找我，跟你们的产品没有冲突，我想让你帮我看看能不能做，给我拿拿主意。”

这时候你再给经销商讲：“张哥，咱们再推一个新品种吧！”“张哥，我跟你商量商量怎么打冲货……”你想想这个时候他会不会听话？也许他还是不能对你言听计从，但是他至少会认真听听你讲的话，认真想想你讲的有没有道理。

这就是专业客情，只有建立这种以尊重、佩服为基础的客情，你才能发挥对经销商的影响力，最终达到“协调厂商这两个根本利益矛盾的个体之间的利益，引导经销商的人、车、货、钱尽可能多地投入到厂家的市场工作上”的目的。

第五章 5 经销商政策制定“迷踪拳”

本章预告

从端正厂商关系到经销商选择、经销商谈判、经销商日常拜访动作流程，执行层所要学习的经销商管理内容我们基本讲完了。

本章我们要学习一些管理层和政策方面的内容。

主要跟大家讲讲这些年我用过，以及看到其他企业用过的一些比较独特有效的经销商政策案例，并且试图揭示这些案例背后的规律和可复制的模型：

1. 经销商普遍对厂家的诚信问题有恐惧和猜疑，厂家如何通过具体的销售政策和内部管理流程，在经销商面前打造自己诚信服务的金字招牌？

2. 厂家怎样让经销商建立经营安全感——和这个厂家合作放心经营，不会赔钱？

3. 厂家如何不断让经销商看到新的利润机会，如何通过样板市场操作让经销商对新的利润机会产生信心？

4. 经销商年度合同常用条款案例分析。

5. 经销商促销政策制定的常用方法、模型和常见误区分析。

第一节　为经销商提供多维度商业价值

在经销商眼里，制造商如何签订经销商合同，如何兑现服务承诺，如何实施市场管理动作，还有制造商的产品、销售政策、服务政策等，就是制造商作为“商业合作伙伴”的合作价值。

笔者曾经作为当事人制定执行了不少成功和失败的经销商政策，做培训顾问以后又以旁观者身份看到更多企业经销商政策的成功和失败个案，总觉得个案虽然有趣，但是借鉴意义有限。如果能以案说法，把术上升为道，找到有理、有力、有效的经销商政策里面的共同点和规律，大家就会更容易触类旁通。

成功的经销商政策中是有一定规律的，这个规律很大程度上已经脱离了营销技巧的层面，上升到心理学、社会学的范畴。说到底，政策也罢，合同也好，都是交易双方要各得其所，心理满足达到平衡，也就是达到所谓的双赢。这本来就是一种心理战。

首先我们来看一个心理学的案例。

甲方案：受测者一定能拿到3万元收益。

乙方案：80%受测者能拿到4万元收益，20%受测者可能没有收益。

结果：大多数人一定会选择甲方案，实际上选择乙方案的平均收益是3.2万元/人。但是人们怕万一拿不到，就失去3万元收益，还是安全第一，不要冒险，否则到手的3万元就飞了，追求安全的代价是让我们付出了2000元。

甲方案：受测者一定失去3万元。

乙方案：80%受测者可能失去4万元，20%受测者可能一无所失。

结果：大多数人一定会选择乙方案，实际上甲方案的结果平均是失去3万元/人，而乙方案的结果是平均失去3.2万元/人。这次跟上次正好相反，这次我们要冒险——冒险是想博一个不失去，结果我们付出的代价是2000元。

结论：大家有没有发现，人们的普遍心理是更加患失而不是患得。“得”的时候胆小，尤其是当得到这份新利益同时要抛弃手中已有的旧利益时，人们往往变得保守，不愿意冒险。有很多类似的俗语在表达人们的心情："好死不如赖活着"、"不要太贪心"、"见好就收"、"聪明反被聪明误"、"隔手金子不如到手铜"、"安全第一"、"小心偷鸡不成蚀把米"……

人们在"失"的时候因为抓狂所以胆大，甚至拼死抵抗！也有很多类似的俗语在反映人们这种心态，比如："反正横竖都是死，我就豁出去"、"置之死地而后生"……

这个理论用到厂家管理经销商身上，无往不利。

一、用"患失"来管理经销商

现在为什么有那么多企业说，"经销商不思进取、小富即安、跟不上厂家步伐"是最大的瓶颈？经销商当年创业时一无所有，说好听点叫做"穷则思变"，说难听一点叫"流氓无产者贱命一条"，正所谓"无产阶级在革命中失去的只有枷锁，得到的是整个世界"，所以"千里走单骑，无知者无畏"。但是现在不同了，经销商现在好不容易打拼出来点家业，每年的赢利稳定，魄力就大大不如以前了。这个时候你给他讲大趋势、大未来、二次创业往往是没用的。因为人们在得的时候"胆小而且保守"——在经销商看来，虽然对美好的前景也很向往，但钱是赚不完的，关键是稳住现有的局面，把摊子铺得过大未必就是好事，更多的投入意味着更大的风险，弄不好"辛辛苦苦十几年，一夜回到解放前"。要经销商抛弃手里这份东西需要很大的勇气，要想推动一个人，要么是给正面的动力，要么是给负面的压力。"以利诱之"没用时就要"以害迫之"，打破经销商的安全感。告诉他，不进则退，一旦我淘汰你，你会失去什么东西，往往能再次激发经销商的创业激情。同样道理，厂家希望经销商忠诚，仅仅让经销商得到利益没有用，要给经销商创造深层次的合作价值，让他离不开你，让他"患失"，让他欲罢不能，让他明白，一旦你不和他合作，他失去的东西会让他"伤不起"！

二、经销商最不愿意失去的是什么

最简单的办法是让经销商跟我们分手的时候失去一大笔利润、失去厂家的赊销支持、失去独家总经销权保障……但是这都跟厂家的根本利益相违背，一般只有小厂家才会这么做，而且这些层面总有更小更新的厂家能开出更高的价码。有个奇怪的现象：商人逐利，但是大厂家给经销商的利润空间并不大，为什么经销商打破头要抢着和大厂家合作？因为领导品牌们提供给经销商的是"复合利润"，是多维度的商业核心价值。

只要厂家服务体系完善，经销商的意见能及时解决或回馈，产品质量稳定，在业内具有某方面不可替代的优势，市场管理严格，价格稳定，每年还会推出新产品新渠道推广计划并配套相应的支持，厂家能给经销商提供企业管理系统支持，甚至点对点扶持派驻职业经理帮经销商落实执行……当这一个又一个好消息叠加起来时，厂家就塑造了自己在经销商面前无可替代的魅力，当别的厂家向经销商伸出橄榄枝的时候，经销商也会心动，但是，他会念起“原配”的“千般好”，从而欲罢不能，从一而终。

第二节 经销商的第一层需求：厂家诚信服务

销售的精髓是满足客户的需求，经销商有一个很重要的需求却被厂家忽略了——为什么经销商说“经销商之间的竞争我们不怕，最怕厂家办事不靠谱”？

经销商怕什么？怕厂家让经销商垫支费用不报销；怕让经销商垫支货物作促销，厂家不还货；怕厂家送货数字与返利数字有差异，对不上账；怕厂家给的送货单上面没有注明价格，付款时有理说不清；怕当区经理不顾经销商死活给他压货，不听话，厂家就卡市场费用；怕送货司机吃拿卡要，不识相，就故意给你延迟送货时间；怕去厂里拉货，光办手续要一两个小时来回跑 4 个窗口；怕厂里财务、储运、开票、门卫各个后勤部门的衙门难进脸难看；怕厂家屡次送错货，我还得“配合工作”把货收下；怕公司财务部要求报销堆头费必须用正式堆头费发票，但实际上不可能操作；怕厂家 10 月给的产品是去年 8 月的货龄；怕同城经销商区域划分不清互相砸价抢客户，而厂家经理乱扯皮；怕厂家直营超市砸价，经销商没办法卖货；怕厂家制定促销政策的人闭门造车，突然停止了卖场促销活动（但是竞品趁机在大搞特价，现在导购员在超市站一天一瓶饮料也卖不掉，很多导购员都想辞职）；怕厂家人员张口找我借钱（借也不行，不借又不敢）；怕厂家人员拍胸脯答应的事情又是一场空……

太多了，简直是血泪斑斑！

为什么每次开经销商大会，经销商围着厂家老总，鸡毛蒜皮的事情说个不停——鸡毛蒜皮太多了也要人命，小刀子割肉也很疼，经销商实在已经疼怕了！经销商跟厂家合作，吃够了厂家“说了不算，算了又不说”的苦，吃够了业务人员“违规操作”的苦，吃够了厂家后勤部门和市场脱节官僚做法的苦……有的时候经销商对厂家的要求其实并不高，只要说到做到，不坑经销商就算不错！

怎么办？厂家千千万万个销售人员不可能都是君子，总会有人不想负责任，总有人想浑水摸鱼。最好的方法是用“重视、宣贯、透明、公开、负责”的原则，把水搞“清”，让浑水摸鱼的人伸手必被捉。

一、高层重视

英国某汽车经销商的广告：假如现在是凌晨5点，你在家发现车胎瘪了，钥匙断在孔里，别着急，我们马上就会开车过来帮你解决问题，不收费。朋友才会半夜三更不嫌麻烦来解决你的问题，朋友之间不谈钱。

有人问这个汽车经销商：“你这样服务不会提高成本吗？为什么你要这么做？”经销商回答：“开车去送钥匙，比方说要花25美元，想一下电视台广告的成本，60秒要1000美元。我花25美元帮你开锁，你这辈子可能就跟定我了；我要是花1000美元做广告，1000除以25是40，常识告诉我，60秒的电视广告不可能获得40个忠实客户。”

众所周知，海尔电器、戴尔电脑等家电汽车耐用消费品企业，对数量庞大的消费者建立了一整套复杂的售后服务体系。相比之下，制造商更容易也更有必要对自己的区区几百个经销商建立售后服务体系。但是这个工作往往被厂家忽视！其实只要厂家高层真正重视这件事，明白经销商对厂家的诚信问题普遍存在困惑和不满，抓住这一点大做文章，打造自己的诚信形象，你就比别的厂家在这一点有差异化优势。

诚信形象不仅仅是喊喊口号那么简单，要变成一个系统、一种体制，要准备投入人力、精力和资金。只要你不把它看成是一种口号或者可有可无的东西，而是看成一种打造通路忠诚度的方法，看成一种对通路的促销政策，看成塑造差异化竞争优势的宣传手段，你会发现这份投入一定有回报。

二、诚信宣言

如果你觉得有必要（同时公司条件许可），可以做一份“诚信宣言”在经销商大会和企业内刊上发布。

某企业的经销商管理“三先三后”宣言

“先做人后做事”：本企业宗旨是“诚信经商，一诺千金”。（说明：这句话很多厂家都在喊，但也只是喊一喊而已，别人已经在做的事情我们再重复就要更有力度。我们不但在经销商大会上喊，而且企业的内刊，经销商大会的条幅，企业给经销商发的奖品，甚至公司大会议室的屏风上都体现这几个字，效果就不一样——都在喊，我喊得更大声。）

“先签字后借支”：要求经销商垫支促销费、促销品，必须见到公司正式公函才能生效。没有公司正式公函，一切实物支取（让经销商借货垫费用等）经销商一律不必接受。

“先小人后君子”：我们公司非常注重契约，有关破损兑换标准和时间，返利、账款、对账流程和时间，新产品推广的促销广告支持，垫支费用的报销等事关经销商切身利益的事项，我们都会给经销商清晰的标准和时间限制。我们给厂家定出滞纳金罚款，我们愿意为诚信付出代价。比如：返利发放明确时限，次年3月份结算去年年度返利，超过这个时间，厂家按照银行利率的两倍向经销商交纳滞纳金。

注意：并不是要企业完全站在经销商的角度签订“卖国条约”，后面几节里会讲到怎样在合同里面设置弹性条款保护厂家利益，我这个案例里讲的是厂家可以（也应该）尽到责任的条款：比如厂家和经销商约定好的支持投放、返利支付、不良品兑换等，到期应尽可能兑现。如有问题，要让业务员告知经销商原因和预计延期期限。产品、包装等有质量瑕疵，应立刻道歉，视情节严重情况作出补偿退换。偶尔可以作一场“诚信秀”——某次厂家费用支付延期，真的给经销商发一笔“滞纳金”（可能数目很小，也可能本来就是打算给经销商的费用），经销商会吓得“眼珠掉出来”——从来没有一个厂家这么干过，经销商一定会奔走相告，传为美谈。如果厂家再配合行业媒体报道炒作，事件行销效果更佳！这样的条款别的厂家合同里面没有，你定了这个条款，这就是你的差异化优势。

“三先三后”只是个口号，最终落实还要靠业务人员，所以要有相应的监督落实的动作。

三、透明——公开投诉电话

公开总经理助理甚至总经理的手机、座机号码（而且保证打得通），或者在经销商合同里注明公司投诉电话，明确表示欢迎经销商投诉反映问题。学习家电行业消费者投诉24小时回复制度，做到事事有回音。

注意：公布号码最好是专用号码，笔者有一次公布了自己的手机号码，后来后悔了。经销商有事没事打电话不说，更可怕的是经销商喝醉酒打电话……

四、透明——对账程序

每月要求业务人员和经销商对账，总部稽核部抽查复核。

经销商费用、返利、货品对账明细表

日期	上期节余	本期发生	本期备注	本期节余	业务代表签字	经销商签字	总部核对	其他说明

五、公开——公布处理结果

定期把经销商投诉的所有问题的回复时间、回复结果、落实结果汇总，以企业内刊、专刊的形式在全国营销人员和经销商网络内下发传阅。以此彰显公司重视经销商意见的传统和企业文化，给心怀侥幸的销售人员敲敲警钟。

六、公开——建立网络沟通平台

大家都知道现在网络比纪检委厉害。同样道理，企业里建立这种网络反馈机制，能让心怀叵测者有所忌惮不敢轻易伸手。公司网站上建立经销商入口，经销商和厂家员工都可以凭唯一密码进入，可以在上面随时记名或者无记名留言。各级营销领导规定在线值班时间，有问题、有异议随时可以直接向任何一个厂家领导反映。网站设立公共留言区，所有持密码进入网站的人都能看到，再设立定向留言区（比如可以把留言定向发给某位指定的总经理或总监，那就只有接收者一个人看到）。为了鼓励大家参与，公司可以规定所有员工的电脑IP地址必须每天上一次公司网站留言区，经销商订单必须通过网络下订单，对发帖数量多、发帖质量高的员工予以奖励。

说明：这个方法和位阶管理并不矛盾，管理次序一定是逐级授权，但信息反馈若严格按“逐级上访”就是自废耳目，必须鼓励下情直接上达。这样做不仅仅能加快一线信息反馈速度，同时还能营造管理气氛。

七、负责——长官走动式管理

公司规定每个销售经理每周必须拜访两个经销商，要跟经销商对账，检查业务人员有没有虚假承诺、费用手续不清、私下借支等违规行为，及时发现及时纠正。

营销总经理把全国经销商电话贴在墙上，每天中午吃完饭随便抓一个经销商的电话打上15分钟，不一定有什么目的，闲聊就行。经销商突然接到营销总经理的电话了，他们高不高兴？他们有没有话说？经销商总有一肚子话要讲，只不过没人听罢了。经销商的话有没有意义？绝对有——经销商打电话有哭穷发牢骚，但是也有市场信息。经销商身份特殊，公司的业务员可能不知道竞品信息，但经销商知道。经销商身处一线，市场需要什么、公司产品好不好卖、要怎么改良公司，业务员不一定清楚，经销商却有话讲。每天中午坚持打15分钟电话，耽误不了总监、总经理们多少时间和工作，站着打电话还能减肥消食，既能获得宝贵的一手信息源，还能培养客情，最关键的还是例行和坚持。

八、负责——经销商满意度调查及回馈

每半年由总部搞一次经销商满意度调查，把经销商对公司服务流程上的所有问题罗列出来，用擦黑板的方式逐一解决，为此再专门办一期报纸，公开满意度调查结果，同时把所有的解决结果公布于众，以示诚意，同时也教育公司后勤服务等相关部门同人。

打造厂家诚信服务的形象是一个系统工程，嘴里要喊，墙上标语要贴，合同签订要在该细致的地方细致，执行过程要注意履行对账借支文字手续，要有督察投诉渠道，一旦出了问题厂家要承担该承担的责任，甚至作一场“诚信秀”……企业是为此花了一些钱和精力，更多的是付出诚信理念和管理成本，但这些工作会帮你在经销商面前铸造一个金字招牌，通路对你有信心、对你忠诚，效果也许比你打广告搞特价来得实惠。

第三节　经销商的第二层需求：安全经营，不会赔钱

一、经销商的安全感从哪里来

经销商为什么觉得和这个厂家合作不会赔钱？

1．产品质量好

乳品行业几次风波让多少经销商倾家荡产，让同行后来者心惊胆战。经销商希望合作的厂家有足够的规模、相对长的历史、厂家产品质量必须稳定。厂家要思考，凭什么在这一点上让经销商放心：企业的经营理念和对外宣传的口径？国家各项质量认证和奖章？企业成为行业标准制定者？超出国家行业标准的内部品控流程？出口日本、德国等品质要求高的国家？在今天中国全民“惜命”、全民养生的环境下，在中国食品安全和各行业诚信危机成为社会焦点的背景下，企业能否真正让消费者、通路、渠道相信自己重视质量的诚信理念，决定企业的生死。某食品企业公然打出“10年出口日本经验，以外贸品质供应国内产品”的广告的确聪明。反之，以牺牲质量为代价来控制成本的经营，最终会把自己送上断头台。

2．战略层面有优势

这个厂家有某个领先行业的“长板”，竞品无法模仿。比如华龙、五得利面粉等企业规模效益带来的性价比优势，王老吉曾经拥有的产品差异化优势，可口可乐和康师傅的广告品牌优势……厂家要思考自己的长板战略——无数案例告诉我们，短板理论只适用于成熟行业里的成熟期企业。中国有太多企业靠长板优势横空出世——有一项别人无法模仿的优势，其他的要素即使存在瑕疵，企业一样可以在相当长时间内活得很好（所谓一白遮三丑）。只有当企业规模足够大，经营时间足够长，自己的长板又逐渐被同行模仿而失去独有优势的时候，短板效应才会“显灵”。

制造商战略优势反思模型节选

“战略”这个词听起来很复杂，因为它决定企业生死。但是和实际执行比起来，战略其实也很简单——确定战略方向打造战略优势所要搞清楚的不外乎几个问题。

1. 反思战略方向是否需要校正

(1) 定义目标行业，定义目标消费群，定义卖点：

①这个行业的竞争核心和未来趋势是什么（比如，食品行业的趋势是健康，培训行业的竞争核心是课程实效质量而非营销包装手段，服务行业的竞争本质是消费体验而非价格）——这意味着你未来的竞争努力方向。

②消费者对现有同类产品哪些地方不满意——这意味着你未来的产品差异化机会。

③你打算卖给哪个分众消费群（或者用不同产品打动不同的分众）？你面对这个分众的卖点是什么？你提供的产品和服务能满足他们什么需求？

比如：确定要进入食用油行业的玉米油细分市场，针对中年消费群，主打卖点是关注心脑血管健康。

(2) 行业竞争现状分析，扬长避短，铸就企业“长板”：

从品牌诉求点，产品质量，产品线组合，终端价格及促销，业务团队（包括人数、素质、管理系统），核心技术（包括管理技术、研发技术和高管人才），目前的销售和生产规模以及通路结构、产品结构、区域结构、渠道结构（规模分摊成本，结构产生效益），资金状况和融资能力，采购成本和上下产业链整合能力8个关键指标分析本公司和竞争公司的优势劣势对比。确定策略：怎样扬长避短把自己的优势最大化，同时不断确认这一策略有没有在始终如一地执行，企业的优势（长板）有没有被不断强化形成对手不可复制的优势。

比如：增设四大生产基地，降低物流覆盖成本；发挥本公司的采购成本优势和销售团队优势，渠道下沉，精耕三、四级市场，扩大销量底盘；同时丰富产品线、升级产品结构实现利润；KA渠道暂时由经销商操作，减少资金账款压力。

(3) 行业未来预测，根据未来规划现在（而非根据现在规划未来），确定目标。

①行业格局预测：在国际成熟市场这个行业是怎样的格局（可据此预测本行业国内未来格局）。

②行业现状分析：在国内市场这个行业处在什么阶段——寡占是否已经形成，行业平均增速是多少，未来这个行业会持续上升还是衰退，目前行业平均利润多少，行业是否面临洗牌，价格竞争是否更加激烈，行业什么时间会开始洗牌，小国寡民高利润的好日子还有多长时间。

③行业动向分析：行业一年来有没有出现新的动向，竞品有什么大动作，业内有没有出现能够影响行业的新产品、新技术和新的进入者。

④定位本企业角色和短、中、长期目标：本企业目前的增速能不能超过行业增速增加占有率，或者是否需要考虑行业转型。本企业的利润状况能不能持续造血增加竞争力。要保持怎样的销售数量增速和利润结构成长，才能在行业洗牌品牌结晶之前赛跑成功，在行业里找到自己的位置。

比如：目前行业中小型企业居多，正在高速成长，几家知名企业开始进入（大鱼入港后疯狂撕咬，蓝海很快变红海）。市场暂时没有结晶出来第一、二品牌，消费者对这个行业还处于认知阶段，必须在三年之内加大投入，扩大传播力度和销售份额，抢占第一品牌，实现具体销售目标……

以上三个步骤，首先定义行业、目标消费者群、卖点，然后确定扬长避短的竞争策略并且不断强化铸就“长板”，接下来预测行业未来变化，明确自己的定位和实现这个定位要逐年达成的目标。这就是根据未来规划现在的战略方向。把企业比做一艘轮船的话，企业战略方向好像方向盘，决定你进入红海还是蓝海，还是先红海后蓝海，还是最后进入死海。

2. 反思品牌和产品卖点的选择以及传播效率

你的产品名称、品牌支撑点打造（比如奥运会指定产品、国家权威机构认证、有影响力的形象工程等）、广告研发、包装设计、终端形象展示、物料支持、地面活动的配合等，能不能准确表达而且持续传播这个卖点，同时达到预期的传播力度和传播效果？

品牌和产品卖点的选择以及传播，就像是巨轮上的发动机，决定你的驱动马力，品牌优势（加速器）不能明确发力，轮船就跑不快！

3. 反思一线人员在市场上有没有竞争优势

（1）面对渠道的优势反思，创造一线人员面对渠道的竞争优势，让业务人员直起腰来做市场：业务人员面对经销商、超市、批发、零销店老板的时候有没有优势（包括产品质量和包装、价格、通路利润、产品促销政策、破损退换政策、市场支持政策等）？哪个环节需要改善（比如通过分渠道投放不同产品，老产品升级换代提高通路利润，甚至通过通路陈列奖励，经销商、分销商培训等方式“无中生有”地创造企业面对渠道商的优势）？

（2）面对消费者的产品终端动销优势反思，扬长避短，提高动销速度：终端动销速度怎么样？相对于竞争对手，我们的产品在面对消费者终端动销时的优势和劣势在哪里？有没有好的方法需要复制？有没有障碍需要排除？（比如产品的包装质量需要改善，同时需要修改产品商标，明确诉求我们的差异化卖点，另外要进行开盖中奖活动拉动销售。）

销售人员在渠道面前是否有优势，能否直起腰来讲话？产品在终端时，是否有优势产生自然动销？这就像巨轮上的螺旋桨和传动系统，直接作用于轮船前进速度。

4. 反思战略目标推进进度，调整近期工作目标

一艘巨轮（企业）离港起锚，首先有了适合自己的方向和目标（战略选择），装备了马力十足的发动机（品牌传播和产品差异化），配备了精准的雷达探测瞭望哨（数据分析系统），运行了完整的故障检测维修系统（下情上达问题解决系统），组建了一支训练有素的水手队伍（队伍管理、关键人员调整），启动了有优势的螺旋桨传动设备（建立企业面对通路的竞争优势和面对消费者的动销优势）。接下来就剩下一件事——船长（营销总经理）带领大家航行，控制航程航速（战略目标的推进进度），确保准时准确到达目的地。

3. 市场价格稳定，有利润

打击冲货没有更好的方法，首先做好物流编码标示，方便抓住冲货黑手，然后重罚杀无赦。厂家打击冲货如同执政党的反腐斗争，必须手段严厉，即使损失局部利益和局部市场也在所不惜，杀的是典型，得到的是民心……

某厂家的冲货管理条款

1. 不得超出授权范围

乙方不得超出厂家明确授权的区域渠道进行甲方产品的销售行为，否则视为窜货。

2. 以下行为在我公司视同窜货

（1）冲货未遂与冲货同过：经销商A超出其区域渠道范围到B经销商区域（B经销商经甲方授权已经有甲方产品销售区域）内进行车配、人员推销的行为，虽然未进行货品的转移，但向B经销商区域下级客户传递低于甲方指导的产品价格，视同窜货行为。

（2）批发自提与冲货同过：经销商A在自然流通状态下（批市）以低于公司指导价的价格，向B经销商区域内的下级商销售的行为，包括B经销商市场客户到A经销商门市进货，A经销商予以销售（对于经销商A在门市未低于公司指导价一次销售低于20件的视为正常流通）。

3. 窜货认定流程

（1）经销商、销售经理提供窜货信息。

（2）公司专职“冲货打击办公室”的督察员（或公司委托区域销售经理）到窜货现场，记录窜货信息。

（3）取证原则：两名以上督察人员签字，并且保留实物样品、照片。督察部报批、备案。

（4）督察员通知窜货销售经理、经销商窜货情况。

（5）下发扣罚通知到相关经理及经销商，窜货罚款金从经销商佣金、当区销售经理当月工资中扣罚。

①责任区的厂家销售经理处罚金额与经销商相等。

②对冲货经销商停货1个月，厂家指定其他经销商对该市场发货，视冲货经销商的配合情况决定是否恢复给该经销商供货。

③对冲货经销商进行罚款10元/件，补偿给被冲货经销商（关于对窜货数量的认定，在实践中因取证很难，则以发现窜货产品生产日期当批发货数量为参考依据），厂家先赔偿给被窜货方，再由厂家向窜货方索取。对第二次被认定为窜货的经销商立即取消合作，同时履行上述标准罚款。取消经销商合作资格一概不给以任何形式的费用补偿。

（6）“经销商团队市场秩序奖金”：为了让各位经销商在冲货问题上引起重视并互相监督，每季各大区设立“经销商团队市场秩序奖金”不低于600元/户·季，如当季该大区无任何冲货乱价行为，该大区每个经销商享受此奖金。如该大区当季出现一例被认定有效的冲货乱价行为，则实行连坐制度，将大区每个经销商此奖金全部取消。

（7）公布：冲货行为一旦认定，立刻将对冲货经销商的处罚信息通过《经销商快讯》向全国经销商公布。

4. 厂家支持大，货不愁卖

厂家规模大能抵抗行业风浪（比如原材料涨价、危机公关），而且能在政策上保护经销商（比如原材料涨价前通知经销商囤货、大幅降价后给经销商补差）。厂家的市场推广费用支持多，人员支持充足，产品不愁卖。

产品不愁卖是经销商有安全感的核心要素，业内目前已经总结出一些成熟的方法可借鉴。如：美容、日化行业对经销商进行首批进货厂家协助销售承诺，首批进货如果出现滞销，厂家退换；可口可乐等国际企业目前执行“辅销制”，经销商的出货压力主要由厂家协助承担。

中小企业无力“辅销”，也不敢作“首批退换承诺”，就重点推广样板市场，以此建立其他经销商的信心。

厂家重视产品质量、有某个优势领先行业、产品销量稳定不愁卖、价格稳定、有利润……经销商当然会觉得安全，问题是厂家有没有战略眼光真的去打造这种让“经销商不亏钱”的优势，还有就是经销商凭什么相信厂家具备这些优势。

二、让经销商信仰你：厂家优势信息的持续传播

1. 重视经销商的信息传播工作

厂家的产品质量好、价格秩序稳定、厂家领先于同行的优势、厂家的支持系统这几方面的好消息可以给经销商带来安全感，但是这些信息如何传播？如何让经销商信任你甚至信仰你？

任何信仰、任何思想主义乃至任何宗教的形成都不是做一次礼拜、听一次大师说法或者过一次组织生活就能成型。僧人天天住在深山老林里，几千年同一个发型，吃糠咽菜还不近女色，能有这份持守可不是靠山里风景好，而是靠天天诵经做功课：“色即是空、空即是色、色不异空、空不异色……”只有这种细水长流、潜移默化的熏陶，才能随风潜入夜，润物细无声，真正深入人心落地生根，这个信徒才会虔诚。我们管经销商也一样，必须点滴渗透潜移默化。用毛泽东的话讲，这叫“政治思想工作要常抓不懈”，这种传播不应该靠个别业务人员的自觉性和觉悟，最好能够在企业内部形成一种机制。

2. 结构决定功能

有专门的部门来整理公布公司的好消息——企业新闻。比如公司扩产解决断货问题了，生产研发技术升级、新品具备差异化卖点了，企业获得国家技术专利、在行业内占领技术高地了，与某大学签订人才培养协议、企业下半年可以加速销售团队建设支持经销商了，新产品和样板市场业绩创新高了，公司今年的销量比去年同期成长60%了，产品包装容易破损的质量问题已经解决等。

3. 形成机制

“企业新闻”首先在公司网站上、经销商内刊上传播，再在销售经理月会上传播，要求各位经理在员工周会上每周宣讲，要求员工在经销商沟通过程中把这些消息不断传达下去，公司会配合相应的抽检考试奖罚动作确保这些信息的下传。

点滴渗透，潜移默化，让经销商“信仰”这个厂家。这应该成为厂家管理经销商必备的政策和机制。有高层思想上重视，有专门的部门来推动，有专门的政策来约束。此方法大小企业都能用，既能锦上添花又可以雪中送炭。注意，不是要搞自欺欺人的大跃进浮夸风，谁也不是傻子，给经销商洗脑的前提是信息上传渠道的公开透明，厂家对经销商诚信服务形象的树立。

第四节　经销商的第三层需求：持续的利润增长

一、新的利润从哪里来

经销商第一关心厂家是否诚信可靠；第二关心和这个厂家合作经营是否安全，是否不会赔钱；第三关心能否赚钱，利润能不能年年增长。

新的利润从哪里来——

来源一：原有短板的解决。比如厂家储运能力加强、开设分厂从机制上解决了旺季断货的问题。

来源二：原有优势放大。厂家的长板进一步放大，比如厂家在成本控制上今年有新的突破，小麦加工电耗降低20%，能提供更具有性价比的产品；今年厂家广告市场费用、市场支持投入计划增加多少车、多少人、多少陈列费……

来源三：产生新的利润点。新产品、新渠道、新支持、新合作方式，只要有创新突破，就有可能赚到新利润。

☆新产品的推出、新产品的差异化优势。

☆进军以前没有重点关注的新渠道：比如厂家协同经销商进入电子商务渠道，进入学校渠道、团购渠道。

☆新产品和新渠道的推进：新产品、新渠道推广不能仅靠经销商的个体努力，厂家要有配套支持，比如新产品的上市支持，新渠道的宣传物料配发、针对性产品投放、针对性促销活动投放、针对性培训……

☆在厂商合作模式上有新的规划：比如厂家开始和重点经销商资本合作成立联合销

售公司，厂家直营卖场交还给经销商操作，厂家今年开始推出子品牌给经销商包销操作……

来源四：看到、感知到新利润。新的经营项目往往意味着新的风险，经销商面对新利润都想抢占先机成为先驱，但是谁都不愿意成为“先烈”。验证过的利润才最有诱惑力——厂家有没有竖起样板标杆让其他经销商看到希望。

厂家的优势信息要持续传播，潜移默化，说给经销商听。而厂家产品不愁卖，新产品、新渠道、新模式可以成功，这就不能只靠传播了，要靠样板市场做给经销商看。

二、运用样板市场模式让经销商对新利润产生信心

样板市场的意义不在于本身的市场效果，而在于能否快速有效地把样板模式复制下去，产生最大效益。在这个复制过程中，经销商对你的样板市场模式是否认同、是否有信心起决定成败之作用。企业在样板市场的确认、建立、演示推广过程中不能一相情愿只追求市场轰动效果，而要始终贯彻一条思路：样板市场模式是否有可执行性，是否可复制，经销商是否容易接受。

1. 样板经销商的选择要考虑在经销商群体中的示范效应，防止抵触情绪

注意不能选择企业排名第一、第二的“冠军”经销商。经销商管理的原则是：小户要鼓励（让他建立信心），中户要激励（让他更上层楼），大户要压力（让他产生更多销量，同时要遵守规矩）。大经销商一般都比较霸气，样板市场再交给他，会更加滋长其嚣张气焰。

选“冠军”经销商做样板，其他经销商很容易觉得：这家伙财力雄厚，实力强，他能做到我们做不到。

样板经销商最好在企业经销商队伍中实力、影响力处于中上游水平，既“小有名气”，有一定说服力，又不致让其他经销商觉得自惭形秽、望尘莫及。

对素有砸价、窜货恶名的经销商坚决不能选，大多数经销商对这类客户都很不齿，选这样的客户做样板势必引起整个经销商群体的抵触情绪。

2. 注意样板市场的样板效应

使样板市场真正有说服力，防止经销商找种种借口说三道四。

大多数经销商对样板市场的态度是先否定，他们会先找出种种借口说你的样板方案

"不现实"，所以样板市场选择一定要有说服力，防人口实，尽量少给经销商们说三道四的机会。具体操作注意以下几点：

第一，城市规模要全面。在省会、地级、县级各类城市都要有样板。

第二，渠道特点要全面。如，对商超渠道占主流的区域市场（如南方省会城市），和批发渠道占主流、商超尚在起步的区域市场（如北方的三线城市）各做一个样板。

第三，市场成熟度要全面。已经成熟的市场，其产品知名度和占有率高，但价格较乱，通路利润较低；正在开发的新区域，产品利润高，但知名度和占有率差。这两大类市场一定要各选一个样板。

3. 样板经销商的选择要有长远眼光

防止将来厂家自己打自己的耳光，让全体经销商看笑话。

样板市场经销商的身后站着全体经销商！一个经销商被选为样板客户，全体经销商都会互相打电话，在下面窃窃私语，关注事态发展。一个样板经销商运作有纰漏，整个样板市场方案的可信度都会大打折扣。

（1）样板经销商一定要有较高的配合度

样板经销商必须对厂家未来在样板市场中运用的销售模式完全认同，并愿意承担其中的成本。

如：厂家的样板模式要做商超，则样板经销商要愿意承受超市渠道的资金压力。厂家样板模式要做BC类店，则样板经销商要愿意承受BC类店配送的运力成本。厂家样板模式要推新品，则样板经销商要愿意承受新品推广的人力、运力、资金投入期……

（2）样板经销商有足够的能力

样板经销商的管理能力和资金实力相对于运作当区市场的规模，要充足而且有余力可挖。

只要样板经销商有合作意愿，那么市场方法、管理方法、厂家都可以提供协助，但唯一不能妥协的一点就是"钱"。

厂家决不能靠赊销扶持经销商资金的方式运作样板市场，纸包不住火，很快这件事就会传遍整个经销商群体，然后大家都来找你要赊销。

样板经销商资金不足，常常出现在厂家竖立样板市场的时间里，他拼命运作有限的资金，表现还不错，一旦厂家的样板市场工作组撤走，开始全面推广样板模式，而他的资金就越来越紧张（如：样板模式是让经销商做商超渠道，样板试点运作期内经销商资金勉强可支撑，但超市渠道运作越成功，销量越大，需要的资金就越大），最后出现样板市场只“火”一阵子，长期销量、市场表现都“样板不起来”，厂家就搬起石头砸了自己的脚。

（3）**样板经销商换不得**

样板经销商一定要慎重选择，因为你不可能在确定某客户是样板经销商并大肆宣传之后，又发现这个客户实力不行，配合度不够，再换掉他。所有的经销商都会笑话这个客户是“傻瓜、笨蛋、自投罗网”；而对厂家的评论是“过河拆桥、自打耳光”。一旦这种结果出现，你的样板市场计划就全泡汤了。

4. 让样板经销商现身说法，为样板市场“正名”

借此打消经销商群体的顾虑和抵触心理，同时营造样板模式是厂家大方向、不可动摇，有意违抗者“斩”的态势。

经销商对厂家的样板市场举动其实十分敏感，因为他们总是在怀疑厂家的样板模式是要跨过经销商做直营。

在样板模式的推广展示会上，一定要样板经销商现身说法，明确告诉大家“样板模式是帮经销商做市场，决非要干掉经销商做直营”。同时厂家也要表态“我们绝不是要全面直营，全面直营厂家成本太高，执行样板模式是大势所趋，对那些执意跟厂里对着干，不执行样板模式的经销商，我们可能会换掉，甚至逼不得已要直营”。

5. 从经销商的角度展示样板市场标准

样板市场的标准，不能自说自话，从厂家角度出发，而要从经销商可在样板市场的模式下得到哪些实惠的角度去展示，这样会大大减少推广阻力。

经销商和厂家的思路完全不同：厂家往往更注重市场效果，信奉“先推市场后赚钱”；而经销商更关心利益，奉行“为了赚钱推市场”。

很多厂家在样板市场展示时往往是自说自话，炫耀样板市场的铺货率如何高，超市堆头如何漂亮，表单管理如何到位，这些行为只会引起经销商反感。

☆哼！这个样板市场是厂家拿钱砸出来的！

☆铺货率高很容易，拆箱铺货就行了，但这样做我们经销商亏得多，等我们好不容易按厂家的样板模式把市场“铺”起来，说不定他又把我们换掉了。

……

换位思考，样板市场展示的东西要对经销商的胃口，样板模式总结注重从经销商利益改善的角度出发，要点示例如下：

（1）掌控点数变化

样板模式执行前后，经销商业务人员能拜访的批发零售售点数增加了多少，商超进店增加了多少，经销商的人员人均控制点数增加了多少。

（2）客户资料

样板模式下帮经销商建立了哪些客户基本资料，建立这些资料可带来哪些好处。

（3）销量

①总销量成长率、增长率的变化。

②各渠道（商超、批零）当月的销量变化。

③业务代表的人均日成交点数增加了多少。

（4）利润分析

根据各渠道的销量变化和平均毛利率算出本月经销商毛利增加了多少（注意特别要突出经销商在高毛利渠道销量的增加给整体毛利的贡献）。

如：上个月经销商在商超渠道销售 8 万元，批发渠道销售 122 万元，零售店渠道销售 10 万元，共销售 140 万元。本月商超渠道销售 36 万元，批发渠道销售 130 万元，零售店渠道销售 18 万元。经销商各渠道平均毛利水平为：商超 15%、批发 1.5%、零售店 5%。本月毛利增长量为：$(36\times15\%+130\times1.5\%+18\times5\%)-(8\times15\%+122\times1.5\%+10\times5\%)=4.28$ 万元。

（5）库存及运输

样板模式帮助经销商在库房及运输管理方面取得了哪些进步。执行前库房如何混乱，执行后建立了哪些简单可行的库存规划管理手段。执行前经销商的车辆一天可以跑多少家、送多少货、耗多少油、空跑率（客户不要货）多少，执行后经销商的车辆日运输量上升多少，耗油量、空跑率下降多少……

说明：按照以上几个方向去总结样板市场，让经销商知道样板模式可以带来如下好处。

☆帮他们提高人员效率，增加人均控制点数，让他们的人员工资更有回报，还能帮他们节省运费、提高运输效率。

☆帮经销商建立客户资料，建立简单可行的库房管理方法。

☆增加销售额，尤其是增加高毛利渠道的销售额带来实实在在的利润。

想钓鱼先得问问鱼爱吃什么，经销商知道样板模式能给自己带来诸多好处，才会争先恐后报名，要求成为首批推广对象。

6. 让经销商对如何推广这套样板模式更有信心

经销商对样板市场完全认可之后还是会有顾虑：“我有没有能力把这个样板模式贯彻下去？能不能做到样板市场那样好？”这时候厂家就要扮演专业顾问和吹鼓手的角色。

第一，厂家要对全体经销商进行样板模式运作的培训，不但教会经销商样板模式是什么样的，怎么去操作，还要有预防针——样板模式的启动期可能会遇到哪些问题，各个问题如何解决（这些问题和解决方法可在建立样板市场的过程中切实总结），防止部分经销商在推广过程中遇到困难马上退缩。

第二，样板市场推广不能一次性全面展开，要分批进行，先选择市场难度小、经销商配合的区域进行复制。取得每一步成功都要在内刊、经销商大会上广泛宣传，不断激励员工和经销商士气，营造“样板模式必胜”的态势。

第三，在样板模式策划、选择、建立过程中，厂家要有一个专职的推广小组，小组成员对这套模式充分熟悉，后期样板模式推广复制过程中，就可担任项目指导的角色，检查各地市场执行情况，纠正各地业务人员和经销商对样板模式的执行理解偏差。

第五节　经销商的第四层需求：经营管理能力的提升

一、厂家对经销商“模式植入”的可行性

厂家能给经销商提供的价值：首先是诚信服务形象；其次是产品质量好，企业有优势，价格稳定，销量稳定，让经销商放心经营不会赔钱；再次是不断有新的利润增长点。

但是因为竞争激烈，因为通路扁平化的大趋势，经销商的单位利润总是越来越低，而且总有利润更高、条款更宽松的小厂家在向经销商招手，所以不管大企业还是小企业，纯粹从利润上做文章，留不住经销商。要想真正控制经销商稳定通路队伍，利润一定是第一要素，但不是唯一，一定要在金钱以外的方向上下手。

经销商作为商人，最关心三件事：会不会亏钱？会不会赚更多钱？可不可以让我借力带动我的整体发展？

中国多数老经销商的生态描述

对很多老经销商、大经销商来讲，他们现在真的不缺钱，短期卖货提高销量也不成问题。他们最头疼的一定是管理问题：新员工招不来、留不住、管不好；员工没有积极性、偷懒、磨洋工；库房里总是丢货；送货总是出差错；盘点总是长短账；应收账款追收总是出纰漏……虽然目前业绩和利润尚可，但是经销商老板总觉得太累、太不踏实。他们每天都看到自己的团队犯低级错误，每天都得救火收拾烂摊子，每天都在骂人生气，每天都疲于奔命。虽然经销商现在已经很有钱，但是生活质量太低。虽然现在生意不错，但是老板总觉得这样混下去会出大问题。想让儿女接班，儿女竟然看不上这份差事，再说现在完全交给他们也不放心。想改革吧，年龄大了，脑力、精力、体力都有点透支。天天卖货，交往圈子有限，也不知该学什么知识。职业经理请了几个，结果看得上的留不住，留得住的看不上。听课听了一大堆，专家们说的都有道理，听着每句话都对，但是似乎每句话都没用，解决不了现在的问题……

作为厂家，市场支持产品退换等服务肯定是有限的（要提高成本）。厂家能提供的利润更是有限的。而且同质化竞争大背景之下，产品、价格、政策都很容易被人模仿。能否在对经销商进行“商业模式植入”、“提升经销商整体经营竞争力”方面体现更多价值，是经销商管理过程最有可能创新、最有可能突破、最有可能实现差异化的项目。

厂家想“控制”经销商，无非从以下几个方面：

第一，控制经销商的资金——让经销商交保证金、出政策吸纳经销商资金、加大经销商库存、让经销商没有闲钱去做别的事情。

第二，控制经销商的利润——对经销商执行统一出货价、利润后返。

第三，控制经销商的网络——掌握经销商客户资料、帮经销商终端协销、帮经销商管理终端大客户。

第四，控制经销商的资源——要求经销商专销、厂家对经销商分区域分产品授经销权。

第五，放大厂家品牌弱化经销商品牌——经销商的门头店招、送货车辆车身广告、订货会的背景墙、促销活动宣传单甚至经销商员工工服全部凸显厂家品牌和 logo，经销商名片上都印着“泛××合作伙伴”。

以上只是对经销商硬件的控制，一旦经销商在另一个厂家的支持下反水，这些工作成果都很快会瓦解。最高境界是控制经销商的大脑：给经销商洗脑培训，给经销商的团队洗脑培训，帮经销商建立内部管理软件，帮经销商建立内部管理体系，甚至直接管理收编经销商的团队。硬件好变，软件难变！一旦厂家真正成了经销商的老师，成了经销商的管理体系总设计师，厂家就成了精神教父，这种精神层面的控制才真正具备不可替代性，经销商才真正变成了厂家的“区域经理”。

很多厂家都明白这个道理，但是很少有厂家把这项工作放到战略高度去重视和落实，毕竟辅导、提升经销商的管理能力是个慢功夫，不能立刻提升销量，不如搞一场订货会来得划算。而且因为此事前无来者，没有成熟的经验可依循，做起来似乎有点无从下手，反之，真正执著执行这项工作的厂家，在一段时间的培养、摸索和积累之后，终将得到很好的收益。

二、厂家对经销商“模式植入”的方法

1. 培训经销商老板

现在几乎每个厂家经销商年会上都会给经销商培训洗脑，大多数是应景之作，一场培训大家哈哈一笑，鼓鼓掌明年再见。这样的培训跟请艺人来演小品效果差不多，博人一笑罢了，没有什么实际意义，倘若做过头了，经销商觉得你在给他洗脑，还招人逆反。真想提高经销商老板们的战斗力，就要组织系统培训课程。其一要讲老板缺少的知识：团队管理能力知识、管理核心员工操盘手的知识、市场管理知识、财务知识、储运管理知识等。其二要帮经销商老板开阔眼界：重点是行业信息的研究，经销商老板们很想了解这个行业将来会有什么变化，国际上的趋势是什么，将来会流行哪种产品、哪种包装，大卖场到底会不会在三四线城市也迅速铺开，大卖场最终会对零售通路带来什么影响，国外的经销商通路最终向哪个方向发展……其三要提高素质：包括老板的心态教育、战略思想培养，甚至国学扫盲、听说读写行的商务礼仪等。现在号称成立企业大学的很多，能够对经销商老板们进行菜单式系统培训的企业太少。

调料酱菜行业有一家川南食品公司，该公司全国销售人员仅十余名，电视广告投入也非常少，但近几年业绩增幅可观，在业内备受关注。它做了四件事：其一，把全国优

秀经销商集中起来，跟北大、清华联办经销商老板培训班，对经销商进行系统培训。其二，外聘咨询顾问编写经销商管理和培训教材。其三，聘培训师全国巡回给经销商的销售人员实地培训，把企业的陈列标准、分销标准、业务话术等重点培训内容改编成流行歌词，让经销商业务人员传唱，并在全国经销商的员工中推行“谁是销售英雄”等竞赛活动。其四，制作经销商常用的管理工具，比如“库存货位卡”、“进销存台账”等，免费下发，由区域经理教会经销商如何使用。

以小博大，撬动经销商的力量做市场，川南的案例值得思考。

2. 培训经销商操盘手，培训经销商员工

能对经销商老板系统培训的企业不多，能对经销商员工系统培训的企业更少。为什么？经销商的员工数字庞大、分散、素质差、流动快，给他们培训成本太高，又马上看不到回报，但是，就是有企业这么干！

笔者曾受邀给美的生活电器、恒安集团、川南食品等多家企业全国巡回培训，培训对象就是经销商的操盘手和业务员。另外建材日化行业的不少企业（安婕好、圣象等），研发经销商管理的标准课件，内部认证讲师巡回给经销商驻场培训，有些企业甚至连讲师的差旅费、食宿费都是由经销商负担，依然非常受经销商欢迎。

想一下，这些企业疯了吗？没有回报他们会这么干吗？其实经销商的员工才是真正的关键人物，经销商老板大多数已经“坐台不出台了”——在家里当老板，凡事听下面汇报，找个所谓的操盘手自己当甩手掌柜了。真正卖货的是经销商下面的业务员。而越是身份卑微的人越在乎别人的尊重，也越容易被人影响。别的厂家影响不到这些人，你做到了就是差异化优势。培训这些人，对你市场表现的影响更为直接。

绝大多数经销商老板也非常欢迎厂家帮他们培训员工，在老板们看来，给员工作销售技能培训当然好，而“为结果负责”、“开心工作”等改变消极心态的心理建设培训更重要，因为——替老板说话了。

3. 打造经销商的互动学习平台

新产品上市，某个经销商推广很成功，他的经验是什么？国家税务改革针对这个行业作整顿，经销商有什么应对办法？某个经销商库房一年丢货十几万元，怎么发现的？这个问题怎么解决……全国那么多经销商，这样的案例、经验、教训天天发生。所以某知名台资企业创办刊物《经销商学习园地》，高稿酬吸纳稿件，鼓励区域经理帮经销商

总结提炼投稿，然后逐月下发，经销商争相传阅。各区域自发组织月度经销商会议，让经销商互相交流，现身说法。

4. 介入经销商员工的奖励和考核

厂家给经销商输出员工考核模式（和厂家的销售人员考核模式对接），厂家对经销商销售人员进行专案奖罚。比如：新品铺货每户奖励多少，终端表现冠军奖励，全国评选经销商销售人员终端专柜形象维护排名奖等。

5. 经销商经营模式植入

本书第一章讲过：“厂家派到经销商那里管理经销商团队干部，工作难度很大，必须是个多面手，因为他要管理的是经销商的‘相对低素质的团队’（可能有些员工最高学历是驾照），还要面对复杂的经销商内部人事关系，面对经销商和厂家的双重领导，面对厂家要市场而经销商要利润、厂家要发展而经销商要安全稳定、厂家要先做市场后赚钱而经销商要为了赚钱做市场等矛盾。这样的高手干部，招聘不来，难培养，容易跳槽，几乎是可遇不可求！”

实际工作中还真的有不少厂家经历种种阻力和磨合，把这件事做成功了。他们的法宝就是职业经理人带着成熟的管理体系输出。经销商最欢迎厂家输出职业经理人的做法，他们不缺钱，他们最缺操盘手，只要能搞定，再高的薪水也愿意。

笔者给金龙鱼的销售人员和经销商操盘手们培训，发现金龙鱼的经销商终端拜访模式是“车销”、“预售”、“电话拜访”、“卫星库”四种方式组合（大多数经销商采用一种终端拜访模式，能够用四种方式组合拜访终端的非常罕见），而且他们的内部销售、财务、储运管理规范程度也远远超出普通经销商的水平，后来仔细了解发现，金龙鱼的经销商的管理体系都是厂家这些年逐渐植入的，原来如此。

嘉里粮油管理经销商的做法

1. 专销要求

全国“一夫一妻制”，食用油品类专销，要求经销商只做金龙鱼食用油。

2. 管理介入

持续推广“厂商一体化”项目，外请咨询公司针对经销商做《管理手册》，持续对经销商以及经销商的操盘手进行培训，在经销商群体中推广，要求经销商按照手册执行，提升精细化管理。

3. 持续培训

聘请演员和制作公司，把经销商各岗位的标准化工作内容拍成视频光盘，作为培训教材发放。全国巡回持续对经销商的员工系统培训。

输出职业经理，植入经营模式：嘉里粮油是地区总经销制，经销商的规模实力在当地都数一数二。嘉里粮油的厂家业务代表派驻经销商处，在经销商那里办公，作为经销商的“客座总经理”管理经销商的团队（部分区域厂家业务代表会挂名任职）。客座总经理的工作内容包括：

（1）政策制定。帮经销商老板制定下月对终端客户的促销政策；制定下个月的经销商人员考核和工作目标；向公司申请下个月的市场政策支持。

（2）培训。不断给经销商的销售团队作培训；一周做一到两次协同拜访，看经销商业务人员目前的拜访效果，发现市场问题尽量现场解决，发现员工工作技能问题现场培训。

（3）巡检。巡查市场，看铺货率、陈列标准的执行，现场拍照。晚上回来给员工开会，讲解自己看到的终端表现问题和照片，要求改善，情节严重的给予处罚。

（4）费用督查。嘉里粮油公司给出了明确的终端建设费用支持、广告发布费用支持，还有双方共同投入的促销费用。“客座总经理”抽查、监控这些费用的使用，发现问题给出明确整改和奖罚建议，督促奖罚和整改落实。对不能配合整改要求的经销商，启动扣返利或减少市场费用等管理杠杆。

（5）会议。给经销商的团队开周会和月会，追踪业绩达成，布置工作任务，听取员工意见和问题（比如促销品断货了、产品包装出问题了等），给予解释和解决。

（6）团购业务谈判。嘉里粮油根据当地市场竞争状况，投入团购专项促销政策和公关资源，帮经销商进行大宗团购谈判。

（7）KA卖场谈判。直接和经销商签合同的卖场由“客座总经理”出面协助谈判，审核合同，审核费用。对能够和嘉里粮油签约的超市，由嘉里粮油集团的各区域KA管理中心负责与各KA系统总部进行统一谈判，签订合作条款，经销商负责送货及服务，账款由嘉里粮油集团的KA管理中心代为结算，再以汇款或者折合货款的方式还给经销商，经销商们按单送货，赚配送费。

（8）订单管理。帮助经销商维护电脑办公系统，坚持电脑出单，便于每月销售数据分析。

（9）重点批发客户管理。对二级批发商分级制定销售政策，规定任务量和价格，根据二级批发商的达成情况发放返利奖励。

(10) 价格秩序管理：经销商全部交保证金，一旦发现冲货争先恐后告状，“客座总经理”出面检查确认，对冲货方进行处罚，维护价格秩序。

(11) 内务管理。帮经销商分析销售数据，分析库存销售状况，了解销售进度和财务数据。分析存在的问题，制定下个月管理目标（比如改善品种结构、库存账目清损、账款追讨要建立信用控制制度）。

作者评述

对经销商进行“经营模式植入”的意义是什么？经销商的需求如何迫切，大家都明白，不用多讲。对经销商进行“经营模式植入”怎么做？希望这一节能给大家一点信心和实实在在的启发：外联智力资源给经销商老板作系统培训；全国巡回给经销商的员工作培训；建立经销商内部通用的管理培训手册，让厂家员工学习掌握之后下去指导经销商们复制落实，同时在执行过程中再对这套体系进行修订升级；帮经销商制作简单实用的管理工具推广使用；提炼总结经销商经营过程中的案例并变成知识产品，然后召开各区经销商交流会共同分享；帮经销商制定并推广销售人员考核方案；全国举行经销商销售人员某个专项的奖励竞赛；厂家输出职业经理人让经销商脱离管理“苦海”。

这些都是实实在在可作为的事情。只是需要一点决心，更需要耐心。当这些事情累加起来，对经销商的影响力肯定比你出费用搞促销要大得多。想象一下，当你能给经销商们推出金牌经销商培训方案（达到公司要求的优秀经销商），包括经销商老板、经销商操盘手、经销商普通员工的分层级两年制系列培训菜单，老板们会不会怦然心动？当你告诉经销商，厂家可以派职业经理人去经销商公司驻地服务，推行已经被样板经销商验证过的实用有效的《经销商内部管理手册》，他们会不会争先恐后学习？

最重要的是，对经销商进行“经营模式植入”是有技术壁垒的，不但收效显著，而且一旦你做到了，别人想模仿，可没那么轻松，这就是“蓝海”。

第六节 经销商合同签订

一、慎签独家经销协议，善用免责条款

前文提到，经销商是一张入场券，面对经销商这张“入场券”，厂家的通路布局要有战略意图，要“根据未来规划现在，而不是根据现在规划未来”。比如，不要盲目签订大客户独家总经销协议，免得给将来通路细化设障碍；比如，超市合同乙方如果是经销商的名字，将来一旦换户，手续复杂而且成本很高，所以最好早日启动卖场体系的三方协议；比如，要在经销商下面开设分销商，并把分销商纳入厂家拜访管理体系之中，为将来的分销变经销做好准备；比如，拓宽产品线，通过产品区隔构建新的经销商通路……总之，厂家在今天和经销商朋友们精诚合作的时候，就要规划好“未来我的业绩倍增如何在通路细化上得以体现”。

既然厂家迟早要对经销商通路进行调整，所以独家经销商合同签订一定要慎重，独家经销商合同的注意事项在前面已经简单讲过，此处在温习旧知识点的基础上再作深入论述。

1. 不要签“独家代理权”合同，只签“特约授权经销”合同

国内的法律目前明确定义了“独家代理权”，对“特约授权经销”尚未严格界定解释。你签“独家代理权”合同，然后再开第二户，对方可以上法院告你。你签“特约授权经销”合同，再开第二户，律师会告诉他说：“哎哟，张老板，这个事情目前法律上还没有严格界定。”

2. 免责条款

“我跟你结婚，白头偕老，但是保留离婚权利”——厂家保留开设第二户经销商或者直营的权利；“我可以跟你白头到老而且不离婚，前提是你要对我好”——厂家不开第二个客户或者直营的前提是，经销商能够把市场做规范、做细致，能够遵守市场秩

序、统一经营目标，否则甲方有权单方面解除合同。常用的免责条款如下：

（1）**销售目标**

双方确定年度销售目标和重点卖场单店销售目标，以半年为一阶段进行考核：

①如双方签订合同后××天内乙方没有订单和汇款到甲方账户，本合同自动终止。

②上半年未完成销售计划、重点卖场单店销售目标的，则甲方有权取消乙方经营权，将此卖场转给其他经销商。

③若全年未完成销售计划，则甲方同样有权取消乙方经营权，将此卖场转给其他经销商。乙方应做好转场工作和提供手续，甲方不给予任何补偿。

（2）**价格秩序**

乙方超出甲方书面授权区域渠道进行甲方产品的销售行为，视为窜货，累计窜货被认定两次以上，甲方有权解除乙方合同，无须赔付任何费用。

（3）**卖场价格秩序**

乙方应按照甲方提供的指导价格对卖场报价，以保证全国报价统一。乙方在报任何产品进卖场前，应经甲方当区经理书面同意方可报价，对于全国性及区域性 K/A 店，经销商向对方报价前须经得甲方营销总监书面同意后方可报价。如未沟通擅自报价，甲方有权取消对其的各项支持，造成超市卖场因价格问题对其他经销商罚款由乙方承担，本合同立即终止。

（4）**铺货率和市场表现**

对于乙方不操作（总部在城区县区有店铺，但铺货率达不到最低要求的视为不操作）的县、乡镇、村，或者虽已签订经营区域但在 3 个月内没有操作的，或者半年没有实现销售计划的，甲方可直接以分销商价格操作或授权其他经销商操作。

（5）**新品**

甲方根据乙方该产品的铺市、陈列情况，确定是否继续由乙方操作——若乙方在操作新品时，连续 2 个月内未进货，或者 2 个月内未将该新品铺市达到目标渠道 50% 以上铺货率，甲方可改由其他经销商操作。若乙方对甲方选择新经销商有异议，可书面抗辩，甲方可暂缓 2 个月操作，2 个月后由甲方决定。

（6）**廉政支持**

若乙方以任何形式向甲方销售人员、服务人员提供物质（或行为价值）的馈赠累计超过 200 元，则甲方取消乙方的全年奖励，同时有权终止合同。

（7）**专销约定**

乙方违反同品类专销约定，则一经证实，甲方有权取消乙方的全年奖励，同时有权终止合同。

二、合同内酌情体现软指标和过程管理思想

什么叫软指标？销量、回款是硬指标，但如果合同规定完成销量就能保住独家代理权，经销商为了“保命”，到时候一定有办法把销量给你冲上去。软指标就是指铺货率、生动化、大卖场进店率、大卖场陈列合格率等过程指标。

某国际领先饮料企业经销商合同中的返利奖励条款

（注：示例中的数字都已经修改，仅体现思路）

返利组成：

每销售一箱奖励0.3元/箱，准期付款奖0.3元/箱，专销（不经销指定竞品）再奖0.3元/箱；

发现砸价、冲货、付款不及时算违约，第一次违反专销约定扣当年截至违约当日销量的返利0.1元/箱，第二次扣当年截至违约当日销量的返利0.3元/箱，第三次扣当年截至违约当日销量的返利0.5元/箱。

奖励组成：

以积分计算奖励，年销量任务完成积5分；

指定下辖外埠区域开户率（那一年这个企业正在开发县级市场，要求各个地市级经销商半年之内在各个县开设分销商，而且能够正常配送、正常运转，这叫开户）达80%以上积2分；

大卖场供货及陈列80%以上积1分；

铺货率抽查合格积2分。

分析：这份合同就很清晰地反映了遵守市场秩序指标和完成软指标两个原则。

1. 遵守市场秩序部分

每卖一件货返利0.3元/箱，如果按时付款，返利又增加0.3元/箱，如果专销（不经销指定竞品）又增加0.3元/箱，那么实际上卖一箱产品返0.9元/箱。

发现一次违约，本年度年初到违约发生日销量的返利扣0.1元/箱；发现第二次，本年度年初到第二次违约发生日销量的返利总共扣0.1+0.3=0.4（元/箱）；发现第三次，本年度年初到第三次违约发生日销量的返利总共扣0.1+0.3+0.5=0.9（元/箱）。发现了三次违约，返利就扣光。

2. 完成软指标体现过程管理部分

（1）软指标的作用

年底奖励与经销商是否能完成铺货率、陈列合格率、大卖场进店率挂钩。在合同里体现这些指标有以下好处：

①引导经销商明确努力方向（要做好铺货、陈列、开户等）。

②过程做得好，结果自然好，一个经销商真的把这些指标做到位了，厂家也真的不会换他。

③软指标的“软”就在于厂家一旦想在铺货率、生动化这些问题上找茬，随时可以找出“茬”来，到时就可作为是否保留其独家经销权的理论依据。

（2）过程管理的思想

有一个经销商销量完成了，得了5分。另外一个经销商销量没完成，但是铺货率、生动化、大卖场陈列合格率和开户率都完成得很好，也是5分。

明白了吗？这家企业的经销商政策非常强调过程管理，这种经销商政策旨在通过打造市场秩序、终端表现，完成实际销量——他们相信：“过程做得好，结果自然好。”

特别提示：

这个方法中国的内资企业不能照搬。其一，没有销量坎级做提成制，销量的激励作用就在变小；其二，这种政策必须配套大量的检核稽查人员才会有效，否则所谓的过程指标、软指标、市场秩序指标条款就都成了摆设。

方法要变通，但思想完全可以借鉴，经销商合同里应当加入软指标和过程指标，内资企业在经营管理上往往缺乏这种长线经营的意识。

三、合同明确投诉渠道和违约责任

本公司秉承诚信经营原则，欢迎各位经销商伙伴对公司的服务流程、对公司销售人员的工作质量提出意见和建议，欢迎经销商通过网站经销商入口公共留言平台和定向留言平台留言，也欢迎经销商直接拨打总经理24小时值班投诉手机，号码×××。

甲方向乙方所作的任何承诺、计划、批复须有加盖公章和甲方指定授权人签字的书面文件。任何口头承诺无效。对无甲方有效书面许可的甲方业务人员的收现、借款、借物、调货，经销商均不予办理，否则视为乙方私人行为，概与甲方无关。

四、合同内明确报销手续、报销范围、违约责任

1. 费用事前审批

甲方按照公司约定标准对乙方支持卖场费用，乙方在进店前须详细填写K/A进店费用明细申请表，加盖公章，法人代表签字以传真或邮寄等方式送达甲方，书面批复后回传乙方，方可操作，对于未经过甲方书面批复就进店使用费用的，或者先进店后申请的，甲方有权取消支持，并可授权第三方操作。

2. 费用使用效率

甲方书面批准进店费用后，若乙方2个月尚未进店（以商品事实在货架上销售为依据），甲方可授权第三方进店，并不兑现条码费用支持。乙方按照甲方购入成本价从甲方购买异型堆和特殊陈列物料，在超市布置特殊陈列后拍照，回传甲方审阅合格后，甲方返还60%物料费用作为奖励。

3. 费用稽核和报支

若乙方在申请时虚报费用（虚报是以乙方申请的金额为依据），甲方可改变支持标准。发现乙方虚报费用，甲方可取消已批复的支持并追回已兑现的支持，取消全年的奖励。乙方报销费用必须按照甲方每季度发放的财务制度提供卖场入场费发票或发票复印件（如乙方一次性多个厂家入场须注明单品数，自行注明无效，如单独进场则必须注明本品牌）、DM原件、促销协议、照片、送货单等凭证，连同甲方批复的K/A进店费用明细申请表进行报销，缺少上述任何一项要求提供的依据，甲方对费用均不予以兑现。

4. 费用兑现

经甲方财务部门认定后的费用支持，甲方以货补的形式按认定后的费用，根据乙方每批汇款订货额（须经甲方核定）的一定比例进行兑现，兑完为止。

5. 条码维护

由于缺货、断货等乙方市场维护原因造成商超清场的，乙方须偿还甲方所支持乙方的条码费用。

6. 陈列维护

由于缺货、断货等乙方市场维护原因造成商超陈列不能满足陈列标准的，以致销售不佳，经甲方书面督促未进行改善，乙方须退回甲方所支持乙方的陈列费用，甲方有权终止乙方对该卖场的经营权，乙方应无条件配合转场，同时甲方无支付乙方所分摊的进店费用之义务。

五、合同条款要注意撬动经销商的力量

回顾所学过的知识：经销商是厂家的区域经理。厂家如何用好经销商这个区域经理？经销商运作当地市场的低成本优势是厂家无法取代的，厂家手伸得太长最终适得其反。厂家要发挥优势，强化管理职能和品牌推广能力（比如新品开拓、新渠道开拓、终端旗舰形象打造、品牌推广活动、价格管理等）。经销商要发挥网络熟悉、运作成本低的优势，完成终端配送周期性服务、产品铺货、终端形象维护、网点开拓，同时协助厂家的品牌推广活动。双方优势整合取长补短才可能避免厂商错位、“主劳臣逸”的陷阱。

厂家怎么用好经销商这个“地方武装”？厂家要尽可能增加自己在渠道资源（经销商）中的垄断（专销）和排他性（同品卖专销）地位。一个区域市场上的优质经销商很有限，你能垄断这个资源就给竞品设下障碍，否则你辛苦培养的经销商平台就可能给竞品创造机会。市场上的强势品牌大多要求经销商专销或者同类产品专销？这话的因果关系颠倒了——是绝大多数品牌都是从要求经销商专销或者同类产品专销之后才开始逐步强势的。具体办法有很多，可以硬性要求，也可以通过返利、奖罚、厂家支持来引导，总之随着品牌的日渐成熟，往这个方向努力不会错。

有关这方面的内容，建议关注以下合同条款。

1. 专销条款

产品成熟期的市场趋于饱和了。这时候要注意，返利里面要强调专销。在成熟期这个产品已经做大，你的经销商在当地已经比较“牛”了，这时候有很多人在瞅着你的经销商，想挖墙脚。所以这个时候注意专销条款（只准销我这一个产品或者不准销售竞品），要给竞品建立一个进入市场的门槛。

有人说国家法律不允许，这叫不正当竞争！你如果说“我的经销商不专销就立刻取消其经销资格”，国家法律是不允许。但是如果你的政策是“专销经销商年底返利是非专销经销商的两倍，专销经销商可以一次签两年独家协议，非专销的不行”——这样法律就管不着了。

对比较大的重点经销商，公司在合同上列明专销条款的同时，平时经营过程中也要注重专销促进——把他的闲钱全部“榨干”。

业务人员要随时注意跟经销商的财务人员保持良好关系，平时跟经销商打交道也要注意打听——一旦发现经销商手头比较松，有闲置资金，公司一定要及时出政策让他进货，激励他买车……总之别让他有闲置资金，免得“饭饱生余事”。

说明：专销条款其实也是一个软指标，经销商难免有意无意地带点其他品牌的同类产品。厂家发现会进行取证备案，保留证据，在单方面解除合同的时候翻老账：某年某月某日发现经销商严重违反双方所签署的合同，公然同时经销竞争产品，依据合同的第××条，双方解除合同关系……

2. 经销商人、车、资金、精力投入条款

回顾已学过的知识：经销商是地方武装力量，厂家要注意扩大地方武装的力量。或者细分通路增设更多的经销商，或者辅助经销商加人加车，同时调整产品结构、终端渠道结构，产生利润消化人和车的成本。总之，在成本可承受的前提下，市场上卖你货的人和车越多越好。

某酒水一线品牌经销商合同中相关条款

1. 车辆配置要求

经销商必须按照公司渠道规划要求配备销售专用车辆，每×万件销售任务配备车辆不少于1台。

2. 人员配置要求

经销商配备销售本公司产品的专职人员，必须同公司安排的行销员（含理货员）保持下列的人员比例关系：年目标销量在×万件以下的，厂商人员比例要求不低于1:1；年目标销量在×万件以上的，厂商人员比例要求不低于1:2。

3. 人员、车辆使用要求

经销商车辆、人员必须无条件配合公司行销员销售，以保证每天目标任务量的完成。经销商司机、随车人员，必须接受公司主管的管理、指导和监督。

4. 安全库存要求

经销商的库存量必须保证不低于×天的计划销量（即安全库存）。

5. 保证金要求

经销商必须统一交纳市场保证金，交纳比例为年合同金额的×%，在每年12月31日前足额交纳。市场保证金可以用于下月发货，但要求每月最后1天足额补齐。新经销商（经营本公司产品不满一年）统一交纳不低于×万元的市场保证金。

3. 给业务人员授予经销商管理权

回顾已学过的知识点：经销商是地方武装力量，厂家人员要收编地方武装力量，所以“厂家要给当区业务人员创造跟经销商博弈的筹码，业务员手里要有经销商的奖罚资源，比如康师傅常用的方法是，区域经理对经销商做新品铺货专案奖励（新品每铺一家奖励经销商多少）；比如立白的方法是，区域经理对经销商做一定比例的市场表现和专车专销过程考核等”。

应用解析：

有一个非常知名的饮料企业，在全球横行了一百多年。这个企业终端做得很细，每个经销商旁边都有厂家业务员去终端拿订单，经销商去送货。但经销商不乐意送——你拿了一箱的订单也让我送货，运费太高了。

好，针对这个现象，这个企业在中国做了一个经销商返利政策，很多人看不懂——配送补助：“张经销商本月销量1000件，其中他自行出货800件，另外200件是厂家的业务员拿了订单要他送货（这就叫送单200件）。自行出货的800件，配送补助0.1元/件，送单的200件，配送补助1元/件。”

这个政策，比较有经验的销售总监看完之后都会说：“不对!”

为什么不对？这个政策一旦执行，一定出现假单（就是经销商总共出货1000箱。

比如厂家业务员只拿了100箱订单，但他跟经销商说：“老张，我向公司上报我给你拿了800箱，你自己只卖了200箱。”——经销商一定愿意配合他造假业绩，因为这样经销商可以多拿配送补助），假单的结果就是经销商会跟业务员联起手来骗公司！

我请教这个公司的销售总监：“难道你看不出来吗？秃子头上的虱子明摆着的，这肯定是鬼哄鬼的游戏。”

他说：“我知道，我压根就没打算要真单子，公司上上下下也知道这是不公开的秘密。实际我们本来就预算给他平均每件货0.8元补助，我故意给他搞成‘自行出货0.1元/件补助，送单1元/件补助’，结果是经销商每个月拿多少配送补助，完全由当区主任掌控——帮我的业务主任拿到一些筹码。主任管经销商的时候就强势很多了：‘你小子你不听话，下个月我只要一查，把那假单一砍掉，你的配送补助立刻下降。你听话，我下个月给你多写两箱。’”

还有一个法国的知名乳品企业，也是业务员拿订单，让经销商去送货，然后每个旺季给一到两个名额的“车补”（1000元/车·月）。这个政策其实还是鬼哄鬼，经销商拿了这1000元车补，会不会真的腾出一个车给你用？不会！不可能！这也是增加基层主管筹码的方法——车补的多少，还是在当地主任一句话，我拿订单你配合我给送货，送完我的货你再送别人的货，我睁只眼闭只眼。如果你把我的货都送不到，我立刻让你下个月的车补取消！

特别提示：

有的时候返利故意搞得模糊，是给当区主任一些执行杠杆，但是这个方法容易滋生内部腐败，因此只能阶段性应用。同时要加大内部稽核力度，把这个东西做成一个悬在经销商和业务经理头上的达摩克利斯之剑（不查你也就罢了，一查就能“毙”了你）。会议上再敲打敲打个别人：“这个政策公司知道会有假单，也知道在座的有的经理拿手里这点权力跟经销商要吃要喝要回扣，我请各位自觉自重，不要以为公司不知道，‘不是不报，时候未到’，都给我收敛点。”

某知名酒水企业的经销商考核政策：办事处和市场部每月根据经销商实际销量、市场配合度及市场管理要求，对经销商进行KPI考核打分，经销商每月的月返是根据打分结果得出的，有权对连续两个月考评低于50分的终止合同，具体考核指标如下：

项目	指标	定义	权重	数据来源
KPI（关键绩效指标）	进货量目标达到率	进货量实际达到量/目标任务量	30%	办事处
	出货量目标达到率	出货量实际达到量/目标任务量	20%	
	新网点开发目标达到率	实际开新网点数/计划开点数	30%	
	原有网点保持率	原有网点每丢失1个点扣0.5分	20%	
GS（工作目标设定）	专用车辆配备	实际车辆数对比要求车辆数，少1车次扣1分	倒扣项，上限扣20分	区域主管/市场主管
	市场人员支持	实际人数对比市场要求人数，少1个人扣1分	倒扣项，上限扣20分	
	KA管理	按照协议要求维护、使用专用送货单并及时反馈KA销售数据，少一单扣0.5分	倒扣项，上限扣10分	
	库存管理	安全库存低于目标要求的，每天扣1分	倒扣项，上限扣20分	
加减分项	市场服务	城市零售终端6小时内送货到位；乡镇零售终端12小时送货到位；KA终端2小时内送货到位。否则，每出现投诉一次扣1分	倒扣项，无上限	区域主管
	窜货管理	区域内窜货，一经发现扣20分；区域外窜货，除接受公司督察处处罚外，另加扣20分	倒扣项，无上限	区域主管/督察处
	产品价格及促销管理	违反公司产品价格体系及促销政策的，每次扣2分	倒扣项，无上限	市场部
	市场配合度	不配合市场策略执行或检查整改不到位的，每出现一次扣2分	倒扣项，上限扣20分	办事处经理/主管
	投诉奖励	销售办事处、市场处、督察处不尊重事实或因个人利益没有得到满足而对经销商进行报复的，每投诉一次，经查实后奖投诉人5分	附加分项，上限加5分/月	经销商

第七节　经销商考核奖励政策

一、你要什么，就考核奖励什么

这些年我出席很多家企业的经销商大会（给经销商作培训），发现经销商大会越开越“花哨”了！大会上都有一个栏目：让经销商上台领奖。前几年经销商领奖无非是销量奖，了不起多一个增量奖。这几年经销商大会奖项越来越“花哨”：“成长奖”、“客户开发奖”、“超市渠道经营管理奖”、“终端形象奖”、“新品推广奖”、“信息反馈奖”……

某知名食品企业经销商年度奖项

1. 金鼎销量奖

根据年度区域内经销商直供而产生的销量进行评选，共××名。

2. 金钻效益奖

根据年度内经销商开单金额减去相应市场费用（不包括运费）后的净收入进行评选，共××名。

3. 飞天速度奖

根据年度内经销商直供的销量与上年同期进行对比，按增长率高低进行评选，共××名。

4. 双赢配合奖

根据公司产品聚焦策略和车销模式执行配合度的考核得分进行评选，共××名。

5. 特别贡献奖

在销售区域内为公司作出特别贡献的经销商，由经理办公室提名产生。

实际上一个行业或一个企业对他的经销商用什么奖励，标志着这个行业市场竞争是否成熟，标志着这个企业怎样看待营销这两个字，标志着这个行业市场竞争的焦点在哪里。有因就有果，厂家在经销商促销奖励设置上的不同导向，决定着不同的市场结局。

如果你反思自己现在的经销商政策还是仅仅考核销量，说明你对营销的认识很初级，快点改进吧！

问大家一个问题——我念一句初中英语课文的开头，看能不能背出下半句。

“Long long ago”下一句是什么？

对了！“There is a king”！

你看怎么这么奇怪啊？咱们都已经早就走上工作岗位了，可能有的人更年期都快到了，为什么我一说“Long long ago”，你还能想起来“There is a king”呢？

因为老师在考试前会给我们画考试重点。老师说“Long long ago”这篇课文必考，然后你看那段时间，早读咱们全部“Long long ago”对不对？不管懂不懂“Long long ago”是啥意思，先背会再说，以至于15年之后你还能背得出来下半句。

管理学中有句名言：“员工永远只做你考核的，决不做你希望的。”

经销商跟员工一样，你考核什么他给你干什么，因为你的考核奖励政策就是在给他“画重点”，但是注意他们给你完成考核指标的时候往往不择手段：你考核销量，他们就冲货、砸价；你考核新品业绩，他们可能就完成新品的提货量而不是实际销量；你考核超市渠道表现，他们可能临时制造虚假终端表现和虚报销售数字。

一个厂家关注什么问题，想让经销商做什么事，就在促销政策里给经销商设什么奖项，而且奖项设置要避免他们钻政策空子“不择手段”的副作用。

记住：在给经销商设计促销政策的时候，你得知道自己想要什么——你想要他们干什么，就给他们设置什么奖项，同时更重要的是你得知道自己不想要什么。奖项设置要结果与过程并重，同时加大稽核力度。

如：你不想让经销商月底压货库存虚增完成销量，那就推出两个政策。

其一，不仅考核厂家业务员和经销商的提货量，每月月底清点经销商库存量，经销商库存数字只计算厂家业务员的一半销量。

其二，进货时段奖励。9月15日、25日、29日为返利计算日，每次返利仅计算该时段销量，不可累加。

☆9月1日—9月15日（含15日）完成率≥50%，返利为进货额的2%；

☆9月16日—9月25日（含25日）完成率≥90%，返利为进货额的1%；

☆9月26日—9月29日（含29日）完成率≥100%，返利为进货额的0.5%；

☆月度追加奖励：当月20日前月度完成率≥100%，追加月实际销售额的0.5%作为返利。

二、经销商奖励政策的误区防范

1. 坎级设定

“经销商如果进货5000箱，返利每箱1块钱；进货10000箱，返利每箱2块钱，进货30000箱，返利每箱4块钱——销量越大，返利越高。”

请问这个政策导致的结果是什么——砸价，大经销商把这个政策往手里一拿，就知道了——我能卖30000箱，所以我的返利是厂价减4块，厂价34块，我就敢31块往外抛（因为抛完了我还挣1块）。于是，他31块往外抛，就会造成小户不敢跟。于是大户越来越大，小户越来越小。

那么坎级奖励能不能不用？打今儿起咱们一刀切，不管进多少，奖励都是2毛，可不可以？不现实。哪个总监不知道坎级奖励要砸价？但是他们就是“昧着良心”要做这个政策。为什么？这个政策起量快——于公于私，坎级奖励都得做。怎么做？我先给大家一个坎级设定的技巧。

提问：假如去年你的经销商销售额有5万元的、有6万元的、有7万元的、有8万元的、有10万元的、有20万元的、有30万元的、有40万元的——从5万元到150万元都有，你说今年返利坎级定多少？

不是120万元——坎级太高，大部分客户没有兴趣，打击一大片。

也不是5万元——坎级太低，根本没有激励作用。

在定今年坎级的时候，一定要回顾去年的销售额，抓“主流资料”。什么叫抓“主流资料”？表面上你的经销商销售额好像是很分散，但是把他们的销售额标在坐标轴上，就会发现有几个数值是主轴——小客户大多数销售额在10万元左右，中客户可能销售额在60万元左右，大客户可能销售额在140万元左右。今年的坎级定多少，答案就出来了：“15万元一个坎级，75万元一个坎级，165万元一个坎级。”——我让去年卖10万元的客户，今年“跳一跳”，争取15万元；去年卖60万元的客户，今年“跳一跳”，争取75万元；去年卖140万元的客户，今年“跳一跳”，争取165万元。

真正有经验的销售总监，把他明年的政策定完，把这些客户名单看一遍，明年的增量心里就有数了。为什么？他对客户也很熟悉，15个去年卖10万元的小客户，哪个客户有潜力可以努力“够”到15万元，哪个客户“够”不着——他心里清楚。一拨算盘，有9个客户，可以增加到15万元，这些小客户明年的总共增量应该在（15－10）×9＝

45（万元）左右……

这个做法好处在哪里？你定的政策“销售额165万元”送汽车，对去年卖10万元的客户有没有吸引力？跟他们基本没关系啊！你定的“销售额15万元送自行车”，对去年卖140万元的也没有吸引力，他看不上！

这样，即使砸价，大家也是在各自的主流数据圈子里砸，不会砸得太狠。

2. 组合坎级政策

某日化企业的订货会政策

美博会上经销商交款6万元，送一辆价值2.8万元的货车。同时要加1万元保证金，必须保证会后6个月持续进货20万元，否则不退保证金（相当于1万元买了一辆价值2.8万元的车）。如果会后6个月完成20万元订货量，则双倍退还相当于保证金金额的货，如果20万元货款里面含1万元防日晒产品，可再享受等价值的产品奖励。

分析：

首先看看促销力度，假设该经销商完成任务，而且后6个月卖了1万元的防晒霜，拿完奖励的话经销商打款总共6万+20万=26万，获得奖励为2万（双倍保证金）的货+1万元防晒霜奖励+2.8万元的车，共计58000元，促销力度为58000/260000=22%。其实在化妆品行业22%的促销力度并不算大，但是你仔细看这个条款，“会上经销商交款6万元，送一辆价值2.8万元的货车”，会觉得促销力度很大。

这个政策就是典型的连环套：“进6万元货，送1辆车”，这是最简单的促销思路，没有套；然后说“同时必须交保证金”——这就是第1个套子；接下来“会后6个月持续进货20万元，否则不退保证金”，但是正常人是不会甘心保证金要不回来的，肯定会在后6个月里不卖其他产品，全力推这个产品完成任务量——这是第2个套子；注意你交的是现金，他退的是货，而且没有指明什么品种，给你什么你就得拿什么——这是第3个套子；完不成任务就不退保证金——这是第4个套子；如果20万元货款里面含1万元防日晒产品，可再享受等价值奖励——这是第5个套子（这几个月是防晒霜淡季，公司需要处理库存）；所谓等价值奖励的还不是钱，而是产品，你又得卖——这是第6个套子。江湖险恶，这种连环套政策，你要么就别沾身，只要沾上你就跑不了。

同样原理再看两个案例，大家自己体会组合坎级政策里面的“险恶用心”吧。

某国际知名碳酸饮料企业年度奖励政策：下年度支持奖励是对当年完成销量目标，继续和本公司合作，且已续签销售合同的经销商的次年销售活动的支持。此奖励在经销商完成次年第一季度销量的前提下，在第二季度的第一个月以产品形式给予。

某方便面领导品牌销售政策：1、2月份捆绑销售奖励。1月份经销商完成当月任务量，给当月进货额4个点的返利——白条（不兑现奖励）。2月份完成当月任务量，兑现当月进货额4个点的返利，同时兑现上个月的白条。2月份完不成当月任务，当月返利取消，同时1月份的返利白条作废（或酌情从1月份返利里面倒扣）。3月15号以后，方便面进入淡季，所以再出台上旬奖励——经销商上半个月完成销量的70%，当月返利2个点，否则当月拿1个点。

3. 销售竞赛规则完善， 防止漏洞

以销售竞赛为例：华北销量最大的经销商年底奖车奖楼。

这个促销政策，对销量有直接帮助。但是这个政策，华北区30个经销商会有几个客户感兴趣？就那3个最大的，对不对？这是正儿八经的“大户热身俱乐部”，但是这几个大户一旦动手争这个奖品，销量就起来了。

销量竞赛里“更可恨”的现象是“偷鸡不成蚀把米”。

你们有没有见过这样的大户——规定3000万元销售额送一套房，他从1月到10月都不好好进货，到11月问：“还有几个月到期？还有两个月。我还差多少销售额？还差2500万元。给我2500万元的货，另外把奖品拿来。”——这种客户根本就没打算卖货，他不是想要货，他想要奖品，把奖品拿来，然后这个货就开始砸价往外出，这个时候厂家又危险了。

销售竞赛也罢，坎级奖励也罢，规则要全面，别给人空子钻。

第一，为了防止“大户热身俱乐部”，销售竞赛一定要搭配增量奖励——小户虽然没有达到第一名，奖不了车，奖不了楼，但增量大我给你增量奖，保证小户的利益。

第二，跟经销商签销售竞赛协议的时候要签完整：“你达到销售第一名（或者你达到销售额3000万元），每月进货量不低于150万元，每月进货品种不低于3个，而且每个品种销售额不低于30万元，每月安全库存最少1000箱，不经销竞品，不跨区砸价……我们才‘奖车奖楼’。”你得把限制条件写清，省得这位大经销商1月到10月不理你，11月大量进货砸价出货，叫你偷鸡不成蚀把米，实际销售额没提升还赔上了一套

房、一辆车。

第三，厂商务必从销售竞赛的第一天就按照竞赛规则严格检查，天天督促他、吓他：“哎！老张，这个月快到月底了，你本月进的品种不到3个呀，要赶快补齐……你可千万别砸价，否则让我抓住你，前面卖的30多万元的销售额就不算奖励了。”——切忌在促销活动的时候听之任之，而到年终结算时突然拿出一堆经销商“违规作业”的证据，并拒绝给经销商兑现奖励，肯定会打起来！

4. 奖励额度模糊，防止砸价

（1）推荐方案“赛跑法”——把销售竞赛变成赛跑分蛋糕

把当地经销商按销量分组，每个经销商定一个目标量，每组经销商定一个奖金基数（比如大经销商奖金基数大，10个经销商总计奖励10万元；小经销商任务量小，奖金基数小，10个经销商总计奖励7万元）。然后对每组经销商设定一个奖励人数（比如该组共有10个经销商，本次奖励前8名），然后按照完成任务的时间前后决定奖励人选（奖励首先完成任务的8个人），这8名经销商按照任务完成率权重来分配小组奖励基金（比如某经销商是完成任务时间排序的前8个人之一，享受奖励权利，该经销商奖金=该组经销商的总奖金基数×该经销商任务完成率/8名经销商任务完成率之和）。

（2）推荐方案“彩票奖励”

不管是年度返利、坎级奖励、销售竞赛，都有可能造成砸价。返利额度越透明，砸价的空间就越明确。采用暗返形式，经销商又不放心，不知道厂家的返利会不会随行就市变动。在此推荐一个能够把奖励额度模糊化，又能让经销商放心的案例，大家体会其中意思，自己可以创新执行形式。

某企业给经销商的返利采用彩票形式。签订季度任务量协议的时候，返利的数字必须用黑色块遮住（类似彩票的刮奖区）。签约时，经销商和分销商都不知道返利的具体数字，在结算返利时，厂家、经销商、分销商三方共同刮开黑色块揭开谜底。

（3）推荐方案阶段性紧急降价

常常有业务员突然会神秘地告诉经销商：“2天之内进货一箱返2元，过期不候。”

经销商往往热情高涨，马上会张罗着找资金准备库房。

为什么？

其实各厂家的出厂价和经销商返利额度，大多批户都可以探听到，经销商的进货价在批发市场上透明度极高，也就无法涨价以“牟取暴利”。而这种短期的突然降价，由于操作时间短，告知仅限于经销商一层，属“暗度陈仓”行为。经销商自然可以把这一部分额外的利润装入腰包，而这种动作往往就是厂家蓄意赠送给经销商的礼金，是一支通路信心调节剂。

当然，有时候这种行为也带有处理即期品的意图。类似这种形式的突袭动作，要注意的就是高度保密，以确保经销商的利益。需注意的是每个客户要限量供货，防止经销商借此特惠价大量接货，跨区销售。

（4）推荐方案“返利改股票”

我去一个家电企业作培训，人家把去年的经销商返利合同拿出来，我一看，晕了！——经销商返利计算公式用小4号字在A4纸上打印了一行还带换行（经销商第一季度的高端机销量×30%，减去第二季度特价机的销量×20%，完了再乘1.5倍，完了再加……）。我说：“我怎么看不懂你这公式啊？”他说：“那就对了！”——大家明白里面的意思了吗？经销商为什么砸价？就是因为他们太清楚自己的底板价了，这个公司把经销商返利的计算模式搞得很复杂，很多经销商也不知道年底能拿多少钱，砸价就相对少了。

更绝的是这个公司把年底返利改了个名字，叫股票。培训课间休息时一个学员告诉我，他有这个公司600股，我以为是股东来了，连忙说“失敬，失敬”。后来一问，这家伙是个经销商——所谓的股票就是进1车货算1股，进10000车货，算10000股，年底给他股票分红。

年底股票分红——说白了，这不就是返利吗？但经销商感觉不一样啊——都能股票分红了，好像翻身做主人了。

问题是，你手里哪怕有80000股，1股值多少钱呢？这又不是上市公司，财务不透明，将来就看总经理站在台上说“今年我们公司经营不善，1股分红值1毛”，还是“今年经营状况很好，1股分红值10块”。

劳心者治人，厂家老总往自己办公室一坐，变变股值，调动经销商的积极性很轻松。到了旺季生产部产能跟不上了，运输部运输不过来了，怎么办？宣布本月进货股值打8折。唰！立刻没人进了。到淡季没人进货了，宣布本月进货股值翻倍。唰！立刻有人进货了。想让经销商卖高端机（比如说电脑模板的微波炉）——宣布卖电脑模板的微波炉股值翻倍。唰！经销商立刻全部卖电脑模板的微波炉。老总往那一坐，玩玩股值，800 个经销商就要围着他团团转，这就是中国式的狡猾和智慧。

特别提示：这个方法只适用于产品好销的时期，经销商对厂家和产品有信心。如果你的产品本来就很难销，还要告诉经销商年底我给你多少返利很难讲，肯定会迎来砖雨（板砖之雨）。

三、用涨价杠杆促销

商人总是买涨不买落。

可口可乐很多分厂销售总监到月底一看任务量完不成，怎么办？涨价，一涨价销量就完成了。

我问你，价格要从 5 元涨到 6 元，你是一次涨到位，还是两次涨到位？

相反：降价要从 6 元降到 5 元，你是一次降到位，还是两次降到位？

中国有句古话叫：“福无双降，祸不单行。”在价格游戏里要给翻过来：“福必须双降，祸一定要单行。”——涨价可以接连分两次三次执行，降价要一步到位。

涨价可以接连分两次三次执行，为什么？设想一下，厂家希望用涨价来调整经销商进货积极性，那么我们当然希望刚给经销商一说涨价，他赶紧跑出去进货去了。但是这样做时间长了，他就“皮了”、“麻木了”，对你的涨价信息不那么敏感了。那么怎么“折磨”经销商让他恢复敏感度呢？

［**举例**］

我们打算把价格从 5 元涨到 6 元，第一次先涨到 5.4 元。

业务员：老张，要涨价了，赶紧进货。

经销商：（很拽地）不进，少来这一套。

（结果：过了 3 天真的涨到 5.4 元）

业务员：老张，我说让你进货，马上要涨价，你不相信，后悔了吧？你少进 1000 件货，一箱折 4 毛钱，1000 箱折了 400 元。

经销商：（心里疼，嘴上还嘴硬）没关系，我不在乎那点小钱。

业务员：我说老张，你信不信，过两天还得涨一次，再不进你还得吃亏。

经销商：（觉得不可思议）啊？过两天还涨一次，你蒙谁呀？不可能！

（过两天一看，真的涨到5.8元了）

业务员：老张，后悔了吧，我给你说点内部消息你还老不相信我，现在已经涨了8毛钱了，你要是早听我的话进2000件，可就白白多挣1600元。

经销商：（恨不得自己打自己嘴巴子）哎呀，哎呀！下次有消息通知我。

业务员：不用下次，这次就有，后天可能还要涨，你信不信？

经销商：（哭着跑出去拿钱进货了）哎呀，你们厂是疯子呀？哎呀妈呀，受不了了，一周涨3回价呀！

业务员望着经销商的背影会心地"狞笑"。

分析：利用涨价促进经销商进货意愿，这是大品牌玩的游戏，少儿不宜——小厂家别这么搞。另外涨价分步骤一年半载偶然来一次（不要经常这么做），绝对可以让业务员在经销商面前"言出如山"，经销商被你"整"的，下一次你刚一说"涨"——"价"字还没出来，噌！他已经跑出二里地外拿钱进货去了。

相反，降价千万不能两步到位。

还记得吗，咱们小的时候有个相声段子——楼上小伙子扔靴子？

一楼住了个老头，二楼住了个小伙子，这个小伙每天下夜班穿着大皮靴噔噔噔噔跑上楼，把两只靴子往地板上一甩，"咣咣"两声，吵得老头睡不着觉，心脏病都要犯了。老头给小伙子提意见："你回家不能轻点吗？你每天'咣'一只靴子，'咣'一只靴子，两只靴子一扔，你把我老头整得半夜睡不着觉。"小伙子听完记住了，第二天一下班，又忘了——噔噔噔噔跑上楼，咣！扔了左脚的靴子，突然想起来了："哎哟，老爷爷睡觉被我打扰了，行，这只不扔了，脱下来慢慢放地上。"结果，第二天一大早，老头红着眼睛找上门来："兔崽子，你昨天干吗只扔一只靴子？我等你扔第二只靴子一宿没睡觉。"

跟上面这个例子的意思一样，降价千万不能两次到位，你要告诉他，我们降价从来都是一步到位。否则——"老张注意要进货了，我们快降价了"，过两天"老张我们还要降"，再过两天"我们还要降第三次"——那经销商估计会说："拿酒来，听说喝完酒杀人判得比较轻。"下次降完价你让他进货，他会觉得："哎哟，还不能进货，为什么？这个厂神经病，降价降两次，过两天可能还要再降一次。"

四、缩短经销商考核结算周期

各位读者：你们在企业里面工作有没有压力？压力大不大？

我知道所有人都会回答压力很大——你说你压力大，是因为你不知道别人压力有多大。我在外企的时候也以为自己工作压力很大，看了中国的内企才知道什么叫压力——很多内企业务员一年干362天（只有大年初一、初二、初三放假）。

中国民营企业用的招儿，土得可怕，但有用得要命！

大多数企业考核销量，是一个月考核一次，奖金一个月发一回——所以就造成员工每个月月初的时候就会松口气：“1号2号没进货，不怕，还有28天呢！”

我培训过的一个很大的食品企业，给员工、给经销商多少时间考核一次？3天！在这个企业总监办公室旁边挂了个大黑板，写着全国1000多个业务员和经销商的名字，3天登记一次销量，3天做一个排名——如果你今年这3天的销量比去年同期有所下滑，对不起，给你挂一个黄牌，一个月挂3次黄牌——对不起，下岗！

你说你在这个企业能不能喘气？你还没喘气呢，3天到了！

这个道理是不是可以用到经销商管理上呢，很多厂家的经销商返利是年度兑现，一年到头才结算，前10个月根本没有激励作用，我们给经销商也搞“3天一个黄牌，一个月×个黄牌下岗”显然有点难操作。但是如果我们给经销商缩短结算周期呢？对经销商按月考核，甚至按旬考核发货周期呢？

再来看看前面讲述的一个案例。

进货时段奖励：9月15日、25日、29日为返利计算日，每次返利仅计算该时段销量，不可累加。

☆9月1日—9月15日（含15日）完成率≥50%，返利为进货额的2%；

☆9月16日—9月25日（含25日）完成率≥90%，返利为进货额的1%；

☆9月26日—9月29日（含29日）完成率≥100%，返利为进货额的0.5%；

☆月度追加奖励：当月20日前月度完成率≥100%，追加月实际销售额的0.5%作为返利。

特别提示：这个方法值得借鉴，但要注意适用对象是产品在增长期，相对同行有卖点，经销商利润高，经销商网络比较粗放（比如以省市级代理为主，全国还有一些空白区域），对砸价不是很敏感的企业。

五、收经销商保证金

我曾经到上海给一家德国的木地板企业全国各地的经销商作培训，那次培训真是终生难忘。销售总监是女的，个子不高，看着很文静，不像一个做销售的人。开训前总监讲话：“今天魏老师讲课很难得啊，大家都把手机给我关掉，谁的手机响一声，下了课自己给我交1000元罚款。”（我在旁边心里直乐，这总监真是不知深浅，哪能把经销商管成这样？）

讲完课之后，总监又站出来，厉声说：“刚才上课手机响的3个人，给我出来！”唰！立刻有两个经销商乖乖地站起来。

这个总监又提高音量来了一句：“还有一个，是不是让我把你揪出来？”话音没落，又怯生生地站起来一个经销商。

总监看着这3个人说：“你们上课为什么手机响？不用解释，交钱。”——3个五大三粗的总经销啊，竟然真的乖乖地现场把钱给交了。

你们什么时候见过厂家把经销商管成这样？这也太幸福了！别忘了这些人都是省级总代理啊！

怎么管成这样的，知道吗？

第一，他们的木地板行业毛利很高，省级总经销做他的产品，一年赚100多万元。

第二，想做省级代理的，全部要先给这个企业打几十万元保证金，厂家手里抓住经销商的钱，才能主动，这是个“杨白劳逼死黄世仁”的社会。

关于经销商政策制定，最后给大家讲如何收经销商保证金的技巧。

1. 先打麻药

你看医院的医生给你拔牙的时候，会先打麻药再拔牙。

收保证金，经销商疼不疼？疼！所以也要先打麻药，怎么打？

企业收经销商保证金一般什么时候收？销售年会，年会上销售总监往台上一站，回顾今年光辉历史，展望明年美好未来，宣布明年元旦、五一、中秋、国庆节、圣诞节、教师节、妇女节、父亲节、母亲节、情人节……各个节日投多少新产品给你们免费品尝、广告片给你们看、促销品给你们看——总之要让经销商听完以后激动得“脸蛋子像西红柿，鼻子直冒白烟”，感觉跟这个企业再合作，明年那就发了，然后突然宣布：“收保证金。”

同时你要给他一个解释，为什么收保证金：

第一，“收保证金不是我们厂家想要钱，而为了保证大家能赚到钱——交了保证金不砸价，经销商就有钱赚，所以收保证金是为你们好”。

第二，“你们的钱厂家不白拿，到年底按银行利率的两倍给你们返还利息”。

第三，“今年虽然你们交了保证金，但公司在政策上会有大力支持，让你们赚钱更多”。品牌比较知名的企业，一般这三针麻药下去，大多数经销商就晕了！

2. 远交近攻

先打麻药再收保证金的前提是经销商对未来的美好预期和对厂家的信任，中小企业光用这一招可不行——一定有人不买账，公然对抗！

第二招是外交手段：远交近攻，分而治之。要收保证金了，我得提前考虑好把经销商分三六九等，对有可能跳出来闹的我要提前打点。

比如：东北、内蒙古这两个区域离厂家总部很远，厂家在当地一个业务员都没有，两个大经销商替我管理市场，网络全在人家手里，这个市场不能收保证金，这两个经销商是“祖宗”，要强行收保证金肯定闹事！

先得把“祖宗”摆平，请吃饭，开诚布公谈一谈。

厂家：“祖宗”，我要收保证金了。

“祖宗级”的经销商：不给。

厂家：我知道你不给，我没打算找你要，但是你别闹，知道吗？年底我要开大会收保证金，那天你要么别来，来了你就别说话，只要你不闹，后边我给你额外促销支持。

山东、河南、河北有几个大批发商，虽然当地有我的办事处，网络在我手中，但是这几个是大客户，大客户一般销量一大脾气就大，这几个不是“祖宗”，是“爷”。

这几个“爷”也要摆平。

厂家：爷，我要收保证金了。

“爷”级经销商：不给。

厂家：你再说一遍！

“爷”级的经销商：不给。

厂家：你不给我剁你。

“爷”级的经销商：（恨得直咬牙）我给。（毕竟网络在厂家手里）

厂家：你别怕，你们几个是大客户，你们给了保证金我给你们额外政策，我再通过别的形式促销支持给你补偿，你给我十，我返还不了你十也得给你八！你要是不给，你别怪我——“不换脑就换头”！

好了，现在把几个祖宗摆平，把几个爷摆平，然后开经销商会议。先大力煽动，说我们去年的光辉历史，明年的大好形势——“打麻药”，量下足。然后突然翻脸，每人发一份经销商合同：“各位，明年要现款销售，而且要收经销商保证金，大家看一下合同，愿意合作的签字，不愿意合作的，门在那边，往外走。”

我就亲自这么干过，本以为这么干完，经销商肯定得走三五个，结果发现我宣布完之后，经销商全部大眼瞪小眼互相观望：“咦，那几个祖宗怎么没来呢？这几个爷怎么不闹呢？你们不闹，我也不闹。”

结果经销商含着泪，抖着手签了一张“卖身契”，签完了之后，心里服不？不服！不服怎么办？拉锯！我拉过来，你拉过去。厂家难免要抓两个典型“死给大家看”，同时产品上、促销支持上、广告投放上、承诺兑现上让全体经销商确实看到今年的形势比去年好得多。恩威并施，最后勉强成习惯，习惯成自然。经营开始主动，市场良性运转（厂家变赊销政策为现款政策也是用这个思路）。

顺便讲一个相关的小技巧：如果这一次的经销商大会上，我们签的协议表面上看起来对经销商“不利”——可能引起纠纷，经销商大会开完之后要赶紧嘱咐业务员做一件事——把经销商哪来的送回哪去，赶紧发送回原籍，驱散！千万别创造机会让这帮人聚堆，越说越恼火，聚众闹事打上南天门（到公司总部集体请愿）了，到最后那就不好办了。一定要远交近攻，分而治之，打散他们内部的联合。

3. 借钱不还

收保证金第三个方法很通俗——借钱不还。现在很多厂家都在用，只不过有的厂家是真的不还，有的厂家是晚点还钱。

比如返利年底兑现，促销搭赠品让经销商先垫支，刮刮卡的促销费让经销商先垫付。

4. 诱敌深入

广东某炉具企业的经销商返利政策：

☆严格执行大区代理制（每省一到两个代理商）；

☆首次进货铺底10%；

☆第二次进货开始每次进货收进货额的3%作为保证金；

☆产品编码标识、冲货重罚。

分析：这个企业严格保证大区代理制，重罚冲货，价格稳定利润高，对经销商造成诱因。

首次铺底10%——意味着第一次进货拿90万元货款，厂家给你价值100万元的货物，铺底赊销10%——经销商当然愿意。

第二次进货扣3%保证金——经销商第二次来进货（这个时候说明第一次货卖掉了，赚到钱了，经销商合作意愿较第一次进货时的“观望”、“试试看”有很大改善）——对不起，我扣你3%保证金；第二次你打款100万元，我给97万元的货，扣你3万元保证金。你说经销商给不给？给！为什么？前面还欠厂家10万元呢，而且一定是第一次卖完感觉能赚钱，才回来二次进货的。

第三次再扣你3%，给不给？给，为什么？前面还欠你10万元呢，第四次……到第五次、第六次，两家就“打平”了。可能第六次，就开始厂家欠经销商的钱了，经销商也能接受，首先因为他重复进货次数越多，说明他越认可这个产品，其次毕竟前面经销商也欠过厂家的钱。这样他心里就平衡了——这叫诱敌深入。

作者评述

经销商政策制定技巧讲完了，有两件事情要向大家说明：

第一，这样做是不是不诚信。

尤其“收保证金”、“分阶段涨价”、“独家经销协议软指标”，几个招数可能会招来一些读者（尤其是经销商）的非议——这些方法怎么这么损呢？不诚信！

各位，在商言商，这个世界有很多人看起来在“不诚信”地做好事，医生要给病人截肢还要告诉病人“没事，明天就好了”，律师有时要给坏人作辩护。所谓诚信，关键看你最后做什么，能不能履行诺言和商业契约，能不能让你的商业合作伙伴赚到钱，中间的过程细节不必深究。毕竟我们的目的是市场秩序更好，价格更稳定，经销商更加主推我们的产品，大家都有钱赚！

如果说这个过程中我们玩了什么招数，那也是阳谋，不是阴谋，最多算是预谋！

第二，不要用“公司政策”有漏洞给自己的业绩不好找借口。

经销商这个模块的内容，我在内训的时候面对业务人员一般不会讲——讲完常常把这个企业现在的政策漏洞暴露出来了，有副作用。

今天，我们看到很少有哪个企业的销售政策按照这些理性的原则去制定，原因有三个。

其一，这个企业领导的水平不行，他不懂得应该怎么制定政策。

其二，销售总监的打工心态——我这个总监就当两年，我要在我任期内把量冲上去，有些事情明知道有副作用也要做。

其三，销售总经理管的是全国市场，看的是整个全国一盘棋。不是仅仅看一个个的区域，站在全国总监这个岗位上，真的要考虑整体销量的增加。有时候明明正在养大户，甚至在纵容冲货，那也是“牺牲小你，完成大我”——为了完成大局稳定，牺牲个体利益。

我希望大家在听完我讲经销商政策怎么制定后，不要起副作用：“哈哈！我可明白了，为什么我这个区域的销量完不成了，主要是我们总监定的政策不行！”

给大家讲个故事：

一只小鸟飞往南方过冬。为什么要去南方过冬？因为南方的冬天天气暖。刚飞到中途，突然来了一股寒流把这个鸟冻僵了，小鸟掉到地上。这时候过来一只牛，牛拉了一堆牛屎，把鸟盖住了，鸟在牛屎里面，就感到很温暖，然后就开始唱歌。

鸟在牛屎里唱歌，过来一只猫，听见牛屎里有只鸟在唱歌，就停下来看个究竟，把鸟一口吃掉了。

这个故事告诉我们一个深刻的道理：

把你踩进屎堆里的，不一定是坏人。

把你从屎堆里刨出来的，不一定是好人。

当环境对你不利的时候，请闭上你的鸟嘴！

明白吗？如果你觉得总监定的经销商政策伤害了你的区域，造成了大户冲货、砸价，造成了你在经销商面前没有筹码，请记住：牛就是你的总监，牛屎和寒流可能都是企业的政策；你就是那只鸟——

第一，“把你踩进屎堆里的，不一定是坏人”（你觉得公司的销售政策对你不利，其实公司不是针对你而是针对全国市场）。

第二，“把你从屎堆里刨出来的，不一定是好人”（公司的销售政策完全有利于你，不一定是好事，也许对别的区域很不公平，也许公司的整体销售会受影响）。

第三，也是最重要的，当环境对你不利的时候，请闭上你的鸟嘴。

我不希望区域经理以后学会了挑公司的毛病发牢骚——原来我销量完不成，就是因为总监是混蛋，定的政策不好！记住：这个企业不是为你一个区域开的，有些问题你考虑不到，总监要考虑的面更大，该提建议你提建议，但是首先是把你自己该干的事情干好！

记住“当环境发生变化的时候，闭上你的鸟嘴”——鸟嘴不闭住，下一步鸟头就没了，要革命先保命，这也是打工哲学！

第六章 6 与狼共舞：大客户的治理

本章预告

又是一个令人郁闷的无解命题——对那些特权客户应该怎么办？

什么叫特权客户？就是那种销量大，脾气大，“拿村长不当干部”的经销商。他们从来不把区域经理放在眼里，动不动就直接给总监打电话，甚至经常威胁企业：“你不给我怎样怎样的政策，我就不做了。”

这种大客户企业里有没有？有。一个企业出现经营被动、价格混乱、利润透支等恶性现象，罪魁祸首往往就是这几个大经销商。

厂家如何“与狼共舞”——既能够跟这些大客户合作，利用他们的资源迅速做大销量，又能避免副作用？怎样识别好狼和恶狼（哪些客户是坚决不能与其继续合作，需要剁掉的恶性大客户）？怎样剁掉恶性大客户又不留后遗症？这就是本章要学习的内容。

第一节 大客户是厂家自己养大的

在我看来，中国经销商的成长史大多是一部“傍大款”的历史。这个大款是谁？就是厂家。所有大客户都是企业自己用优惠政策制造出来的。

下面就让我们来看看厂家是怎么制造大客户的。

一、货款结算政策养大户

执行赊销制的企业很容易制造大客户。为什么？赊销相当于厂家给经销商投了资金支持，厂家让他做了更多钱的生意。

在赊销体制下一定会出现砸价和大客户现象，为什么？货不是他拿钱买的，“孙子卖爷的田心不疼”。常常出现经销商不是现金进货（没有压力），一看促销政策有利可图就会大量压货，终端推广又不积极，造成大量过期退货，也可能到处冲货把自己的销量做大。赊销造成价格秩序混乱，经销商没钱赚，结果越没钱赚越砸价，恶性循环，越赊价格越乱。更有甚者，部分经销商还会恶意低价套现——经销商 35 元一箱把厂家的货赊过来，转手 33 元一箱迅速套现，然后去做利润更高的生意。

厂家是赊销体制的最终受害者，在这场游戏中风险几乎全落在厂家身上。呆账和退货泛滥，资金沉淀没钱做市场，货款拿在经销商手里，厂方没有话语权，市场地位被动，甚至完全被几个大客户反控。

目前国内营销水平相对落后的行业（如农药）仍是赊销成风，在这些行业如果讲到“赊销的坏处，要争取变赊销为现结”，得到的回应往往是：

你说得轻巧，你不赊别人赊，不赊没法卖；

做生意要有魄力，该赊就得赊，没这点魄力怎么做生意？

这些话听来总有点“欲练神功，必先自宫”的味道。

食品和家电行业在 20 世纪 90 年代中期也曾经赊销成风，目前均已转为现结。这两个行业的转型经验是：不要怀疑现款的可行性，不要以为“这个行业家家都赊，你不赊别人赊，客户就会离你而去”，客户买的不是产品，而是利润。只要你能让他看到这个产品一定能赚钱，他就有可能接受现款。具体方法如下：

☆练好内功。销售门槛提高一厘米，销售服务要增加一米。要在行业内赊销成风的大形势下做现款，公司必须在自身形象、产品质量、产品包装、产品品种、送货及时、市场价格管控、促销及广告支持等方面投入资金和精力，做出差异化优势来，然后才有资格跟经销商谈现款结付。

☆端正员工心态。纠正员工不赊没法卖货的错误观念，树立业务人员中现款销售标兵和典型。

☆有效沟通。企业一般会在销售年会上宣布赊销变现款，在宣布现款政策之前，要先向各位经销商介绍明年的新品计划、广告促销投放、诱人的返利政策等一系列“灿烂前景”，让经销商对明年的经营充满信心，然后再讲现款政策。

☆提前铺垫。开发新市场注重倒着做渠道，先做终端（或者先少量冲货），产品有一定影响力之后再找经销商。

不管做了多少铺垫，现款政策一定会受到经销商的强烈反对。企业一旦决定要做现款，就要做好一批经销商“倒戈”的心理准备。企业要有决心迎接阵痛，这个过程其实就是企业、经销商以及旧有的赊销习惯拔河的过程——谁够坚决，拔得够紧，谁就会赢。拔河的过程中有阵痛，也有风险，企业要想让风险最小化，可有以下两种途径：

其一，从赊销一步到位变现款，风险比较大。可考虑先从全部赊销过渡到新开发客户现结，老客户以信用额度形式赊销，最后达到“全现款”。

其二，个别销量比较大的大户，在此过程中容易跳出来闹事。对这种客户要提前打好招呼，私下商议给予一定的优惠促销支持，安抚他做个好榜样。

赊销转现结在成熟行业是已经验证过的，所用方法无非以上几种。能够及时觉醒，迎接阵痛，坚持不懈地走向现款销售良性循环的企业，将会受益无穷。

二、人员管理政策养大户

厂家对销售人员管控不力，也会养大户。

为什么？

伴随大户现象而来的就是冲货、砸价、截留促销品、截留市场费用。但是请大家记住，“攘外必先安内”，冲货、砸价、截留费用，往往都是内外勾结的结果。

厂家对业务员管理不力，比如厂家对业务员采用差旅费、市场费用承包制，这样第一会导致业务员不愿意出差（想省钱），于是不做终端不做推广，仅仅靠压货实现销量；

第二是业务员肯定不会那么笨，用市场费用辛辛苦苦铺货做陈列做促销，肯定是把一部分市场费用往自己兜里一装，另一部分往价格里一砸，冲货、砸价迅速起量。

三、经销商激励政策养大户

厂家为了促进销量常会搞一些促销活动，但是一旦政策用得不好就会直接催生大客户。比如：

☆现场订货会（在主持人的热情煽动之下，经销商现场订货现场拿奖品，订货量越大奖励越高）上如果不控制经销商的合理订单量，就会造成客户之间互相攀比，放卫星、大跃进，或者大客户财大气粗，为了赠品进产品，进上几万箱货把赠品一拿，产品砸价抛售，砸死一片小客户，他成了更大的大户。

☆坎级销售奖励养大户。大户小户一开始就不在一个起跑线上，大户销量大返利高，进货底板价低，高额的返利差价诱使大户砸价抛货，进一步蚕食小户的市场——做大销量，争取更高返利。

☆销量竞赛。华北区销售第一名奖车奖楼，厂家习惯性地每年年底给大客户红包补贴。在这样的政策下，大经销商敢睁眼砸价，因为他知道年底你不敢让他赔钱。

当企业再抱怨说“大经销商客大欺厂”时，不妨问问自己，这个大客户是不是你养大的。不管这个经销商原本实力有多大，他当初跟厂家合作的时候也是你的小客户，之所以变大，都是因为你纵容姑息他的恶意操作或者给特殊政策支持——老虎是你自己养大的，种善因得善果，种恶因得恶果，营销是有因有果的行为。

第二节　如何与狼共舞——与大客户和平共处

大客户有那么多坏处，是不是就绝对不要养大户？不是，对中小企业来讲，找大经销商是迅速提升销量，打开市场局面最直接的方法。大户不是不能养，关键得看怎么养。

我常常把企业找大客户比做“一个美少女怎样成功地给一个大款当二奶”（笔者并不赞成这一现象，但这是社会事实，用不着回避）。

这个比喻听起来比较荒唐，但是你会发现这两者之间各个要素都非常像，简直就是丝丝入扣。

厂家找大客户，有的成功有的失败；同样，美女找大款也是有的“人财两空，身心憔悴”，有的则“拿到自己想要的东西全身而退”。

要研究厂家和大客户怎么合作，我们先来研究美女如何成功地傍大款——美女怎样才能自取所需，全身而退，甚至和大款“双赢”？

一、成功傍大款第一招：尽量不要“傍大款”

美女既想找个大款又想不受伤害，最好的办法就是尽量不要傍大款。为什么？因为他今天能拿你当二奶，明天他就能包三奶，后天就能包八奶。

这个道理同样可以用在厂家对经销商的管理上。

假设现在你的产品通路利润不太高，品牌也不太知名，要进入深圳市场，深圳市场的主流渠道是超市。这时深圳有一个大经销商告诉你：“你找我做深圳市场没问题。如果你自己做，100 个超市想全部进店，恐怕你半年都进不去。你找我做，我跟这些超市有固定网络客情，你只要把进店费掏了，导购费掏了，我 3 个月之内就能让你的产品全部进店。”

这个经销商你选不选？

但是如果你真的要找这个经销商一次把 100 个超市全代理，你就等着自己“死”吧。

2001 年内蒙古牛奶厂家“易木高乐”攻打深圳市场，找当地大经销商同义工贸（此处均隐去真实名字）做代理。前期效果非常好，该经销商网络能力很强，迅速把产品铺进深圳 90 多个卖场。厂家投入大笔进店费、促销费，光导购就请了 100 多个，来势汹汹，搞得当地优势品牌如晨光、蒙牛如临大敌。

但情况很快起了变化，产品通过大量的人力投入、陈列投入，促销搭赠“火”起来后，超市里的断货、断条码却屡屡发生，以至于多次被罚款、降排面。经销商也叫苦连天，超市压了他 600 多万元货款。

“易木高乐”厂发现自己已经走进了死胡同：

借助经销商进了店，但店内维护、陈列、促销全靠厂家人力投入，经销商在服务上好像热情不高，厂家拿来订单经销商未必送货。

厂家的导购人海战术成本太高，而且骑虎难下——促销人数一降低销量立刻下滑，经销商对此似乎也无所作为，爱莫能助。

经销商叫嚷超市压款，所以从厂家拿货也一直是赊销，占用厂家大量资金。

网络在经销商手里，货款在经销商手里，跟超市签合同也是经销商，厂家成了一个不停地掏钱投入却不见回款，而且还得派大量业务人员亲自维护终端并要哀求经销商赶快送货的“倒霉鬼”。

结果就不用说了。

分析：我们来分析一下易木高乐输在哪里。首先，它的品牌不算太知名，留给经销商的利润也只是略高于同类产品，不足以对经销商产生巨大诱因。其二，如果能够做好促销，牛奶在一个卖场里一个月卖 5 万元很正常，100 个卖场卖 500 万元，超市里压款额是销售额的 3 倍左右，那么正常情况下经销商在卖场上压款要高达 1500 万元到 2000 万元左右。

中国有没有拿得出 2000 万元现金的经销商？有，大有人在。问题是他给不给你压这么多钱？你的产品就那么几个点的毛利，你凭什么让他拿 2000 万元往里压？

一旦你的销量达到一定程度，经销商就不愿意压款了。他会把你的产品吊着卖——故意少送一点货，经常发生断货。条码少供几个，价格抬高一点，促销截留一点，总之经销商故意操纵你的销量，让你的销量不要太大，既能完成他的预期利润，又能敷衍厂家不把他砍掉，同时还不至于压太多款。

中小企业要想做城市市场，首先，不要贪大求全，战线太长容易造成配送、资金无法支持；第二，要多做社区促销便利店铺货，给品牌造势；第三，一个经销商代理的 A 类卖场最好不超过 15 个。为什么？原因很简单：一个卖场销量 5 万元很正常，15 个卖场就卖到 75 万元，75 万元压款就要压到 200 万元。一个经销商在一个品种上压款 200 万元，一般就不愿意再多压了。

小结：厂家“傍大款”第一招：没几分姿色尽量不找大款，中小企业一定不要找大经销商独家代理。否则刚开始有“新鲜劲”，肯定是蜜月期（中小品牌前期打市场舍得投钱让利）。很快大款（经销商）玩腻了（拿到了预期的费用利润）就会让你“独守空房”（吊着卖）——除非你认为当地是三类市场，不在乎，经销商做起多少量算多少量，将来也不打算做细，或者你的产品毛利非常高，可以让经销商赚很多钱，那另当别论。

二、成功傍大款第二招："更漂亮"定律

不管道德法庭如何鞭挞、社会舆论如何批判，美女傍大款这个事实依然存在（同样在销售行业里面，也有一些小企业通过"傍大款经销商"迅速打开了市场）。

一样是傍大款，为什么有人成功有人失败？有人"幸福早到20年"，有人幸福"少了20年"，这里存在一些技术问题。

其中一个技术问题是"更漂亮定律"——就是想傍大款，先得去看看大款的原配夫人是否比你更漂亮。如果他的原配比你漂亮多了，那算了，你另外找个对象吧，哪怕年纪大点，款也没那么大，但是他知道疼人。

一样的道理，我们来看看这个"更漂亮定律"在厂家跟经销商之间是怎样体现的。

有几个牛奶企业的老总跟我讲："魏老师，我们找到做牛奶生意的诀窍了！"我说："愿闻高见。"他们说："告诉你一个秘密，我们把伊利全国经销商名单都拿到手了，我们要贴着伊利打，专门挖它的经销商，因为伊利的总经销都是当地做牛奶生意做得比较好的，我们通过它的网络建立我们的网络，我们的产品就能够迅速做起来……"

你们觉得他们的想法管用不管用？

不管用。

为什么？

拿到伊利全国经销商的名单很容易，关键问题是"更漂亮定律"——想去挖伊利牛奶的总经销，你得先看看伊利牛奶跟这个经销商的合作有没有裂痕。假如人家卖伊利一个月稳赚40000元，卖你的产品虽然单价高一点，但一个月只能挣3000元，凭什么让他做你的产品？即使他愿意合作，也不过是"有你不多，没你不少的露水夫妻"——绝对不会主推你的产品。

厂家跟经销商之间的"更漂亮定律"落实到动作就是：在寻找新经销商的时候，我们要考虑让自己在哪些方面比他的"原配"（原来的主推品牌）更有诱惑力。

有两个方法——

第一个方法，寻找产品线相容而不相悖的经销商。这个知识点前面讲过，不赘述。

第二个方法，如果产品线冲突，那么你的产品就必须有压倒性优势。比如你的经销商代理的名牌产品通路利润要比你的产品低得多，或者口味比你的产品差得多，包装比

你的产品差得多等。

非常可乐挖可口可乐的经销商，可能会成功。为什么？可口可乐一箱批发利润最多5毛钱，而非常可乐刚上市时，一箱批发利润4块钱，这个时候，非常可乐的压倒优势就是通路利润。

三、成功傍大款第三招：不要“死心眼”

现代女性都讲独立：事业要独立，经济要独立，还有情感也要独立。情感独立什么意思？——你对我有情，我对你有意，你对我朝三暮四，我立刻反戈一击，绝对不做哭哭啼啼的怨妇，在马路边上演孤苦无依的小皮箱秀。

对应到厂家跟经销商的合作问题上，厂家应先反省一下：如果你自己的销售渠道里已经出现寡占性的客户——某三个大经销商的销量已经占到了整体销量的40%，某一个大客户的销量占到整体销量的20%，你就很危险了。

这不是耸人听闻，不要寄希望于你跟经销商之间曾经有多好的客情就能怎样怎样，最后一定会不欢而散。

一本地理杂志上讲过一个小国家立陶宛的历史，很耐人寻味。

立陶宛历史上曾经被波兰人征服，被俄国人收入版图，被拿破仑侵略，被苏联人管辖，被德国人占领——你看立陶宛这个国家的历史，基本上就是被人进攻，被进攻之后又英勇反抗，被侵略之后顽强反侵略的故事。

为什么立陶宛这么倒霉？因为它非常弱小——总面积6万多平方公里，还没有中国的一个城市大。

回想一下，中国历史上也出现过类似现象，西方列强瓜分中国，为什么？因为清政府昏庸无能，致使国运衰退。

但是中国历史上也曾经让十几个异邦异族前来纳贡称臣，为什么？因为那个时候我们国力强大。我们还有老祖先一口气打到亚得里亚海岸，谁？成吉思汗。今天中国为什么能够收复香港，收复澳门？因为今天中国的综合国力在不断壮大。

几十万年的人类历史，几千年的人类文明史，永远在重复一个道理——只要你落后弱小，你就会被人扁。你可以喜欢民主，但你不要寄希望于这个世界全部都是民主、平等、博爱、和平。

一个聪明的厂家，绝对不会养一个大户并让这个大户有机会反客为主（注意：我没有说不要找大客户，我是说别给他反控的机会）。没错，现实很残酷，小企业刚刚进入市场没钱打广告，没有那么多人做终端，这时厂家去借助一个比较大的经销商把市场迅速做起来，无可厚非。但是从选择这个大客户的第一天开始你就要记住："有一天你会跟这个大经销商分手，因为有一天你一定要把市场做细，当你把市场做细的时候，这样的大经销商就是你最大的敌人。"

所以，如果已经选择了大经销商，在你的市场逐渐成熟，品牌逐渐成熟的时候，你要逐渐把他控制住，怎么办？

第一，要逐渐削减"军饷"。就是把原来你给经销商的特殊政策逐渐缩小，返利逐渐减少。

第二，适当时机分兵消权。什么叫分兵消权？一开始经销商是独家代理；逐渐厂家开第二户，跟原来的经销商分庭抗礼；开第三户，跟他三足鼎立；开第四户，瓜分市场……

四、成功傍大款第四招："产权署名"

美女跟大款合作，如果买房子，美女肯定会争取在房产证上写自己的名字，这样才不会吃亏。该谈感情的时候也谈感情，该谈钱的时候一定要谈钱。

前面我举了一个例子，说如果你刚到深圳去，千万不要找一个独家代理100个超市的总经销，否则到最后会死得很惨。但也有人说，不怕，这个大经销商先独家代理100个超市，将来一旦厂家要想把市场做细的时候，大不了把他换了。

很难换。为什么？

因为超市的合同主体乙方写着经销商的户头，在这种情况下换他需要付出很大的代价——如果你开的第二个客户跟这个超市本来就有合作，所有超市你还是要重交过户费。如果本来没有合作，所有超市你就要交进店费。

厂家在通过经销商做超市的时候应记住一件事，跟超市签合同的时候尽量以厂家的名义签（这样万一有一天你要换掉这个经销商，你原先垫付的超市费用才不至于白交，但厂家要承担资金压力）。

如果合同乙方是以经销商的名义签的，厂家给经销商的支持就要有策略，并不是不给他支持，而是要经销商知道什么费用是该给他的，什么费用是不该给他的。比如，进店费给不给？不给（或者少给）。堆头费给不给？给——所有能直接产生销量的费用厂家都可以给，这也是对经销商的支持，这种支持可以转化为销量。但是比如进店费、条码费、国际店庆费、国内店庆费，这些费用就尽量让经销商自己消化（或者消化一部分）。这样费用才没有空投，换经销商的时候损失也不大。

五、成功傍大款第五招：抓“财权”

美女跟大款合作当然会尽量把钱抓到手里，确保自己不吃亏。

厂家抓经销商的财权，就是尽量不给经销商赊销，要求现款现货，最好是经销商交保证金给厂家。另外厂家还要注意抓比财权更重要的东西——网络。

用什么方法能抓住经销商网络？

参见前文——抓经销商网络的五个方法。

六、成功傍大款第六招：做“大女子”

有些美少女在傍大款的时候，成功地跟大款结为联盟，成为大款事业上的伙伴和得力帮手，甚至变成大款的精神领袖，让大款无法离开她。

看看我们厂家怎样做“大女子”——即厂家和经销商变成真正的事业伙伴。

现在不仅仅是小企业找大经销商，大企业也找大经销商，有不少企业开始运作一个新模式叫“联销体”。

“联销体”是什么？就是厂家掏一部分钱，经销商掏一部分钱，双方合资在当地成立一个独立销售公司，销售公司的总经理由厂家委派，财务经理由经销商委派。投资100万元，厂家出20万元，经销商出80万元。厂家出小部分钱，出职业经理人，出管理经验和管理制度；经销商出大部分钱，出当地的客情、网络、车和一些政府关系。

就这样厂商联手成立一个联销公司，厂家是股东，经销商也是股东，这种联销体与原来那种厂商模式有所不同。

在这种条件下：

厂家高兴——联销体肯定比厂家直接开分公司直营的成本要低得多，同时联销体的总经理是厂家委派的，厂家也就不用担心经销商不主推他的产品。

经销商也高兴——因为他觉得这个公司里有厂家的股份，就不用担心厂家不支持他；财务权他可以掌握，更重要的是经销商通过联销体能够迅速实现“二次投胎”。什么意思？就是经销商把自己原来传统原始的经营模式跟厂家成熟的管理经验迅速对接起来，促使自己公司迅速成长。

不过这种模式也一定会出现弊病（博弈依然存在，每一方都想要公司的话语权）。这种模式从目前看来，是厂商关系的一种新的讨论和尝试。毕竟所谓的双赢关系，只有在双方利益完全一致的情况下才有可能实现。

第三节　屠狼有术——怎样让恶性大客户“安乐死”

厂家与大客户（独家代理）之间的矛盾往往不可避免——厂家市场做细的前提就是把垄断经销的大客户“干掉”。问题是你干掉他，他一定会反抗和报复，怎么办？

一、坚决反对傍“假大款”

厂家管大经销商，首先要端正一个观念——坚决反对“傍大款”，更要坚决反对傍“假大款”。

什么叫“假大款”？赵本山不是说过吗，脑袋大脖子粗——不是大款就是伙夫。你别傍到最后，傍个伙夫回来。

生活中就真的有类似的现象，傻大姐傍大款最后傍了个骗子。我拿青春赌明天，总得赌点东西吧，赌到最后人财两空，财色尽失，那才叫失败。

那么我们在做销售过程中的“假大款”长什么样？

“假大款”第一个特点，“大”，这个经销商“大”，有 8 辆 8 吨车；第二个特点，“假大款”在自己所在的城市肯定做得不好，终端没有铺货陈列；第三个特点，他的外埠市场做得好。

特别提示：大家做销售要分清几个名词：“销量”、“进货量”、“库存转移”、“实际销量”。

表面上看某客户月销售额 50 万元，实际上该客户并未完成“实际销量”。什么叫“实际销量”？在终端零销店和卖场被消费者拿回家消费的销量。“假大款”一般擅长走流通不走终端。这种人往往并不能完成实际销量，他的销量主要是两部分，一部分压在通路里面做库存转移，另一部分砸价、窜货，抢别人的销量。

对“假大款”要“剁”，但很多人剁的时候感到害怕，为什么？这个大客户支撑我那么多销量。

可是你想想，往往是一个假大户站起来，周围十几个客户倒下去——这个大客户的销量不是自己的，是从别人的市场那儿抢回来的。在他销量增加800万的同时，你的整体销量减少了1600万。假大款的销量大部分是库存转移和辗转腾挪抢别人的销量，这种销量，对企业只有负面作用。

很多学员说：“魏老师，要干掉假大户这个道理我们不是不懂，问题是总是懂的人多，做的人少。您站着说话不腰疼，我当然知道这个客户是假大款，终端没做好，问题是就算他抢别人销量，但他已经把别人销量抢过来了。而且这小子在当地是地头蛇，黑白两道通吃，如果我把他‘剁’了，新的问题就会出现：第一，无论销量能不能补回来，既成事实无法改变；第二，他找当地混混来修理我，找当地工商税务来找我茬，拿库存的货来砸我的价，那我怎么办？”

正是在这种普遍存在的心理背景之下，假大户才横行无忌，愈演愈烈。

我的观点是：假大款都是纸老虎。我自己做销售十几年，多次剁大户，第一次剁也是胆战心惊，第二次剁脸红心跳，最后就闲庭信步，胸有成竹。

我曾在一个牛奶企业做销售总经理，当时有一个姓胡的大客户，我刚上任，老胡就打电话了：“魏总啊，您是新来的总监，不了解情况，我们这边砸价很严重（其实都是他自己砸的），你要不给我几个点支持一下，我就做不下去了。”其实在他打电话之前，我就已经收到很多“群众来信”投诉他砸价，而且经查确凿无误。接完他的电话后，我的决策就是一个字——“剁”！立刻停货。剁完之后我就作好准备要跟他“掰手腕”了，没想到不到半个月他来找我：“魏总，咱们前面是一场误会，以后继续好好合作。”后来，因为各种原因，这个经销商还是被我剁掉了。被剁掉之后，胡老板扬言：“魏某、李某、赵某（我的同事），你们3个人，6条腿，肯定少1条。”可是到今天，这6条腿依然健在。

我并不是想通过个案来给大家导出规律，个案不一定能复制。但你们要是好好想想，剁假大户这件事，真的是有规律可循的。

假大户在被剁之前，一般会说三句话——第一句“你敢不给我3个点，我就不做了”（撂挑子）；第二句“你敢剁我，我就找人打你”；第三句“你敢把我剁了，我专门砸你的价”。

现在，我们一起来分析一下，看看这三句话到底有多可怕。

1. 第一句“你敢不给我3个点，我就不做了”

撂挑子怎么办？

我管理经销商有“三励（力）”——小客户激励，中客户鼓励，大客户给压力。为什么？小经销商刚进来，对厂家这个产品能不能赚钱心里没底，所以要激励；中客户正在增量，厂家要鼓励；大客户不能给好脸，要给压力。为什么？第一，大客户一旦做大，本来就容易嚣张，一给好脸容易“上天”；第二，他既然成为你的大客户，肯定已经在你这里挣到钱了，他看在钱的份儿上也不会太横。经销商很多时候跟我们的业务员是一样的。你回去问业务员“工资够不够”，他肯定说“不够，太低了”，再问“差旅费够不够”、“奖金够不够”，肯定又是“太低了”。员工总是怨气大，但你试验一下，给每人发一封裁员信，让他签字辞职走人，看有几个愿意走？大经销商也一样，除非你这个产品毛利正在下降，而且竞品也在向他招手，否则对大户，他太过分，你断货，一定是他来找你。

2. 第二句“你敢剁我，我就找人打你”

吓你，怕不怕？

如果厂家连这个都要怕的话，你就不用在“江湖上走了”——就不用做销售了。自古以来就是邪不压正，扬言要打业务员的经销商太多了，但没有几个真打的。就算这个经销商以前是“黑皮”，但他现在是商人，商人求财不求气，如果他真的动手，毕竟还有公安，还有监狱，还有法律，所以不用怕。

3. 第三句“你敢把我剁了，我专门砸你的价”

这可能会是真的，让人比较头疼，怎么办？我给大家一个建议——“分清狼羊，向葛优学习”。葛优主演的一部电影，名字叫《没完没了》。《没完没了》里面，葛优是个司机，付彪是老板，付彪欠葛优98000元钱，葛优找付彪要钱，付彪第一次说“我这么大老板还能不给你钱，等着明儿个给你”；第二次葛优又找付彪要钱，付彪说“刚好手头有点紧，明天给你”；第三次要钱，付彪说“他妈的，再要老子不给了，滚”；第四次葛优怎么做——绑架了付彪的老婆。

犯法的事不能做，但是我们要学习葛优这种精神。什么精神？——他没有被表面现象蒙住眼睛。假如葛优苦苦哀求，再找傅彪八次“我求求你了，把钱给我吧”——钱肯定也要不回来。做生意，面对经销商，真的要分清狼羊。记住，厂家做生意，是为了赚钱。

你剁经销商的时候，他用“专门砸你的价”来威胁你，我建议你考虑三件事：

第一件事，你跟他合作还有没有钱赚？在他的淫威之下，你不停地给他返利、促销，给别的经销商的价格是3.5元，给他可能变成3.1元了，你毛利还有几个点？

第二件事，算算因为他的存在导致周围多少个经销商销量下滑，把他的损失和他创造的利润比较一下，看是“顺差”还是“逆差”。

第三件事，也是最重要的一件事，就是看看他是否在你掌控之中。你们现在发现他是假大户了，发现他砸价了，发现他截留费用了，厂家发传真书面通知经销商，若不马上停止这些扰乱市场的行为，就马上断货断促销品，这么做能不能把他控制住？事情越来越好，还是他已经大到无法控制，根本不把厂家放在眼里了？

如果你思考了以上三件事后说，第一，我在那小子身上，毛利已经不高了；第二，他砸价窜货损失的利润比他创造的利润大得多，纯粹是“逆差”；第三，我跟他合作，已经控制不住他，事情只会越来越坏。

对这种经销商，只有“剁”，“快剁”，“赶快剁”。

做事一定要理性冷静，千万不要被蝇头小利蒙住眼睛，很多厂家不敢剁“假大款”的理由很可笑——这小子还欠我30万元呢，把这小子一剁，30万元要不回来了。可你不剁他，过半年你看，那就不是欠30万元了，而是欠60万元了。

“剁客户”的方法很多，最重要就是“分清狼羊”这一条。谁该剁？谁不该剁？该剁的就一定剁，当断不断，必受其乱。

如果你能够下得了这个决心，那么“剁客户”这件事就会从“这个客户要不要剁、该不该剁”的痛苦抉择，变成“怎么剁”。

二、屠狼有术——让恶性大客户“安乐死”

毛泽东说过，对敌人在战略上要藐视，在战术上则要重视。战略上我们要把敌人看成“纸老虎”，不要被它吓倒；战术上要把它看成真的、能咬人的老虎。虽然毛泽东当年说的是对帝国主义，而我们这里说的是对大客户，但对我们仍有借鉴意义。

战略上要藐视，战术上要重视。下面我就来讲讲用什么样的战术剁掉大客户。

请大家以后不要动不动就说“这个经销商不行，我要把他砍掉、剁掉”。嘴上说

“剁”说习惯了没关系，心里要换个提法，这可能有点搞笑，但是很贴切——这个经销商不行，我准备把他“软着陆”，什么叫“软着陆”？

先解释一下什么叫硬着陆：飞机在天上飞，突然掉下来，飞机上的人全死了，这叫硬着陆。软着陆就是滑翔着陆，大家有惊无险。

做销售换客户这是难免的事，不用怕，但是也不要逞匹夫之勇，说剁就剁，不计后果，要想办法让他“安乐死”——剁掉他还不会有后遗症。

1. 事前作充足的准备

一般有以下5个步骤：

（1）抓网络

有5个方法：

①执行预售制，掌控终端。

②通过促销活动掌握终端网络名单。

③业务员遍访客户，建立网络资料和初步客情。

④建立封闭通路。

⑤帮经销商建立电脑管理系统。

（2）严加管教

严加管教的意思就是，一旦发现哪个客户有成为大客户的苗头（如进货次数突然增加、进货量突然增加但是终端做得不好，开始出现窜货、砸价，开始出现单品销售），厂家就应尽快在“老虎”真正成为“会吃人的老虎”之前把他降伏或者干掉——卡他的市场费用，卡他的旺销产品，“摧残他，折磨他，蹂躏他”。

（3）清库存

在剁掉一个大户的时候，这个大户库房里有你5000箱货，你可能不敢剁他，因为他会拿这5000箱货砸价，故意扰乱市场，造成厂家投鼠忌器，所以在剁掉大户之前一定要想办法把他的库存清掉。

清库存最常规的方法是做“二批促销”，帮他分销掉。还有一个方法，告诉他“我们马上降价了，我帮你赶快把库存清掉”，或者告诉他“产品过期了，给你换货”、“包装出问题了，给你换新包装”等。总之你在剁掉一个大客户之前，一定要想尽各种办法，让他把库房里面的货清掉，这样你把他剁掉之后，他想打你手里却没“子弹”。

（4）套资金

就是收经销商保证金，方法我们在前文已经讲过。

（5）**交接清算**

在和新经销商签订合同时，明确原经销商的良性库存由新经销商接手，以避免扰乱市场。对原经销商的即期品及返利支付等遗留问题的处理，要以各种理由延迟或采取分阶段兑现政策（延迟并不是不兑现，一定要考虑原经销商的利益），保证新老区域经销商能顺利交接。

想象一下，你要剁掉这个大客户：①他库房里没货；②他的钱在你手中；③他的网络在你手中；④你的各种政策限制他；⑤市场交接很清楚，而且他还有遗留问题要等你解决，这个时候你就已经占据了主动。

2. 事中搞平衡

占据了这些主动以后，要做这么几件事：

（1）**事中平衡第一步——设定游戏规则**

各位切记，做销售是跟人打交道，难免经常出现矛盾。我们并不怕矛盾，我们也不怕冲突，但是我们不要激化矛盾。剁大客户要先设定游戏规则。什么意思？也就是说剁掉他之前给他出一个合情合理的难题，这个难题先让他 3 个月完成，他做不到；再给他 1 个月，又做不到；再给他 1 个月，还做不到。连着“让”他 3 次，你再剁他，让他觉得你已经对他仁至义尽了，他内心也会相对平衡些。

中国的日用品企业现在普遍面临一个问题，就是经销商擅长做批发，不擅长做商场超市。假如说今天你要求一个经销商替你做商场超市，而这个经销商就是不愿意做，然后你想剁掉他，怎么预先设定游戏规则？

有一天去找他，跟他说：“公司老总说，你要是不做商场超市，就让我剁你（先吓唬他）。”吓到一定程度，然后告诉他：“你放心，其实我也不愿意剁你。我回去跟老总求情，担保你一定能把商场超市做好。这是我回去提着我的乌纱帽跟老总担保才把你保下来的，要不然这一次经销商淘汰就有你。你看各地的经销商都在被淘汰，为什么？就是因为不做商场超市。所以你要想做的话，我在老总那儿替你争取了 3 个月的时间，这 3 个月里，你必须完成以下几件事：第一，做商场超市经销商，你必须拿到一般纳税人资格；第二，做商场超市要买小的箱式送货车；第三，要留出 50 万元商场超市专项运营资金；第四，买传真机，接上互联网，因为家乐福发的是电子订单；第五把做商场超市必须完成的几个硬件配制，在 3 个月之内给我配齐。你要是配不齐，3 个月之后，老总剁你，我就保不了你了。”

“能办到就给你3个月时间，不行就要现在剁你。”这个时候你问他能不能办到，他肯定说：“能能能，一定能！”3个月之后你来找他，他可能办了两件，还有三件没办好。“嗨，我帮不了你了，我剁了啊”（继续吓他），“别剁，别剁，别剁”，“好，我再给你1个月时间”。再过1个月你去，还有很多没办齐，这个时候你剁他，那就不是你对不起他，而是他对不起你了——因为预先设定了游戏规则，你已经多次回公司为他争取条件，争取时间，最后他还是不能满足公司的要求，被公司砍掉了，这会让他理亏。

一般来讲，剁经销商，设定游戏规则这一招是必须用的，这样剁掉他之后，双方才不会沦为义气之争。否则被剁掉的经销商一定会咬着牙根子恨你，非要砸你的价。设定游戏规则就是为了防止他产生这种仇恨的情绪。

（2）事中平衡第二步——领导出面，杯酒释兵权

人跟人打交道，关键是面子，尤其是在中国，非常讲面子。虽然前面已经设计游戏规则让他理亏，但你剁掉他的时候，一定要让他有面子。如果这个经销商比较重要，公司的领导也不妨百忙之中拨冗相见——亲自出面请他吃顿饭，饭桌上干干杯，叙叙旧：“老张啊，最近我听底下员工说，你那边的车一直没配到，一般纳税人资格也一直没拿到，怎么搞的？有什么需要帮助的呢？老朋友，我们厂家也不容易，你也要努把力呀！”实际上领导是在告诉他，“不是厂家想剁你，厂家剁你也是迫不得已。因为如果厂家今天不做超市，明天就会越来越差，就要倒闭，行业要求必须做超市，经销商不能跟上，剁也是迫不得已”。这样，领导出面晓之以情，杯酒释兵权。

（3）事中平衡第三步——花钱买市场

如果这个经销商够狠，杯酒释兵权，晓之以情无效，还是会带着一种仇恨情绪要报复厂家。这时还可以“动之以利”——花钱买市场。常规方法有两个：

第一，“吃鱼骨”。什么叫吃鱼骨？这个人原来是山东总经销，因为各种原因市场做得不细，被剁了，变成济南市经销商，他心里恨不恨？恨。那么怎么让他心理平衡一点？告诉他2011年把你剁掉，变成济南市经销商，但是按淄博、青岛等地级城市新开经销商和分销商的销量算你的返利，2012年你只要把济南做好，别的城市不用你管，厂家白给你一笔返利——这就叫花钱买市场。当然厂家把返利给了这个经销商，青岛新开的经销商也要给返利。这叫双重成本，这个成本必须由厂家来承担。便宜不会让他一直白占，2012年，厂家给他返利。2013年呢？给他一半返利，2014年呢？不给了。

另一个更巧妙的方法叫“留遗产”。一些中小企业老板琢磨的营销招数真是充满智慧。有一个企业告诉我这么一个方法：该企业要剁掉一个大客户，明知道这个大客户很大，把他剁掉的话，自己这个小企业很可能“打”不过他。怎么办？给客户留个“遗产”。他们企业跟这个客户结款方式是“上打下”，就是进第二车货付第一车的钱，剁掉这个客户之前，送货车的型号就越来越小，刚开始 8 吨车送货，然后 6 吨车送，然后 4 吨车送，3 吨车送，总之找各种借口让送货的车越来越小，最后这个经销商手里只欠厂家三吨货的时候（大概只欠 40000 元钱），突然翻脸——剁。剁完以后业务代表还跑过去，装模作样，“嗨，张老板，那 40000 元钱你还没给我”，这时经销商肯定不给：“浑蛋，无缘无故把我换了还来要钱，滚！”业务员立刻装模作样不敢要了。实际上这个企业的总经理告诉我，他压根没打算要那 40000 元，那 40000 元就是留给经销商的遗产。

为什么叫遗产？你想想，这个客户拿了厂家 3 吨货（40000 元钱）没给，他嘴硬，但心里也怕厂家找工商局、公安局或者上法院告他。厂家剁掉一个大客户之后，嘴上硬，心里也怕大客户报复。这叫麻竿打狼——两头害怕，咱们俩谁也别惹谁，这就叫留遗产。

3. 事后迎头痛击

有时候即使你事前占据主动、事中找平衡全部做到，最后你把这个客户剁了，他还是要报复你。碰到这种客户怎么办？

（1）找红顶商人做后盾

我以前在东北做业务的时候，的确碰到过这样的经销商，真有黑社会背景。曾经有一个经销商跟我们分公司经理吵完架，抓着经理的头从 10 层楼窗子塞出去一半，说：“你同意，我就把你拉回来；你不同意，我就松手，你就下去。”还有一个老经销商被“干掉”之后，扬言要把厂家的人怎么样怎么样，他虽没动厂家的人，却放火烧了第二个经销商的库房。

碰上这种“黑皮”怎么办？如果老经销商是“黑社会”，我们后面找的客户就要有红色背景。因为黑社会还是怕政府的，中国还没有一个黑社会敢跟政府叫板。因此找新经销商要有红色背景（比如有亲属做律师、是司法人员，或者本人就是当地商会副会长之类）。

这样做不是要挑起战争，而是为了进行“核威慑”——一般情况下，前面的经销商被干掉后，就会想报复后面这个经销商，但一看后面这位不好惹，就知难而退了。

(2) **以牙还牙，迎头痛击**

最不愿看到的事情发生了——我们事前占了主动，事中搞了平衡，事后找了红色经销商，能做的都做了，这个老经销商还是要“动手”，怎么办?

兵来将挡，水来土掩。要是你敢来暴力的，我就动用司法武器找公安局抓你。要是你勾结当地行政机关个别人来捣乱，我就启动行政诉讼程序，甚至以其人之道还治其人之身，向税务、工商投诉你（正规厂家工商、税务手续齐全，经销商可不一定）。要是你敢砸我的价格，那么你打我 1 个品牌的价格，我就把你手里代理的 10 个品牌的价格全部打一遍。

事前想办法腾清库存，拿到资金，抓住网络占据主动；事中想办法杯酒释兵权，花钱买市场，搞好心理平衡；事后迎头痛击，手段强硬，告诉他：“厂家已经仁至义尽，你还这么过分，‘厂家很生气，后果很严重’。”

三管齐下，一般的经销商都能“搞定”。

但是如果你真的很倒霉，按照这些方法做了，最后“迎头痛击手段强硬的时候”发现这个大客户在当地真的是个地头蛇，你斗不过他怎么办？——一个字“撤”；两个字“认栽”。

做销售不可能没有风险，做生意也不可能没有风险，只不过对这件事情，你应该回过头来想一下：

第一，你事前占主动，事中掌握平衡都搞不定这个经销商，他还要回过头来打你，这种可能性大不大？第二，经销商铁了心跟你斗，厂家最后竟然斗不过经销商的可能性大不大？都是千分之一的几率。

如果你因为这么一点点可能性，就不敢换客户，那你才是懦弱无能，因噎废食，“助长恶劣风气，教坏年轻人”。记住，做生意是为了赚钱，必要的时候就要付出真正应该付的成本。

第七章 7 冲货、砸价治理

本章预告

冲货、砸价是营销顽症，严重危害市场秩序。迄今为止还没有一个营销专家或厂家能从根本上解决冲货问题。冲货并非没有解决的办法。制定合理的经销商政策只是其中一个方面，但要根治冲货还是要靠各个区域经理、业务人员、经销商的身体力行，甚至要用到一些“江湖招数”。本章我们将着重学习站在执行层面根治冲货、砸价的招数和动作。

第一节 预防冲货，全面了解冲货类型

一、打击冲货没有方法，只有手段，关键是一个字：“狠”

从来没有听说哪个厂家敢保证，我们厂的货一箱也不冲（除非因为这个厂的货卖不动）；也没有听哪个营销专家说，我有一套方法可以根治冲货。我不知道大家有没有听过这样的事——某个经销商给你讲：“哪里都冲货，就是老子这里他不敢冲！”某个业务员给你讲：“哪里都砸价，就我这里砸得少！”

在打冲货、砸价过程中有个奇怪的现象，就是“政府”（厂家）办不了的事，“民间组织”（业务员、经销商）却可以办到——打冲货，打砸价，没有方法，只有手段。“政府”用的是方法和政策，不能完全解决问题；“民间组织”（底下的经销商、业务员），用自己的手段把这事给“摆平”了。

那么到底如何治理冲货和砸价？送给大家24字口诀：信息灵敏，闻风而动，迎头痛击，手段强硬，屡禁屡冲，屡冲屡禁。治理冲货绝招就两个字：够狠！你“够狠”就没人敢冲你的货。狠到什么程度？狠到这个冲货经销商害怕你，因为他每次一冲货都会被当地业务员和经销商“手段强硬地迎头痛击”。

冲货经销商刚一冲，“咣，眼镜打了”（货被当地经销商扣了）。又一冲，“头发被拔掉一撮”（被当地经销商抓住证据告到公司了）。第三次冲，“门牙被打掉一颗”（被当地经销商以更低的价格反冲过来）……

时间一长他会发现这个区域的人不好惹，但不会说：“哦，我明白了，冲货是危害社会主义经济秩序的不良行为。从此我洗心革面，重新做人，永不冲货。”他会说：“这个区域的人太可怕了，不好惹，我冲那个区域。”

你够狠，能让冲货方觉得你不好惹，往你这里冲货风险太大，他自然就会有所收敛——你的问题就解决了。

二、预防冲货的发生

解决问题最好的方法是事前管理。如何预防冲货？

1. 注重过程管理

这是公理，也是营销常识。请问决定一个城市销量的是什么？是不是经销商进货量？不是。决定一个城市销量的是终端售点的启动，有多少个售点在售卖、陈列好不好、价格是否正常。只有终端售点才是实现实际销量的地方，经销商、批发商实现的只是库存转移。

想不透这一点，就会经常搬起石头砸自己的脚。给经销商的压货量太大，他一定冲货。选的经销商全是有 8 吨车的，他也一定冲货。给业务员定的销量目标太高，而且是高提成制，结果更是冲货泛滥。

营销是有因有果的行为——种善因得善果，种恶因一定得恶果。

一个城市的终端售点启动程度决定了只能有 1000 箱销量，你压了 2000 箱货，多的那 1000 箱你怎么拉过去就会怎么拉回来，甚至只能拉回来 500 箱。另外 500 箱呢？在通路上积压，冲货、砸价了。

2. 从内部治理做起，“攘外必先安内”

大宗冲货背后一定有内部黑手——不是业务员帮经销商联系冲货，就是业务员对经销商的冲货视而不见。

打冲货关键先要斩断内部人的黑手。作者亲身经历，某食品企业冲货冲得一塌糊涂，一个内部处罚制度（只要厂家在甲地发现了乙地的货超过 50 件，不罚乙地经销商，先罚乙地区域经理）铁腕执行下去，就立刻大大改观。政策宣布后，刚开始销售经理人心惶惶，个个都说“这一招太狠了”，“经销商自已冲货我也没办法”，“处罚我纯粹是冤假错案”，但是铁腕执行下去，搞得所有销售人员人人自危，个个瞪大眼睛下去查冲货，见了经销商就说：“别冲货啊！你冲货我就剁你，因为我不剁你，公司就剁我。”结果半年过后，这个企业市场上冲货几乎绝迹。

特别提示：在执行这一政策时要注意把握合适的度（如：界定发现 50 箱以上才算冲货），否则打击面会太大，有副作用。

3. 使用物流识别码

这是常规招数，就是给山西的货箱上打上山西的码，给山东的货箱上打上山东的码。通过编码来锁定是谁在冲货，然后进行处罚。

编码印刷有两种方式，一种是先生产产品，最后经销商拉货的时候在外包装箱上用滚轴打码器加标识，或者干脆在箱子上注明地名和经销商名。这个方法比较好操作，但是因为编码印刷在箱子外面，往往被经销商钻了空子。批发商骂冲货说“冲货的人不要脸”，因为货冲过来，箱子上的编码（脸）早就被撕掉了。

另一种方式是在成品入库前打经销商编码（事先确定经销商编码和订货量，在生产的时候把编码打印在单只包装上的生产日期后面，如 2005．1．25—3—002，就是指 2005 年 1 月 25 日，第 3 个工作班生产的产品，002 是区域代表码，比如东莞），这就相当于给每个经销商定制产品，必须做好预订货工作。根据对经销商历史同期销售数据的分析，作好预订货数量的预测。预先生产，不影响发货速度。如果无法预测经销商的进货量和进货时间，则只能由经销商下单后由生产部组织生产。所以，需要生产方面密切配合。

编码的印刷要考虑经销商可能恶意破坏，所以有的白酒厂为了防冲货，会在商标上做水印，有的空调厂在空调机不同的位置打十几个钢印。厂家机关算尽，想打编码防冲货，结果真有空调经销商用钢锉把十几个钢印都锉掉再冲的。道高一尺，魔高一丈，实际上只要是人想的招，就有人能破，厂家的编码只是给冲货经销商制造障碍，增加“犯罪成本”而已。

4. 建立市场隔离带

一个企业如果是刚刚开始做市场，产品利润空间大，砸价的可能性就大，市场还处于大片空白，那就不妨隔区域设经销商。比如陕西一个经销商，河北一个经销商，中间空着一个山西市场。这是刚刚起步的企业不得已而采用的方法。

另外，在给批发市场放货的时候，对一些特殊的批发市场和区域要小心。比如广东的佛山大力，西安的西门糖酒，河北的南三条，廊坊，浙江的义乌。这些批发市场和区域有个特点——你走进去看，这些批发市场里面的车都是 8 吨车，这些批发市场干吗呢？它们都是“远程导弹发射基地”，专门往外埠做长途生意的，如果是新产品打市场，需要远射程，需要迅速扩大覆盖面，类似这种 8 吨车的批发市场是你的首选。但如果是成熟市场要做终端，就要对这种批发市场限量供货，建立市场隔离带。

三、分清冲货的成因和类型

了解了常规技巧，接下来我们来看具体用什么动作打冲货。打冲货要掌握的第一技巧是“溯源”。就像你找一个医生看腰疼，你可能是肾虚腰疼，可能是因为椎间盘突出，还有可能是扭了筋所致，不能一概贴膏药，更不能一概补肾，要辨证施治。

同样道理，你看到你的市场上有冲货，先不要盲目地采取措施罚款，断货。先要溯源，看看冲货分哪几类，你的冲货属于哪一类，不同类型的冲货，打击方法不一样。

1. 良性冲货

两个市场门挨门（比如东莞和佛山，比如陕西的商南和湖北的襄樊周边），相邻相近的城市，在交界线上有批发市场，造成货物流动，数字不太大，价格也不太乱，这就叫良性冲货。

2. 仇家冲货

经销商之间冲货，根本不是为了挣钱，而是为了报仇——前面你曾经得罪过我，所以我要报复你。

3. 经销商库存量太大自己冲货

经销商进货量太大、库存量大、出货慢、占资金，老板急着用钱进新货时，肯定就动了甩货、冲货变现的想法。

4. 空白片区冲货

经销商向厂家“哭诉”，说他的市场被别人冲得一塌糊涂，你一看，却发现是他把自己的市场做得到处是漏洞，铺货率不够，到处断货，人家才把货冲过来的。

5. 带货冲货

经销商冲货的时候，会拿两三个品种做套装，把知名品种的价格降低（不为赚钱，只为把通路“打开”），然后顺着这个知名低价品种打开的通路，再卖杂牌货赚钱，挂羊头卖狗肉（各个行业的大品牌在批发商眼里都属于羊头，把羊头的产品降价，然后把杂牌货顺着这个渠道卖出去）。

6. 批发接冲货

前面5种冲货都好打，因为这5种属于经销商冲货，手里有经销商的返利和合同就有办法治他。最可怕的不是经销商冲货，而是批发接冲货，二批主动去外地拿货。

7. 倒鸡毛冲货

有一个个体户，可能连仓库和执照都没有，他专门流窜于各个二、三线城市。看到一个知名产品在打特价作促销，他就骑个三轮车过去接一车货，然后专门倒卖给一个没作促销的地区，行里把这种人叫做“黄牛党”。

8. 死冲货

“死”字什么意思？就是已经来不及救了，厂价38元/箱，市场上已经通过冲货，把价格打到36元/箱，价格倒挂，终端价比厂价还低。

第二节 对症下药，千方百计打冲货

8种类型的冲货，我们要辨证施治。

一、良性冲货施治

两个城市门挨门，在这两个城市交界的地方，有批发市场造成货物流动，量不太大，价砸得也不太低，你作为当区经理，怎么办？

有人说：“把这个经销商剐了。”有人说：“睁只眼闭只眼。”

我的看法是：这只眼睛闭，那只眼睛也闭，两眼一起闭。

为什么？管经销商打冲货靠什么？靠杀气。什么叫做杀气？举个生活中的例子。

上学的时候是高个子的孩子打架打得多，还是小个子的孩子打得多？假如打人和被人打都叫打架，那么谁打得多？肯定是小个子。为什么？别的小孩一看大高个的家伙就害怕，没人敢打他。小个的长得瘦小枯干好像很好欺负的样子，就有很多小孩想扁他。

所以杀气就是平时让他对你心存忌惮。管经销商，我觉得主要靠造杀气，你要告诉你的经销商，我们公司打冲货两条原则，第一条原则，“攘外必先安内”，第二条原则，一旦让我抓住你冲货，只有六个字，“杀无赦，斩立决”。你平时把杀气造出来，就没人敢以身试法。

那么我为什么又要让大家面对良性冲货时“这只眼睛闭，那只眼睛也闭”？这不是互相矛盾了吗？不是，这是一种艺术。因为你们想想，良性冲货你能不能根治？你能不能让两个城市之间一箱货都不流动？不可能。良性冲货你无法根治，你不可能看见一次良性冲货就真的把客户干掉。所以遇到很小范围的良性冲货，我们一只眼睛闭，另一只眼睛也闭——这次我没看见。

如果你不装做没看见，介入了这件事，最后又不能履行“杀无赦，斩立决”的诺言，会让经销商感觉到：“你看见我冲货了，你也不管。”那么良性冲货就会变成恶性冲货。

表面上虚张声势，要维护你的杀气，号称抓住冲货经销商立刻扣返利，而且“杀无赦，斩立决”，但是该看不见的地方，你一定看不见，这跟杀气并不矛盾。

二、仇家冲货施治

两个经销商有仇，冲货只是为了一口气（尤其在二类以下市场仇家冲货还挺普遍的），厂家夹在中间左右为难，两个都是你的经销商，他们两个意气之争，砸价、冲货，砸得鸡飞狗跳，价格倒挂，严重危害市场秩序，怎么办？

干掉一个？不对，做销售没那么简单。

断官司？分清黑白？千万不要。记住一个原则，千万别蹚这浑水，千万不要把你自己卷进仇家冲货的恩恩怨怨中去。为什么？本来这俩经销商可能是小恩小怨，一旦你作为厂家介入“明判事非，伸张正义”，两个人的恩怨不但不会化解，反倒会升级。

假如我有两个孩子，一个6岁，一个4岁。某天我去上班，把他俩锁在了家里。下了班，我一打开门，发现这俩小子在房子里面锁了一天，打起来了。一个流鼻血，一个流牙血。你说我这个当爹的应该怎么办？灭一个？不可能吧。秉公办理，伸张正义？你试试看，你问他们谁先动的手，谁不对？然后把那个理亏的恶小子骂一顿，教训两下。

当然你可以这么干，但是第二天当你去上班后，他们会怎么样？肯定会打得更凶。

我的做法是：“你们俩，去，全都给我靠墙站着，站1个小时以后再吃饭！”大家可能会觉得这个当爹的有些糊涂，但我自然有我的道理。罚站中先把老大叫过来，“老大，过来，我问你，今天打架怪谁？”注意语气要严厉，有时候同样一句话用两种音调，用平声还是仄声效果不一样。倘若你把老大叫过来，和颜悦色：“老大，你说今天你们俩打架怪谁？”他肯定说：“怪弟弟。”倘若你一拍桌子，厉声说：“你说怪谁？”他肯定哆哆嗦嗦回答：“怪……怪……怪我！”

这个技巧在销售工作中也有用。假如康佳的人到超市里面，想了解王牌彩电的销量，你去问促销员：“小姐，你们王牌彩电，一个月卖多少？”她会不会告诉你？不会。怎么办？我告诉你一个方法，你黑着脸过去，把她工牌一看厉声问：“姓什么？叫什么？站好！看你半天了，做导购做成这个样子，衣服扣住，工牌戴正，把各个品项的价格给我背一遍，我是你们总部大区总监，下来看市场，你告诉我你上个月卖了多少？”你猜她说不说？肯定说。导购是一个公司里职位最低的，她怎么知道大区总监长什么样！

大儿子看我脸色凶恶，忙不迭地认错“怪我怪我”。我又问：“为什么怪你？”你猜他知不知道为什么怪他？知道。他回答：“因为大的不能打小的。”

我说：“对嘛，你是大的，不能打小的，尤其不能打自己家的！”

大儿子立刻会说：“对，我不能打小的，尤其不能打自己家的。”

这时候我语气缓和一点：“那你说你跟弟弟打架错在你一个人，我为什么让弟弟陪你一起站，我为什么不让你一个人站？”（现在独生子女越来越多，有两个孩子不容易。我平时非常注意培养我这两个儿子之间的感情，常常教他们兄弟要互相帮助。老爸总有一天会走的，老爸走了以后，这个世界上，上阵父子兵，打仗亲兄弟，互相帮忙的只有他们俩。）

大儿子一看老爸的情绪在好转，说话也开始顺溜了：“爸，我知道因为你总有一天会走的，你走了以后，这个世界上互相帮忙的就只有我们俩了。”我一听这个孩子够实在的，但是听着气人：“好了，你知道就好，老爸也没那么快就要走，知道错就要认罚，回去继续站！”

接下来，又是老办法，厉声问：“老二过来，你说怪谁？”

二儿子：“怪我。”

老爸：“哪里怪你？”

二儿子：“小的不能打大的。”（原来他也知道）

老爸：“对嘛！小的不能打大的，尤其不能打你打不过的。你4岁打人家6岁的，你能打得过人家吗？你说怪你，你是小的，不能打大的，其实你哥也不对。不能以大欺小，下次他打你你就说他以大欺小，听见没有？我再问你，知不知道我为什么让你们两个人站，不让你一个人站，也不让你哥一个人站？”结果这个小的比大的聪明，回答了一句话，我觉得这小子长大一定有出息。

二儿子：“爸，我知道，因为上次你让我哥一个人站，没让我站，第二天我哥把我打得很惨。”

老爸：“他敢打你，你告诉我，我再扁他。”

二儿子：“他说你再扁他，他扁我更惨，你让我们俩一起站，我比较安全，我乐意。”

当两个经销商仇家冲货的时候，你千万不要蹚浑水，不要追究他们以前的恩怨谁对谁错。如果厂家产品够强势，你就各打50大板；如果厂家不够强势，你就只管和稀泥做老好人，为什么？他们两个仇家冲货、砸价不为钱，为的是气，其实几年打下来他们俩冲得累不累？累。他们想不想那么一直冲下去？不想。他们早想有人调解了。

仇家冲货，怎样和稀泥？

张哥，你是我大哥。李哥，你也是大哥（你千万不要说他是二哥，他会不高兴）。先告诉张老板“你不要跟他一般计较”，转过身跟李老板说“你不要跟他一般见识，他这些年跟你打，都是因为死要面子，实际上已经后悔了”。你们都是我的经销商，都是我的朋友，冤家宜解不宜结，咱们做生意求财不求气，今天就当给我面子，我给你们一点促销补偿一下，咱们一起赚钱，不要再计较以前的小事了。

经过你的调解，这两个仇家经销商，很有可能会化敌为友。

仇家冲货要注意，要点不在钱上，也不在理上，关键让当事人的气顺了就行。

三、库存冲货施治

经销商库存量太大冲货怎么办？这种情况比较好处理，平时多关注经销商库存数字，运用1.5倍库存法则下订单，警示即期品，一旦发现有问题，尽快作促销帮他把库存分销掉。

四、空白片区冲货施治

经销商市场做得粗，有几个断货的地方被人家冲怎么办？要不要告诉经销商，“人家冲你的货，我帮你一起打他”？不要。我在做销售总监的时候，经销商也会跟我诉苦说：“魏总，我们这个郑州市场没法干了，到处冲我的货。你看陕西冲我的货，山西、河北都冲我的货。”这个时候应该怎么回答？我告诉他：“冲货可耻，被冲无能，到处都冲你的货，看来老张你一个人做不了郑州，我给郑州再开一户，帮你一起做。”他一听，立刻大喊：“不用不用，我能搞定。”

冲货可耻，被冲无能，的确如此。如果有一个市场，经销商做得很差，空白片区被人冲货，怎么办？鼓励冲货——没错，就是鼓励冲货，用冲货刺激当地那个不争气的经销商。带经销商去看市场、去看冲货，告诉他：“老张，你看你管的市场，你以为你太原管得很好，就在你眼皮底下，好几个批发市场照样断货，被人家冲货冲过来。我已经统计过了，每个月人家冲的货有700多箱，这个700多箱的数字，对你意味着什么销量？如果你把自己的市场做好了，这700箱的量是你的。现在是你的市场你没做细，让人家来白白抢走700箱的量。”

特别提示：空白片区被冲货，我们说“鼓励”只是一句气话，目的是用冲货来刺激当地那个不争气的经销商。一旦当地经销商表示悔悟，愿意把市场做细弥补漏洞，我们还是要遵守市场秩序，跟进当地经销商的精耕市场行动计划，帮他把冲货挤出去。

五、带货冲货施治

由于带货冲货（经销商把名牌产品压低价格打开通路，然后顺着通路卖杂牌产品赚钱）是一种最普遍的冲货方式，危害也比较大，因此治理这种冲货的方法也比较复杂，要从预防、取证、治理几个环节入手。

1. 预防带货冲货

大体上可从以下三个方面预防带货冲货。

(1) 建立预警系统，及时掌握冲货信息

我给汇源果汁作培训时，跟他们内部的经理作访谈（了解企业内部的问题），其中一个经理自我介绍时告诉我，他是“打窜（冲）办”的，我当时没听懂，后来才知道汇源果汁为了打窜货专门成立一个“打击窜（冲）货办公室”，由此可见汇源果汁这个企业对打击冲货的重视程度。公司对冲货有没有给予足够的重视，从它的机构设置上就可以看出来。

我在给一个很大的日用品企业作培训时，发现这个企业内部有一套很独特的管理方法。这个企业总部有一个叫监察部的部门，监察部有40个人，清一色刚毕业的学生，在公司里没有任何人际关系背景。他们的工作任务只有一个：罚款，每个月开完月会，监察部这40个人就作鸟兽散——有的留总部，有的下市场，一旦发现员工上班没穿工作服，罚；经销商冲货被抓住了，罚；业务员带老婆一起出差，罚；业务主任住130元的宾馆，报销280元的发票，罚；开会打瞌睡，罚……

甚至新品种上市期间，因为全国各地有比较大的促销费用投入，监察部罚款竟然带任务量。啥意思？这个月给我罚2万元，罚不够从你工资里扣。你们想象一下，这些年轻人带着任务量下去，怎么罚款？可能会瞪大眼睛到处找："怎么还不出事呢？赶紧出事，我没罚够2万元呢。"

更可笑的是，这个监察部最后成为一个"创收部门"——每个月罚的款，比他们这40个人的工资高得多，年底一核算，监察部利润率比销售部的还高。

这些招数外企是死也想不出来，想出来也不敢用，但是中国企业敢用，而且往往能够出奇制胜。我不知道读者觉得这几十个人的监察部有没有必要设立，我的看法是这个做法可供中国企业学习借鉴，中国企业最缺的就是稽核、督办、复命意识，虽然残酷了点，但绝对有用。

想防止冲货，先看你有没有设立打"窜"办公室，有没有设立监察部，从组织机构上，你有没有对这件事情给予足够重视。

（2）注重网络的均匀性和有效性

什么叫网络的均匀性？如果你的经销商网络不足以覆盖你管辖的市场，就叫网络不均匀；如果你有50个经销商，月底一看销量，三大经销商的销量占了一半，也叫网络不均匀。销量过分集中在大客户身上，往往就是冲货、砸价造成的。

怎样监控网络均匀性？你是个区域经理，你管的经销商只要超过5个，最好每个月都作客户月度销量排名，随时监控销量的异常变化，防止个别经销商通过冲货做大而不好"收拾"。

某区域经理管了20个经销商，每个月把这20个经销商按销量从大到小排名。如果发现经销商张三上个月在20个经销商里面销量排在第18名，这个月却突然上升到第2名，说明其中必有缘由，很可能就是窜货造成的，那么立刻要查公司上个月是否给张三作促销（促销会使销量增长，这是正常现象），如果没作促销，但销量增长，就要问原因了。“老张，怎么上个月销量这么好?”如果他回答“因为上个月我新开了两个县城客户”、“因为上个月我做了一个新品种的铺货”、“因为上个月我新进了两家超市”……只要他能给你一个比较合理的理由就好。如果他没有合理解释，说明他可能就是冲货、砸价的教父，接下来就要明察暗访，开始“摧残他，折磨他，蹂躏他”。

如果你只看区域总任务量有没有完成，不去监控每个经销商每月的销量，等你发现问题的时候往往为时已晚（一个大户冲货时，虽然别的经销商的销量在下降，但他的销量上升，所以整体销量暂时不会明显下降），最后就会出现网络不均匀。一旦大产销量寡占现象形成，这个时候你再想动他，就动不了了，他所占的比例太大了。在小老虎变成大老虎之前把他干掉，这就是网络均匀性监控的目的，是一种预警机制。

网络有效性又是什么意思呢?

即我们是要监控客户的月进货次数（每个月不但作销量排名，还记录每一个客户这个月进了几次货，防止出现“死客户”现象——号称100个经销商，一到淡季88个客户不进货，只有12个客户进货)，在监控客户的进货次数时，如果你发现某个客户上个月进货两次，这个月进货9次，这个客户的进货次数增加的同时，他周围客户的进货次数在减少——那么这个客户一定是冲货的“嫌疑犯”。确定后“摧残他，琢磨他，蹂躏他”，断他的货，断他的促销品，断他的人员支持，减少对他的广告支持、旺销品，少给他发货等，直到他收敛自己的行为为止。

（3）**注重经销商选择和管理的质量**

①注重经销商选择的质量。我们知道，经销商选择不能以对方的实力大小为标准，要选择适合自己的经销商。

选择经销商质量很重要，也常看到一些经销商，在大厂家面前赌咒发誓（因为他想做大品牌，他也知道大厂家不要他是因为他的车全是8吨车)：“我们以前是主要靠做外埠市场，我跟你合作后我就改。”你信不信他能改?绝对不能相信，一个经销商不会因为跟一个厂家的合作而改变他的生存模式。

②提前“洗脑”，前文讲过这个知识。

③收押金，签协议，团队制裁。作销售一定要“庸人自扰”，要学会自己给自己找事做，做工作凡事要往前多走一步。

我在可口可乐一个县市级办事处做业务员的时候，可口可乐经常作促销——买几箱可乐，送一把广告伞。该促销并非面向所有商店，而是只针对十字路口的位置好的商店，目的是为了把可口可乐的广告伞插起来（在一些大城市里插广告伞还得倒给商店钱）。

这个政策到我手里，我就向公司申请不这样执行（我要想增加销量，有的是方法，不必用广告伞来做赠品），我要达到目的——把广告伞插起来。于是这个政策变成了让客户先交100元钱押金，我就免费送1把伞，然后你要跟我签协议——保证这个夏天每天把我的伞插在商店门口，厂家会不停地派人来检查，如果发现有一次伞没插，扣你5元钱，发现20次伞没插，这个伞的押金就不退了。

这其实是我自己给自己找罪受，比起买可乐送伞的方法，我的做法工作量又大又得罪人，要搞上几百份协议，然后派人装模作样去查一查，碰见不插伞的客户就吓一吓、劝一劝，虽然每一个客户不会都真的天天把伞插出来，但效果一定会变好。

结果，在别的办事处，可能发了100把伞，街上1把也找不到，但在魏庆这个办事处，发了100把伞，一走出去则“莺歌燕舞”，一片都是红太阳（可口可乐广告伞是红色的）。

作销售必须往前多走一步，必须学会“庸人自扰”，“收押金，签协议，团队制裁”就是一个典型。每年到了旺季，我会再做一件事，把我的经销商全部召集起来开会，在开会的时候我讲：“各位，咱们去年砸价砸得都没钱挣，今年能不能不砸价了?”他们口头上当然答应：“能，绝对不砸价。”我就趁热打铁：“好，大家同不同意，咱们今年在这里签一个君子协议，共同承诺绝不砸价?”他们当然也乐得做个顺水人情，同时也标榜自己是没砸价的“良民”，都同意签协议。但是一看协议上注明要交“砸价保证金”，立刻不愿意了，然后我就给他们做思想工作：“保证金不要交给我，交给厂家你们也不放心。咱们这群经销商成立个协会，协会会长就让经销商老周来当，周大哥德高望重，在当地大家都信得过，你们把钱交给他，我们厂家做公证人。交这个钱给会长什么意思呢？意思就是保证各位不砸价，我相信你们谁都不想砸价，你们每个人都是‘怕别人砸价，所以还不如我先砸价’。你们把钱交给周会长，然后咱们签君子协议，今年这个旺季，在座的经销商绝不砸价，如果发现哪个人砸价，一旦确认，老周直接扣他的保证金。而且咱们君子协议上签清楚，有人胆敢带头砸价，其他经销商联手一起‘砸死’他。”

保证金数目不大，又有厂家作担保，没有砸价企图的经销商立刻就响应表示愿意，个别不交钱的可能就是“犯罪分子”，至少也是“嫌疑犯”。我就当场拿话挤对他：“怎么啦，张老板？别人都交，你不交，你这不是给自己脸上抹黑吗？你跳进黄河也洗不清了。”说实话，交了保证金他也未必绝对不冲货，不砸价，只是我给冲货者制造了障碍、增加了成本，让事情逐渐好转。

还有一个更狠的方法，就是团队奖金。什么意思？这是被逼得没办法我才想出来的“阴招”，打冲货打得太累了，最后想了一招“团队奖金”。

假如把广东一分为四：粤东、粤西、粤南、粤北。粤东区可能是10个经销商，你们10个经销商组成一个小团队，今年一年下来，如果粤东区没有发生恶性砸价，你们10个经销商，每人5000元钱和平奖。反之，如果你们10个经销商中间有一个人砸价，那么10个经销商的和平奖全部取消。

我发现这一招效果太好了，“宁犯天条，不犯众怒”，经销商宁可跟厂家“掰了”——大不了我不做了，我找另外一个厂家做，也不敢惹恼周围一片同行。因为如果周围10个经销商真的恨他，都要“砸”他，他绝没有活路。

④合理的经销商压货量和利润额。我们讲过，决定一个区域市场销量的是终端启动，经销商完成的只不过是进货量和库存转移。让经销商过多压货有没有好处？有，唯一的好处是抢资金，旺季前抢资金，在竞品的新品上市前抢资金，只有这一个好处。

但坏处无穷：积压过期，经销商周转率下降产生抱怨，货款无法回收，因为客户库房里有太多货造成厂家不敢“剁”他等。经销商压货量一定要合适，如果他自己的货刚好够卖甚至不够卖，哪里会发生冲货。

另外，也要给经销商创造合理的利润空间。大多数情况下，只有当经销商做你的产品无利可图的时候，他才会考虑通过冲货来赚取额外利润。如果经销商有比较合适的利润，他的冲货动机就会减小。那么，怎样帮经销商创造更多利润额呢？除了鼓励经销商做高毛利渠道（如团购、餐饮）以及对经销商进行促销支持市场推广之外，还有一个方法，就是一定要帮经销商完成全品销售。很多经销商是晕头晕脑做生意——你问他这个月赚了还是赔了，他不知道！他一定要到年底盘账才能知道。你要帮他算账，教给他品项销售观念：“老张，你目前的状况，卖我们产品‘小康100’，一个月大概能挣4000元，你现在不要急着把这个利润已经很低的老品种使劲冲量，你应该把高利润品种再推一个。比如你推‘小康120’的第二个口味（原来卖的是牛肉味，现在再推一个排骨味，同品种第二口味推广难度比较小），你卖‘小康120’一箱的利润比‘小康100’要高4倍，你多推一个排骨口味的‘小康120’，假如卖到1个月100箱，你算算利润增加了多少。”

⑤市场精耕细作。对于经销商来讲，的确是“冲货可耻，被冲无能”。但各位也不要以为批发商都愿意从外地接冲货，只要有头发，没人愿意做秃子。从外地接冲货，其实是需要很多成本的：运费、货物有质量问题对方不给退换的成本、跟当地的经销商反目成仇的成本等。实际上只要当地经销商能够精耕细作，上门订货，上门换破损，上门作促销，而且维护好价格秩序，让大家层层有钱赚，服务够细致，市场做得够完整，二级批发商大多不愿意从外地接冲货。所以说市场精耕细作，加强服务力度，是预防冲货的最好方法。

2. 已经出现带货冲货怎么办

（1）抓黑手

假设发现最近有个姓张的客户正在往你这个片区冲货，你（厂家业务员）跟当地经销商两个人一起去找他：“老张，你怎么冲我的货呢？”他会说：“我没冲啊？你怎么能怀疑我？你看我这张诚实的脸！”中国有句古话叫“贼无赃，硬似钢”。

打冲货第一要抓黑手（抓住对方的冲货证据），抓住证据再去找他：“张老板，你冲我的货，人赃俱在，你自己说怎么办？我用更低的价格给你冲回来，还是我上报厂家制裁你？”他一定不敢再嚣张了。如果没有证据就去找这个经销商，就会打草惊蛇，就相当于告诉对方：“老张，下次冲货小心一点，别被抓住了。”

有人会说：“冲货的黑手不好抓，因为冲货的经销商一般都会把他的痕迹掩盖起来。”好，现在跟大家做个小游戏，教你怎么迅速抓住冲货的黑手。

第一步：把你的手机面板朝下反扣在桌子上；

第二步：在心里默默回答我几个问题——“这手机是你买的吗”、“不是偷的吧”、“用了多久了”；

第三步：如果你确认自己的手机不是偷的，是自己的，而且已经用了半年以上，请你回答如下问题，并把答案写出来：

☆你的手机屏幕上有几种颜色？

☆你的手机右上角第一个键是什么字母？

☆你的手机左上角第一个键是什么字母？

☆你的手机键盘由几种颜色构成？

第四步：把手机拿起来，对着自己刚才写下的问题答案，看自己答对了几个。

我想如果我是个糊涂的法官，可以把99%的读者送进监狱——你自己的手机怎么自己不认识，一个问题都答不对呢？

大家懂我意思了吗？这叫视而不见。你看，这手机你都用了半年多了，你每天看手机不下10次，但是手机的键盘有几个颜色你却不知道。

冲货证据不好抓。但是，如果一个区域经理真的想抓冲货的话，跟当地经销商联手，怎么可能抓不住呢？方法太多了：

我们在可口可乐时，一听说有人来冲货，立刻给业务员配照相机。出去拍什么？拍车牌号，然后顺藤摸瓜根据车牌号查是谁在冲货。

外地车来这里冲货，总有出货单吧，这个出货单上货主要签字，我想办法从当地批发商那里找到你的出货单，查你的笔迹。

我可以派人上门去买。

我派人装成另外一个厂家的业务员，跟你谈经销权，趁机钻进你库房里看。

我可以蹲坑守株待兔，看是哪里的零担车来往发货。

我可以晚上跟踪你的车，看你的车去哪里提货。

……

真想抓冲货，一定有很多方法。有这样的经销商，他狡猾狡猾的，他冲货的时候是半夜3点出发，拿块黄布把车号盖起来，出货的时候在出货单上写个假名字，还把箱子上的编码撕掉。经销商冲货的时候，会不会掩盖痕迹？会。但是真的要把痕迹从头到尾掩盖住，不可能。

打冲货第一件事是抓黑手。办法有很多，原则就一条：只要想抓，一定能抓到。以后如果经销商向你抱怨："假如将来冲货怎么办？"你怎么回答？

我的答案是："张哥，你给我们做郑州的市场，结果被冲得一塌糊涂，你说怪谁？只能怪咱们没把郑州市场守住，我是郑州经理，你是郑州经销商，郑州被别人冲得一塌糊涂，是咱俩失职。咱们以后立一个君子协定，打冲货你负责抓，我负责打，别人往郑州冲货，你只要抓住证据来找我，我一定帮你打。但如果你证据都抓不住，我就要追究你的责任。"

（2）**建立价格围墙**

作为区域经理，这个区域有哪几个客户喜欢从外地接冲货，你应该是心里最有数的。

从没听说有哪个经销商一次冲了3箱果汁的，不可能，最少也得300箱以上，因为冲货没多少利润。尤其在二线以下城市，一个区域能够从外地大车接货的就那么几个客户，那么经销商出面，把几个有接冲货嫌疑的二级批发商叫在一起开会。

老张、老李、老刘、老马，你们几个，咱们一起吃个饭，今儿个我（总经销商）做东。我现在做可口可乐的经销商，你们几个给哥哥我抬个面子，我做的货，你们不要从外地接冲货，好不好？我知道你们为什么从外地接冲货——便宜5毛钱。但是你从外地接冲货，一年无非接个三回五回，一回占300元便宜，一年多赚2000元就了不得了。这样做没啥意思，还搞得咱们兄弟见了面闹矛盾。大家低头不见抬头见，给我个面子，你们几个只要不从外地接冲货从我这儿接货，我以后把你们定为一类客户。我给你们上门订货，上门换破损，上门作促销，上门作服务，上门贴海报，上门作陈列，上门作库存管理。厂里有促销政策我先给你们，厂里有返利我先给你们，厂里有各种好处我先关照你们……

这种做法对批发商有没有吸引力？肯定有吸引力。也许有个别批发商拿着你的政策，继续偷着去接冲货，但是大多数批发商都不会再去接冲货了。6个批发商被你这么开会一煽动、一拉拢，有4个不接冲货了，还有2个接。冲货的经销商开车过来一看，还剩2个客户，他感觉这边的市场突然没量了，算了，我冲另一区域——冲货问题就这么解决了。

（3）**换大箱**

冲货有的时候是从卖得不好的区域往卖得好的区域冲——因为卖得好的区域市场大，好下货。

有的时候则是从卖得好的区域往卖得不好的区域冲，为什么？一个公司卖得最好的区域，这个经销商有比别人更高的返利。

如果卖得好的区域的经销商往外冲货，你不妨把这个好区域的产品箱容扩大，换大箱。

有一个果汁企业，其产品在河南、陕西、甘肃、青海、宁夏卖得非常好，但在长江以南的城市，卖得就比较差。郑州和西安的经销商就常常仗着自己返利高补助高，把货冲到南方区域。该企业就用旺销区域换大箱的策略解决了这个问题。

别的地方一箱24包果汁，给郑州、西安搞成一箱40包果汁。这个动作一做立刻不冲货了。为什么？因为第一，40包一箱的大箱子冲到外面，一眼可以看出来，很容易"抓黑手"；第二，在卖得不好的区域，24包一箱人家还嫌大，40包一箱更大了，零销店老板不要了。但在卖得好的区域，40包一箱并不影响销售。

（4）**查三证**

可以利用行政条文来捍卫自己的权利。其实你翻腾翻腾条文，很细，一旦运用起来也很可怕。

假如有一辆卡车，卡车上有一个司机、三个工人。卡车上带了三个厂家的货，分别是可口可乐、康师傅和华丰面。这三个厂家的货包括可乐、雪碧、芬达、醒目、华丰2000、康师傅水、康师傅绿茶等10个品种，每一个品种有三个生产日期。

你知道就这一车货来到你的地盘作销售得带什么证?

第一个，这个车得带驾驶证、养路费年检证，而且这个车在作销售，还得带一个营运证，如果是来北京作销售，还得带一个进京证。别的不说，就这4个证，你看看有几个车带全?

再往下看，一个司机、三个工人要带什么？身份证，还有食品从业人员健康证，这就12个证了。

再往下看，三个厂家的货，每一个厂家的货，你都得带三证复印件（工商营业执照副本、税务登记证副本、法人代码证)，共9个证，加上前面的12个证，总共已经21个了。

另外还有10个品种、3个批号，共计30个单品批号的产品，每一个单品的生产质量许可证、卫生合格监督证，还有当地防疫放行证，合起来一共100多个证。你打死他，他都拿不出来。但是如果你去细抠工商行政条文，你查他130个证，你并不犯法。

你可以在当地执法部门的帮助下，连人带车拿下。

当年西北有一个特大的经销商。这个经销商大到什么程度？他有30多辆卡车，在各个地级市设立分公司办事处，队伍比厂家还大。他冲货冲到什么程度？露露、华丰、康师傅几个厂的销售总监都跟他谈:“你别冲了，我们年底给你发额外返利。”

但就是这个经销商，后来却叫我手下一个姓王的业务主任给治了。怎么治的？这个经销商冲货冲了好几回，把这个主任给惹急了，就联合当地缉私队、工商、税务查。结果是连人带车扣了，拿钱来赎人。当时小王是我的下属，我们都替他捏把汗——你把这个经销商整这么狠，你不怕他找人“弄”你？我们替他的人身安全担心。后来发现，没事。为什么小王把这个经销商整成这样还能没事？是不是这个经销商“整”不过小王？绝对不是。这个经销商的实力要比小王大不止10倍，但他为什么不报复？因为他犯不上，960万平方公里大好河山，我哪儿不能冲，我非冲你这块小区域？他一看这边不好惹，算了，惹那边。

特别提示：借助工商行政法规的力量打冲货，不但可以查他的证件，还可以向工商部门投诉冲过来的货是假货，或者告对方恶意低价倾销。政府的做法往往是先把这批货查封慢慢审理。需要注意的是，这么做会殃及当地接货的其他客户，还有可能引来政府把你的产品、执照查一遍，所以要计划周密，三思后行。

第三节 预防二批接冲货和二批砸价

一、怎样预防二批接冲货

1. 关注大二批的客情和异常库存

我们讲过，业务员管理经销商，靠的是专业形象，管理批发商也一样。真正对管理客户起作用的是你的专业形象和专业客情。

在中国作销售，市场游戏规则很重要，潜规则也很重要——就是人的问题。客户也是人，人跟人打交道，说白了，有时候也就是个面子问题。二批心里明白，他把哪个产品砸了价，就是跟哪个厂家过不去。所以业务员要建立每个市场大批发商的资料，去拜访这个城市的时候不但要拜访经销商，还要拜访批发商。上门作库存管理，上门拿订单，上门送货，上门给他培训导购，他的库房库存量太大时你帮他分销，遇有适当时机你也给他洗洗脑、上上课。

一来二去，批发商对你产生尊重，他就有可能对你的产品“网开一面”（不再接冲货和砸价）。

2. 建立大二批的进货台账

什么叫大二批的进货台账？我们管理经销商，要监控网络均匀性、有效性，要去盘点每一个经销商的月进货次数和客户月销量排名。不妨把这个方法移植用到经销商对二批的管理上。帮经销商给他手底下的大二批建立客户销量档案，发现这个大二批最近销量异常增长，进货次数异常增长——其中必有端倪。接下来就是明察暗访，抓住证据，上门判断，斗智斗勇。

3. 增强网络控制力

经销商在管理二批的时候，要做到三个控制。

第一个：数据控制。就是建立二批的网络台账，随时可以发现哪个二批的销量异常增长，防患于未然。

第二个：客情控制。厉害的经销商除了能给二批产品和利润，还能给二批生意之外的东西——高频率的拜访，上门退换破损，上门去帮他作分销，上门去帮他搞定客诉，定期举办经验交流会和培训会，甚至成立商会——大家抱起团来跟超市谈费用，抱起团来面对一些社会恶势力。这些交易之外的东西，就是客情控制。

第三个：武装力量。大家别误会，我并不是让经销商养几个打手。对经销商而言，要想你手下的二批不敢砸你（所代理产品）的价，你自己必须有直接拜访终端，直接做零销店，直接做卖场的能力。如果你有这支“武装力量”，哪个二批敢不听话砸你的价，你就可以告诉他“你敢砸我的价，我立刻让我的人去抢你的客户”。反之，如果你没有这支力量，你就无力还手。终端队伍是经销商管理批发商的“核威慑”手段。

二、二批已经开始接冲货、砸价，怎么办

经销商是厂家签约的一级总经销，他旁边有个批发商，他跟厂家什么约都没签，他从外面接冲货又砸价出货扰乱市场秩序，如果“非法”批发商出货价比总经销的价格还低，怎么办？

1. 以牙还牙，专打痛处

发现有批发商砸你（产品）的价，直接去找他谈判，有用吗？

经销商如果在当地实力很大，去找这个批发商谈可能还有点用，因为不管黑的白的，这个经销商能震慑住该批发商几分。

事实往往是这样，经销商出货38元/箱，二批出的是37元/箱砸价。这个时候经销商直接找这个二批谈，他根本不理你——可能这个二批实力比经销商还大。这时候怎么办？谈判是什么？谈判就是双方坐下来谈谈妥协的条件。你不能让对方怕你，你就没资格跟他谈判。

背景：

总经销商张老板主要代理的产品是汇源果汁。批发商王老板同时又是金星方便面总经销（此处举例拟名“金星”，如有雷同，纯属巧合），从外地进汇源果汁，砸价出货。

总经销商张老板：OK，你王老板敢砸我汇源果汁，一次砸2000箱，一箱砸5毛钱。我砸你（批发商王老板）金星面砸多少箱？4000箱？我才没那么多钱陪你玩——你砸我的汇源果汁砸2000箱，我砸你的金星面50箱；你砸我每箱5毛钱，我每箱砸你5元钱。我自己掏腰包硬赔钱卖你的金星面，我才总共赔250元。我把这个货放给谁？我专门给你的下线客户放货，而且一边放货一边宣布：金星面厂降价5元钱，都降了快半年了——这些下线客户就会说“这个该死的老王又黑了我4.5元”。

以牙还牙，专打痛处的意思就是：你敢砸我（代理的产品）的价，我就砸你（代理的产品）的价。砸哪个品种？最畅销的品种？不，那样容易出现副作用——比如他还代理可口可乐，你砸他的可口可乐，结果误伤一大片同行，得罪了一群人。你要砸他利润最高而且还独家经销的那个杂牌货，他损失的利润很大，而且你误伤的面小。

我的优势是——纯属报复性袭击。你砸我是一次2000箱，一箱砸5毛，你的目的是赚钱或者带货。而我砸你一次50箱，一箱砸5元，我是为了“整死”、“整怕”你，所以我无所顾忌，可砸的幅度很大——咱们立场不一样，你别看你是大批发商实力比我大，我小如钉，你大如牛，这钉跟牛碰，不一定钉吃亏。当然，我砸你的价，不是为了跟你“鱼死网破”，“打到死一个为止”，我是为了教训你，让你知道我不好惹。砸上三四次以后对方会去找你谈判。

话术示例：

经销商（很关心地问）：王老板，听说最近有人砸你的价，你听说了没？

砸价批发商：听说了，砸得我现在头疼得不得了。

经销商（很神秘的）：你知不知道谁砸的？

砸价批发商：不知道，正查呢！

经销商：我知道谁砸的。

砸价批发商：是谁？

经销商：嘿嘿，是我。

砸价批发商：哎呀，我都愁死了，你还来跟我开玩笑。

经销商：真的是我，你看我这张诚实的脸，它从来不会撒谎。就是我砸的价，我自首来了。我告诉你，想“死”说话——容易，我陪你，就是因为你一直砸我的价我才砸你两把教训你。你要想“活”，咱们大路朝天，各走一边，从此休战怎么样？

特别提示：对于接货砸价的二批，直接上门谈，弄不好是“热脸碰个冷屁股”。你没把握一下子把他震住，就得以牙还牙，“砸”过他之后，再跟他谈。当然语气上不要像上面的例子中那么横，那是我故意让大家读起来轻松。你要真这么干，最好带几个保安去，另外让司机开车在路口等着接你逃命。

我在山东威海给一家农药企业讲这一招，有个业务员举手说，魏老师，你这招不“牛”，我这儿还有一招更“牛”的：

有个姓李的二批从外地接我们的货砸价，我们想了一招——晚上11点半，我跟当地经销商带了几个人去敲他的门（当然不是打他）。开门后，我以厂家身份跟他讲：“李老板，你是个批发商，何必跟我们厂家过不去，你跟我们过不去，你‘死定了’。我们某某农药，是全国知名农药厂，我们只有一个品牌，而且我们做的是全国的市场。你不一样，你是个批发商，你手里代理了30个牌子，而且你做的是一个城市的市场。你把我惹急了，我们报请总部支持费用，从全国调货，我把你30个牌子，每一个牌子砸5箱，每箱砸5元，我一次砸死你，你信不信?”

点评：这个批发商听完，他心里“毛不毛”？这厂家要真这么干一下，这个批发商就彻底完蛋了。当然这只是吓唬一下，厂家也不能这么干，否则岂不是“与整个武林为敌”（30个品牌的厂家和批发商、经销商都会起来反对）？

2. 对方没有品牌，纯粹是个“倒鸡毛”的，怎么办

如果二批接冲货还砸价，我们就得“以暴易暴”，砸他代理的产品的价格，先打完然后再谈。用这一招的前提是对方也在代理品牌产品。

前面我们说面对大批发商砸价的策略是“打他的痛处”。但是如果碰到一个小批发商接冲货砸价，这家伙根本不是“大如牛”，也不是“小如钉”，而是“小如针”——是个杂牌军（手里没有品牌，纯粹是个“光棍”），你想回过头打他，他说我没品牌，我“光脚不怕穿鞋的”，你怎么办?

最典型的就是有一群专门以倒货为生的个体户（可能还没执照），其中包括一些在大厂家当过业务员，后来发现商机辞职专门倒货赚差价的（可见这一行的利润还是比较可观）。行里面把这群人叫做“倒鸡毛”、“黄牛党”、“吃垃圾的”。这种手上没品牌又到处接货砸价的二批，最招人恨，很多厂家拿他们没办法。

这种人信息灵通，行动迅速（他可能在这个行业做过业务员，懂政策），比如说可

乐在佛山促销“醒目买一送一”，他立刻窜过去买上500箱，转过身到东莞卖掉。国美打特价“康佳彩电21吋纯平，特价500元/台，每人限购1台”。他立刻找了5个农民，“化装”成5个消费者，买5台，然后，转手找个批发商卖掉。这种人在批发市场面子还挺大——他甚至能不掏钱就拿到货。这边作促销，他来了，找个熟悉的批发商说“给我50箱货，我明天给你钱”，批发商也愿意支持（因为这种人还款信誉还不错）。这种“流氓无产者”“无家无业”，没有门店，没有品牌，活动能量还不小，真有点不好对付。

怎么办？有人说K他——算了，做业务做到要动武的境界就太可怜了。

有人说“招安”，你干脆给我做二批或者当业务员算了。问题是这种人干得好的不会因为你的拉拢改变他以前的经营模式。这种人靠倒鸡毛是赚到了钱的，他那小日子过得可能比一般批发商还滋润，很难安分守己地给你当批发商，更不用说给你当业务员。

硬打找不见目标，“招安”又怕他“贼性难改”，怎么办？

一是断货源，收购。如果他这批货扔到你的市场上会对你的市场有很大打击，就先把他的货用现金买过来再说，然后立刻查他是从哪里提货，把那边的源头断掉（这个比较难做到，但是必须做）。

二是打他“疼”的地方。这种人靠什么为生？靠差价和客情，他最看重的是他的固定客户网络和行业“声誉”（服务周到，包退破损，还款信誉好等）。

他最“疼”的地方就是客情，因此你就要想办法挖陷阱，破坏他的客情网络，直到他怕你，不敢再惹你为止。

常用的方法有三个。

（1）第一招是促销回击

比如我是可口可乐的业务主任，被一个姓李的倒鸡毛的批发商砸价砸得很厉害。我就在批发市场放风“可口可乐公司办事处的人说了，谁敢从小李手里接货，就让他赔死”，然后找个合适的机会“整”他一回。怎么整？最近发现他又从外地接货，52元一箱卖给当地客户（我们经销商出货价格是53元），一经确认，立刻从公司申请资源，在当地作促销，还卖53元一箱，但是我一箱送2瓶，折下来相当于一箱49元。这个动作下来，让凡是从他手里接货的人赔钱（这些人刚刚从小李手里52元一箱接货，厂家搞了个促销价格成了49元了）。然后我一边做，还要一边放风——就是针对小李，以后谁敢接他的货，就会“死得很难看”，这次就是个例子。

（2）第二招是赠品抢终端

这是我亲身经历的事情。有一段时间，我的经销商雪碧易拉罐出货是41元/箱，倒鸡毛的批发商叫王汉阳，从外地倒过来卖40.5元/箱。我们这个经销商外号叫徐拐子，很“坏”的，这家伙想了一招：我卖41元，你不是卖40.5元吗？好，跟公司申请个促销政策，买两箱送一个塑料脸盆。我们出这个政策专门把货往这个批发商的下线客户那里卖，一边卖我们一边宣传：最近这两个月，凡是进雪碧的统统都有脸盆送。结果客户就说：“王汉阳这个王八蛋，我说他怎么卖给我的雪碧比市场价便宜5毛钱，原来脸盆让他拿走了。”

更有戏剧性的是，这个王汉阳没想明白我们这样做是在对付他，他还真以为我们有脸盆送，就来找徐拐子了：“徐哥，听说最近买可乐、雪碧，都有脸盆送，我今天拿500箱货，你给我250个脸盆。”徐拐子说了一句话，后来传为笑谈：“我卖雪碧送脸盆，倒不是为了拿脸盆，主要是为了捉鳖，你看鳖来了。”

赠品抢终端也罢，促销回击也罢，道理都一样，就是打他（倒鸡毛的批发商）最疼的地方，破坏他的客情，让他在他的下线客户中失去威信，失去信誉。

（3）官方手段

这是个法律常识，你可以到工商局公平交易局（科）投诉倒鸡毛的客户低价倾销、不正当竞争，因为这种倒鸡毛的人，往往没有正当的经营执照，你可以借助政府力量把他“拿下”。

综上所述，对倒鸡毛的客户，你要让他知道，不要以为“光脚不怕穿鞋的”。你手里有品牌，我打你的品牌；你手里没品牌，我打你的客情网络；你说宁可客情被损坏也要倒我的货，我不相信你不怕政府的行政处罚。这些招不可能一下把所有倒鸡毛的人都搞定，但至少让对方感觉到，这个厂家的人不好惹，算了，这个货我还是少倒，我倒另外一个产品。

三、二批从外地接冲货但是不砸怎么办

市场总是有千般变化，我们现在已经知道了批发商接冲货砸价、倒鸡毛砸价的现象如何处理。但是现在又有新问题了，5排4号是我们的经销商，5排5号是个批发商，两

个人门挨门，但这个批发商就是不在经销商这里拿货，他就是要开车去300公里之外拿货。批发商如果从外地接货而且砸价，我们可以“打”他。但这次是他跟经销商门挨门却要去外地接货，而且他接外地货又不砸价出货。你总不能说：“你不接我们经销商的货我就“打你”——那就不讲理了。但是你不“打”吧，对经销商的信心又有很大打击，关键是这事情“恶心”人——你想想，可乐的经销商，眼瞅着隔壁有个“钉子户”不从他这里接可乐，而要去外地接货，听说接的价还比他这里低，而且出货价又规规矩矩，让你没有借口去“打”他。这简直就是滚刀肉，无处下手了。对于这种人怎么办？厂家业务员这时候就要帮助你的经销商拔掉“钉子户”——上门说服这个客户让他接货，“老板，我帮你算本账”，算完之后得让“钉子户”说：“噢，原来我从厂家经销商这里接货，还是比从外地接货合算。”

可口可乐公司业务员小魏、钉子户老张、经销商老王聚在一起。

小魏：老张，你别从外地进货了，你从我们经销商老王这里进货吧。你看我们经销商离你一米远，你不从这里进货你好意思吗？

钉子户：嗨，小魏，做生意要赚钱呀，我从外地接货比你这里便宜，一箱便宜5毛，一年下来可不少呢。再说了，我每个月都要去趟省城进货，也是顺便省点钱，我可不是有意跟你们过不去。

小魏：你一箱不是便宜5毛钱吗？我给你算个账，你就知道其实这5毛钱便宜得划不来。

钉子户（笑）：你这么大的本事，来，算给我听听。

小魏：老张，你从外地提货有没有算过运费？

钉子户（笑）：不用算，我就是不提你们的货，我也得去趟省城。

小魏：老张你不能这么说，你是商人，你做生意，就得算成本，你既然要去省城，你就应该去接那些当地没有总经销的货，否则你就要把运费算上去，一车1000元钱，平均下来你一箱摊2毛钱运费不过分吧。

钉子户（不服气）：就算你说得对，我还便宜3毛。

小魏：老张，你从我的总经销这里拿货，跟你从外地拿货不一样。你从总经销商处提货，你一次提1箱、2箱、3箱都可以。你甚至可以不提货，在门店摆个样品，有人来要，你从我的经销商这里借就行了。而你从外地提货，你不可能一个月跑8趟吧？那么你一次要提100箱、200箱，这就意味着要占用资金和库房，这个账你算了没有？

钉子户（若有所思）：对呀，这个我倒没注意过。

小魏：还有，去年夏天，我下面一个县城看到有商店把雪碧易拉罐卖46元1箱。我说“你吃了炭了，这么黑?”他说“不黑，我45元1箱接的货”。我明白了，我们厂雪碧易拉罐到了淡季卖42元1箱，到了旺季卖45元1箱，一个饮料厂家，淡旺季价格变动是很正常的。假如你在我的总经销这里接货，一次拿的货少，你船小好掉头，降价你也亏不了，甚至大幅降价，还会有二批补库存。你从外地拿货，假如你倒霉刚拿完200箱货，厂价降了，你一箱赔5元，什么时候能挣回来?

钉子户（开始冒汗)：对，对，对。

小魏：还有一个就是售后服务，你从总经销商这里拿货，有1瓶破损，我们给你包退包换。你去外地拿货，你1个月拿1趟，你拉了500箱货过来，破了1瓶，你不可能拎着再跑回去换吧。一瓶可乐卖3元，但是批发一箱可乐利润只有2毛，如果那边不完善不给退换（而且那边肯定没我们这边完善)，你破损1瓶就得卖15箱才能挣回来。

钉子户（脸色逐渐变绿)：来，抽烟。

小魏：最后一点也是最重要的，你跟我们总经销门挨门，你不从他这里进可乐，搞得我们总经销咬着牙恨你，不从你那里进你代理的好护士卫生巾，我们总经销的销售能力大不大你是知道的。就是因为你从外地进了点可乐，导致损失了我们总经销这么大一个客户，损失了这么大一块销量，你值得吗?

钉子户（无限神往状)：我可没那意思，我明天就从老王那里提可乐。

小魏：别急，让我说完，最后给你算一下，你总共便宜5毛钱，第一运费给你打掉2毛，资金压力、库房压力又打掉2毛，价格风险再打掉1毛，售后服务又打掉1毛，损失销量、损失客户网络再打掉1毛，算来算去，这5毛钱绝对划不来。如果你从我的经销商这里进货，那么我们把你提为一类客户，给你上门订货，上门换破损，上门作促销，上门作服务，上门作导购。

钉子户（眼泪和鼻涕开始一齐涌出)：我对你的敬仰之情，如滔滔江水连绵不绝。

好了，别做梦了，批发商没那么容易搞定，更不会随随便便就涕泪横流。

玩笑归玩笑，道理是一样的。对接货不砸价的经销商要恩威并施，一方面通过算账让他知道“你从外地进货划不来”，另一方面“只要你从我这里进货，我给你什么什么支持，甚至你以后从我的经销商这里进货，连钱都不用掏了，以物易物（我拿我的可乐换你代理的方便面，你拿你的方便面换我的可乐)，这叫投桃报李，桃李之交，取长补短，大家皆大欢喜。

四、死冲货的治理

什么叫死冲货？死冲货就是厂家38元/箱的厂价，终端价已经打成37元/箱了，行话叫价格已经倒挂了，这个产品基本上就没法卖了，因为谁卖你的产品谁赔钱。这种情况一旦出现往往很难很快扭转，只能用一些相对笨的方法慢慢改善。

1. 跟二批签协议

就是把厂家跟经销商的合作模式移植到经销商跟二批的身上。

假如有个市场，以前厂价是30元，经销商30元/箱卖给批发商，希望批发商卖31元/箱，结果批发商砸来砸去，砸成29元/箱。现在怎么办？经销商跟批发商齐步走，涨价，31.5元/箱，爱进就进，不爱进拉倒。真要这么硬干，二批肯定不接受——市场终端价29元/箱，我31.5元/箱进你的货，我亏得更多。

好，这时候跟二批商签协议，你们31.5元进货，同时31.5元出货，我要求你平进平出，不准你挣钱，但是月底给你返利2.5元/箱。

把厂家给经销商的先销售后返利的模式，移植到经销商对二批上（这个方法最早起源于方便面，现在在家电行业已经成为行规）。这个方法比较费力，但比较有效。

2. 高价搞促销拉升价格

经销商出货价30元/箱，让二批卖31元/箱，结果二批砸价砸成29元/箱。现在齐步走，涨价涨到31.5元/箱，二批不接受怎么办？我31.5元/箱，另外一箱送三包（折合下来相当于28元/箱）。终端价29元/箱，现在实际折合价28元/箱，二批有1元钱的利润，当然愿意接货。那么过一个月，我还卖31.5元，但是原来赠送是每箱三包，现在每箱送两包。再过一个月呢，每箱送一包。再过一个月呢，就不送了。把价格抬起来，然后高价高促销，接着逐渐减小促销额度，最后硬把价格拉回来。这也是个笨办法，但是笨办法往往有效。华龙面的小康120（2002年在山西、河北），还有健力宝的那个白罐子（2000年在海南、广东），就是这样一点一点硬把价格拉回来的。

3. 品项调整

西北有一个汽水厂叫冰山（此处隐去真实品牌名），它的产品主要是玻璃瓶汽水。有一年西安健力宝和西安可口可乐，这两位“老大”在拿玻璃瓶汽水打价格战，打到6毛钱一瓶。我估计冰山的厂长准在家拿头撞墙呢——“还让不让我活了，我惹谁了?”为什么？可口可乐和健力宝都有玻璃瓶装、有塑料瓶装、有大包装、有小包装。他们把玻璃瓶降价，别的包装的照样可以产生利润。而冰山厂就一个玻璃瓶品种，这两个老大哥的玻璃瓶都卖6毛钱一瓶，你冰山卖7毛卖不动，卖5毛钱你跟不起。结果就像武打小说里讲的，两大高手打架“掌风所至，寸草不生”，可口可乐和健力宝打着打着回头一看：“嗯？地上躺了个人。”一看是冰山，你躺这儿干啥呢，手一摸已经没气了！其实可口可乐和健力宝玻璃瓶装降价，谁也没想着要把冰山灭了，冰山纯粹是无辜的牺牲者。

小人物真的就这么可怜，总是要成为无辜的受害者和改革的成本吗？日化行业上演过一幕以小博大的故事。

最早是宝洁公司在中国第一个掀起了价格战——“飘柔”降价。宝洁的对手是联合利华，“飘柔”一降价，联合利华也紧跟着降价，这两个大企业就打起来了，又是两大高手打仗，掌风所至，寸草不生——各个厂都跟着降价，厂价降来降去，通路砸来砸去，大家都没钱挣。那一年，卖日化的经销商、批发商个个叫苦连天，说卖洗发水不挣钱。这时候有一个聪明的厂家，我不知道大家还记不记得——叫“丽花丝宝”。现在的市场看不到“丽花丝宝”，看到的是“舒蕾”。其实“舒蕾”和“丽花丝宝”，就是一个厂家前后两种产品。当时“丽花丝宝”也是被两大高手掌风震得快吐血的一个，不过“丽花丝宝”厂家很“狡猾”，一琢磨中国零售终端老板的心态有个特点。什么特点?小商店的老板，会把卖得很好的产品价格降低，但降得越低越不想好好卖——往往把价格砸得最低的那个，塞到床底下去卖，而柜台前面摆的都是赚钱的杂牌货。

“丽花丝宝”厂家一琢磨，就把“丽花丝宝”收回来，改了品项叫“舒蕾”，对外宣传“舒蕾”比“丽花丝宝”的使用效果还好。按理说，“舒蕾”这个品牌在中国比“飘柔”影响力小得多，但是“舒蕾”刚开始上市的零售价格在很多城市竟然比飘柔卖得贵——把价格抬起来以后，留下中间利润给谁？给通路，给批发商，给零销店，就像是黑夜中的一道闪电——那一年所有卖日化的都亏钱，好不容易出来一个赚钱的“舒蕾”啊。好，价格一抬起来，中间利润给通路，办事处直接给超市供货，把中间利润拿出来，上导购，上展台，上促销。结果奇迹发生了，当年，官方统计说“舒蕾”的销量排在第四名，但是我亲眼看到，尤其在很多二类以下市场，“舒蕾”的销量仅次于“飘柔”。

上述两个案例告诉我们一个道理，就是当我们有一个叫张三的品种被价格打透底时，我们就要把张三收回来，改个包装。叫什么？李四？不对，应该叫“张三他爹”——就是说你第二个品种比第一个品种功能更强、品质更高，你才有理由提价。提了价以后，把中间利润给通路，利用通路力量来重整山河。

实在不行了，张三这个品种价格已经倒挂得太厉害了，没救了，张三他爹也一时半会儿搞不出来，怎么办？把张三产品淘汰。

厂家降价，成本价销售，厂家跟批发商一起砸，让这个产品临死之前发挥余热——既能冲一把量，又能让自己的经销商再赚一把钱，还能打击竞品，这个品种才算得上是“生得伟大，死得光荣”。

作者评述

怎么打冲货讲完了，回顾一下在这一章中打冲货的方法，前前后后不下30种：

良性冲货，我们是两只眼睛一起闭。

仇家冲货，我们和稀泥。

库存太多冲货，我们帮他分销。

空白片区冲货，我们激励当地经销商。

带货冲货：设立监察部；监控网络均匀性、有效性；选择好经销商，提前洗脑，收押金，签协议，设团队奖金；通过合理的压货量利润额进行调节；作好经销商的库存管理，同时市场精耕细作，不给冲货留余地。另外要抓黑手，建价格围墙，换大箱，查三证打击冲货。

对于二批接冲货，在预防层面：一要关注大二批客情；二要建立大二批的进货台账；三是经销商本身要有“武装力量”能威慑大二批。在治理层面：如果二批接货砸价，我们就打他的利润产品。如果他是“流氓无产者”，我一断他的货源，二想办法促销回击破坏他的客情，三是我可以找公平交易局告他扰乱正常市场秩序。如果他你接货不砸价，我就上门“算账”拔钉子，然后跟他结下“桃李之交”。

对于已经出现死冲货的，我们一般是三个方法：跟二批签协议，高价搞促销拉升价格，让“张三他爹”出场，实在不行了，我们可以品项调整，产品淘汰。

统计一下，前前后后总共讲了32招，四十几个动作。不知道大家有什么体会？我想问大家，你说这32招，有没有1招可以“咔嚓，立竿见影，从此不再有冲货”？没有。

但是你把这32招，别多用，用上10招5招，甚至只要把1招坚持用下去，你会发现情况已在逐渐好转。

作销售的人，永远都在解无解命题。没有任何一个资深销售经理敢说：“我都作了10年销售了，以后再也不会碰到我搞不定的问题了。”没有人可以这么讲，作销售你作80年，还会碰到无解命题，还是会左右为难——把这客户“剁”了有后遗症，不“剁”销量上不来；促销，价格容易乱，不促销，销量就上不来……

作销售总是会碰到两难问题，碰到无解命题，很多问题都没有一个方法一次性根治，这就要求销售人员要有良好的心态：“很多事情无法一次根治，但并不是没有解决的方法，关键看你有没有积极去做，所谓执行力就是有没有尽可能地身体力行，把该做的事情都做好。”

观点链接一

有效的营销培训：从理念宣导落实到动作分解

稿件提供：魏庆理念到动作营销培训机构

原载《销售与市场》

本文曾先后被《销售与市场》、《赢周刊》、《中国人力资源年鉴》等几十家知名媒体转载

一、培训行业竞争激烈之假象

培训行业的竞争真的很激烈吗？行内人大都会说“非常激烈”！不信你看——

培训经理每天收到几十封邮件，都是培训公司发来推荐课程的；

常常会出现几家培训公司撞车现象（同时推荐一个老师和课程）；

绝大多数培训公司没有自己的课程和讲师，纯粹是中介公司的性质，相互之间竞争的主要手段就是价格战；

广州、北京、上海等发达城市培训公司的数量都超过了1000家，每年都有成千上万家培训公司倒闭，每年又有更多的培训公司注册。

……

行业的竞争如此激烈，受惠者应该是谁？

毫无疑问，应该是购买者和消费者。中国的家电行业竞争非常激烈，结果消费者就能买到价格低、质量好的产品，而且能得到愈来愈好的售后服务。

但是在培训行业的激烈竞争之下，却是买卖双方都噘嘴。

卖方（顾问公司）说：“现在的培训市场好难做啊！企业很挑剔，培训经理难伺候，那么多的课程、那么多的老师卖不出去，价格战打得昏天黑地，根本就没利润可言。”

买方（企业培训经理）说：“我们的日子也不好过啊！老板年初给我50万的培训费用，年终总结的时候会问‘我给你的50万产生的绩效在哪里？’培训公司虽然多，但买来的课程总不能让学员满意，天天到处找好课程，找好老师，结果一不小心还是会买‘砸’一堂课，学员会抱怨，老板会骂。”

原来培训经理作为上帝的日子过得也不容易。

为什么培训行业这么畸形？

打开顾问公司的网站看看就知道，大多数顾问公司在卖一样的东西。

每一家顾问公司都在卖“有效的时间管理”、“商务谈判”、“问题分析与解决”、“领导力”、“有效会议”、“非财务人员的财务管理”以及所谓的“专业销售技巧”、“商务谈判技巧”……10家培训公司有8家在做激励，5个营销培训师有4个是讲战略。

但是，企业需要的不仅仅是这些课程。

新产品上市从概念提出、产品研发、包装和功能测试、物料采购、生产协调，一直到上市计划的策划、论证、执行、监控，整个流程的操作性课程企业需要吗？太需要了，但是，买不到！

真正让企业满意的高级销售经理的课程企业需要吗？需要，但是，买不到！

教会企业如何建立一个企划部，企划部的市场调研、通路和消费者促销策划、促销品管理等职能如何体现？如何设岗？如何建立检核督办复命系统？这个课程大中型企业最需要，但是，买不到！

真正能把理念落实到动作，教会学员上午听完下午就能用的营销技能课程，企业需要吗？太需要了，但是，买不到！

培训市场的“激烈竞争”是一种低水平重复造成的畸形表象，硝烟弥漫的价格战下，隐藏着大量的市场空白。

二、培训经理错误的采购标准造成培训行业的混乱

营销培训是企业投入最大的一块蛋糕，营销培训的空白在哪里？

不少企业高薪聘请营销专家来讲课，讲完后总觉得“讲得挺好，也很对，课堂氛围也很活跃，可是好像没多大用”。总觉得理论性太强，对业务实战没有指导作用，听课时候挺“热闹”，听完课后再翻翻笔记——哎，想得到的问题解决方法却还是没有得到。

这正是一直以来困扰企业老板们“培训是否有必要”的症结所在——培训到底有没有效？

为什么会出现这种状态？培训公司和培训师都有责任。但说到底，企业的采购标准和鉴别能力也有问题。

常常听到培训经理在称赞某一个课程时会说：“这个老师的课程实战性很强，案例非常丰富。”“这个老师的课程非常生动，现场学员反应很热烈。”

这两句话，几乎已经成为行业内公认的选课标准。

于是我们就在培训市场上看到了“实战性”的产品——

老师滔滔不绝地讲波音公司的两分两合，可口可乐和百事可乐的品牌之争，健力宝的辉煌与衰落，蒙牛的事件营销成功，当然也少不了再骂骂倒霉的旭日升和春都火腿肠……老师在讲台上激情洋溢，侃侃而谈，学员在下面像听故事一样听得津津有味。培训结束之后，他们说：“听着是好听，可是我花了两天的时间，问题还是一点没有解决！”

销售人员在听培训课的时候往往带着极强的功利心，他们不想听太多案例，也不关

心加入世贸之后中国的企业走向哪里去。他想听的是：经销商拿了我30万货款不给怎么办？超市不让我进店怎么办？我的业务员不听话，填假报表怎么办？

案例太多，培训就变成了“故事会”，虽然有趣，却未必有用。

同样的道理，培训师也会“识时务”地缔造符合培训经理“课程很生动”审美标准的产品，那就是互动、互动、再互动——

上课第一个节目，先破冰，大家轮流作自我介绍（一个小时过去了）。然后讲师提一个问题，大家分组讨论，讨论完各组答案不一样，好，你们互相辩论！最后讲师把大家的答案一总结，结果出来了（一上午过去了，都是学员在讲，老师呢？只是一个协调者。老师的观点和技能传输呢？没有）。下午上课，先热身——大家唱《成吉思汗》，唱《真心英雄》，唱《感恩的心》，然后再分组讨论、角色扮演、做游戏——风中劲草、吸管叉苹果、瞎子摸象、沙漠求生（一天的培训在欢声笑语中结束）。一天下来大家高兴坏了，今天又讨论，又辩论，又唱歌，又做游戏，真充实——可是第二天早上再仔细一想：“昨天都说什么了？好像什么也没有，真郁闷！”

并非是说培训时不要讲案例，理论知识可以启发思维，以案说法可以提高课程的吸引力，让学员体会更深。但是案例最好能够和学员的实际工作结合起来，最好结合他们现在正在做的事和正在面临的问题。给总经理级以下的学员大讲国际案例、商战故事、企业战略，只能说明讲师不会讲实际的东西，讲虚的东西好混事。

也并非是说互动不好，销售人员没有一天坐下来听8小时课的习惯，你不互动他会疲劳，吸收效果也不好。但是请记住，互动仅仅是形式，不是内容。如果讲团队精神、户外拓展、心态调整等课程，也许需要多一点互动。而销售和管理技能培训，学员眼巴巴地想从老师这里学几个具体招数解决问题，老师却在不停地互动甚至一味做游戏，这是一种行业标准的扭曲，是一种对学员的欺诈。技能培训应该以技能传承、功力传输为主流，导师应该具备厚积薄发的状态，做挑战者（在实务方法上有足够的实力挑战学员，给学员传授新的技能），而非“挑逗”者（一味“挑逗”学员说话，实际上是消磨时间）。

培训导师绝不能沦为节目主持人。

三、培训市场需要什么样的课程

战略思路培训需要吗？当然需要，但受众毕竟是极少数，并非主流。即使是战略培训，导师也不能仅靠背诵理论，侃侃案例蒙事。方法论谁都会讲，最好进一步落到实处，给出方法。

理论培训需要吗？当然也需要，但是一两天纯理论的培训对学员的素质提高、技能提高都没好处。如果要做，最好号召大家读指定的书籍，或者到大学接受再教育。教育和培训是两码事，教育是知识传承，需要潜移默化；培训是技能传输，最好立竿见影。

从理论上讲，培训的终极目的应该是通过改善员工的思想，逐渐改变员工的行为质量来影响业绩，但是这种境界目前中国大多数企业还做不了，也等不起。

企业往往将大量的培训费用都花在总经理级之下的实务技能培训上——那么他们需要什么样的课程呢？

销售人员不想听太多商战故事，也不想花太多时间听同事发表各自的见解等老师作事后总结，更不想做很多游戏去自我体会，他们需要的是：

针对性——解决我目前工作中遇到的问题；

实操性——把空洞的理念宣导落实到动作分解，让学员上午听完下午就能用；

系统性——培训课题和内容设置要全方位循序渐进，系统地提高学员的实战能力。

这种心态听起来有点急功近利，但其实正是企业的需求所在。由于销售本身就是扎扎实实一步一个脚印的行为，销售培训的对象也是在一线拼杀的战士而非学者，因此能否让学员尽快学以致用，对他们的实际工作形成指导，并且能够系统地给企业以帮助，也就成为衡量培训——尤其是营销培训效果的重点指标。

四、如何使营销培训达到实战指导的效果

笔者进入培训行业已有两年多时间，在如何编写实用营销培训教材上也略有心得。本书就是一个实例，在此先简述纲要：

1. 培训教材要贴近销售人员实际工作场景

营销培训教材最好能根据培训师的实际经验原创编写。尽可能抛开传统营销理论对自己的束缚，借鉴英语培训中“情景对话”的实战风格，针对一个问题要模拟员工的实际工作场景、工作步骤、工作中可能遇到的疑难问题，贯穿员工做这项工作的整个流程。以此为框架，然后填充内容，使培训教材和实际工作情况完全结合起来，好像是一个电视连续剧的脚本，一集一集地放映销售人员做这项工作的整个过程。

举例说明，卖场超市谈判课程模块设置：

陌生市场卖场资料调查步骤；

目标超市进店前的销量和回款信誉摸底动作分解；

防范超市进店合同里常见的15个合同陷阱；

初次和采购接触时的准备工作；

初次接触时采购常用的10个招数和破解方法；

拉锯阶段的谈判准备工作；

拉锯阶段采购常用的14个招数和破解方法；

采购最爱听和最不爱听的20句话；

合同签订后迅速跟进保证条款落实的动作流程。

2. 培训内容要从理念落实到动作，让大家上午听完下午就能用

编写教材细节内容时，凡是不能落实到动作的内容能减则减。要尽可能把理论教育变成动作分解，把“应该做什么”变成“怎样去做”。教会学员“抬起腿，向前伸，向下踩，好，这就叫迈了一步”。这种傻瓜式的动作分解培训，会大大增强学员的学习积极性和吸收效果。

举例说明：

销售经理的培训：与其跟他讲管理如何重要，管理有哪些先进理念，有多少种理论流派——这会让他越发觉得管理神秘浩瀚，不知从何处下手——不如告诉他一个成熟的经理怎样做事，在管人的过程中经常碰到哪些问题、该如何处理和解决，告诉他一个销售经理每周、每天、每月的例行事务，给他演示“销售经理典型的一天”的动作流程，让他学会推行表单管理监控下属的6个步骤，查核假报表的16个方法，以及用什么动作检核下属的工作才不会被下属临时突击的市场假象所迷惑……

谈判技能的培训：与其对谈判的心理准备和谈判的6种基本模式泛泛而谈，不如分渠道讲解，告诉业务人员面对经销商、商场超市、零销店等不同的客户常常要进行哪些谈判，客户会提出怎样的异议和借口，对常见的借口采用哪些话术回答。

3. 注重残局破解的实战培训方法

日常工作中要管理好经销商，尽可能防止冲货出现？对极了，但冲货在很多地方已经发生。平时要注意掌控好终端促销的力度，防止超市砸价？没错，但实际上超市的恶性特价屡屡出现。

销售人员在工作中总会遇到一些问题需要解决。经销商已经选错，二批已经开始砸价，跨区冲货已经泛滥，客户已经拖欠货款，超市已经要把产品清场……面对残局如何

破解，往往事关企业眼前利益，需求更迫切，员工也更关心——培训的实战性更体现在不能放马后炮。不但讲“应该怎样做正确的事”，还要讲到“残局如何破解”，一个有经验的培训师应该对这些问题及其答案早就成竹在胸。需要注意的是，这些残局破解方法更要落实到实战动作分解，否则只会得到学员的一片嘘声。

4. 课程设置的针对性、专业性、系统性

成熟的企业培训机制要注重对学员全方位能力的提升。

专题培训可以让学员迅速吸收、学以致用，但不够全面。要想全方位地提高业务人员的营销素质和管理技能，专题培训的课题设置最好能互相关联，并且突出逻辑次序，形成完整的培训系统。

举例说明：营销培训的系统分两条主线。

（1）**渠道管理培训**

包括经销商管理，零销店管理，商场超市业务运作，二、三级市场开发等各渠道的业务操作技巧和客户拜访，掌控方法；而且每一个渠道的专题培训都要分级别设置 step one/step two 等由浅入深的阶梯式教程。

（2）**管理技能培训**

管理技能培训要紧扣销售经理在实际工作中经常会遇到的具体工作事项、重点问题（如管理者的角色转换、人员管理基本技能、推行报表管理、查核假发票、人员冲突处理、市场巡查、销售政策制定、业务会议主持、账款管理、促销管理等），围绕这些主题设置专项管理技能培训课程，结合实际，深入浅出，循序渐进。

就这样，情景对话式的培训教材设置，使营销培训更贴近销售人员的工作场景；落实到动作分解的培训风格使学员能迅速吸收，学以致用；注重残局破解的培训方法，能够解决学员的实际困难；落实到销售经理专项技能的管理培训，使最容易理论化的管理素质教育变得更实际；通过渠道营销和管理技能教育两条主线的有机结合，可以实现培训的系统化，最终真正实现营销培训的“落地”——培训的实战效果也方得彰显。

如何把“培训产品从理念宣导落实到动作分解”，这对中国企业界和培训界而言是机会也是难题。

观点链接二

营销人的营销技能模块清单

稿件提供：魏庆理念到动作营销培训机构

原载：《销售与市场》（成长版）2010 年第 9 期

摘自作者即将出版的新书《中小终端销售人员工作技能模型》

话题一：营销一点不神秘，营销是个技术

有趣得很，在培训问题上，营销老总和营销“菜鸟”有相同的忧虑和困境。

“菜鸟”们刚入行，惴惴不安地揣测：我要学什么营销知识？怎样学才能变成高手？

老总们则希望：公司内部能建立营销培训系统，新人进门按照这个系统进行“加工”，就能变成“老鸟”。

于是，企业成立了培训部，但很多培训部的职责就是把公司的培训费花完——社会上流行什么课题，最近哪个老师“火”，就请回公司表演一场。掌声或者喝彩过后，喧闹归于平静，老师拿着钱走了，学员们的兴奋也会很快降温，回去该干啥还是干啥。铁打的营盘流水的兵，营销人新旧更迭之中，培训内容已成水过鸭背，了无痕迹。老总们心疼培训费成了无效成本，销售人员也觉得茫然：“听了这么多课，好像还是有很多事情摆不平，不知道该学什么好。”

营销人到底该学什么？该怎么学才能少走弯路？仅靠下苦功是没用的。求学本身就是件苦差事，所谓“学海无涯苦作舟”，过去学生上学受罚还要打手板（考虑学生的承受能力才没有上老虎凳）。孔夫子说“学而时习之，不亦说乎”，那是因为说这话的时候他已经是圣人，没人敢打他。相比之下，庄子比较聪明，他说：“吾生也有涯，而知也无涯，以有涯随无涯，殆矣！”意思是，人的生命有限，但是知识无限是学不完的，用有限的生命去追求无限的知识肯定失败。所以要聪明地学习，学习要讲方法要有取舍侧重。

这个道理用到营销人身上，就是告诉你注意别愣学！学营销要有计划、有系统。不加选择听一大堆课看一大堆书，该学的没学，不该学的白耽误工夫，结果方法不对，劳而不获，罪有应得。

对的方法是什么？

别听大师们瞎忽悠，其实营销一点也不神秘，营销就是个技术，学营销跟学理发、修脚、厨子、裁缝差不多。

一门技术，肯定是由很多技术子模块组成的。比如厨艺，要成为食神，得看这个厨师投入多少心血，有多少创意、执著和天分。但是要成个熟手厨师并不难：首先要会择

菜洗菜配菜，要有刀工会切菜，要懂调味火候会下锅炒菜，再熟背几十上百个常见菜菜谱，操作熟练了，你就是个厨子了。愿不愿意去拿个国家特级厨师证是你的个人兴趣，但是只要这些工夫都下到了，你就已经是个厨子了……

营销也是如此，营销并不神秘，从营销菜鸟到营销老手，要学习、练习和经历的东西，无非那么几十个能力技术模块。把这些模块明确成目录展示出来，企业可以据此整理自己的内部培训系统和培训教材，模块化地把新人批量加工成为“成品”。营销新人入行，能按照营销技能模块的目录，按图索骥去学习，就能少走弯路，自己学得心里踏实，善莫大焉。

话题二：吸星大法

在讲营销技能模块系统之前，我先要讲学习方法。

我家人都少相，我更厉害，用我大学老师的话来说：“我毕业快20年长相几乎没变，好像停止发育了。”这特点可能有人羡慕，但对培训师来说挺苦恼的——往往被人欺小，上台讲课长相镇不住场子。

在给企业培训的时候，经常会遇到一些大学刚毕业的菜鸟，眨巴着天真无邪的菜鸟眼睛问我：“魏老师，你这么年轻（他可能以为我跟他同岁呢），就这么有料，您能不能给我列一个读书目录，再写一个做事清单，我按照您的目录清单把书读一遍，把事情做一遍也能立刻变高手？”

好家伙，这个问题太有创意了，极品！这样的方法有吗？

没有？没有的话这篇文章就写不下去了，我接下来就要讲这件事！这个方法的名字大家都熟悉，叫做“吸星大法”。

听起来有点雷人，但是别担心，“若练此功，不必自宫”。俺都练了好多年了，真的获益良多。

吸星大法第一招：记好读书笔记。听起来一点也不新鲜。大家记过读书笔记吗？都记过，拿来我看看——早就不知扔到哪个爪哇国了。个人观点：看专业书籍不做笔记，跟看黄色书籍没什么区别！不是吗？看黄色书籍，看的时候可能感觉非常刺激，心跳加速想入非非有快感还冒虚汗，书一合，你还是个光棍！看专业书籍也一样，看的时候颇多共鸣："对对对，超市谈判是应该作好准备，书里写的有道理。""对对对，广州市场我做过，书里写的这个案例我也碰到过，嗯，写得好……"书一合呢？会不会忘掉？本人的讲课内容很大一部分就是取自曾经出版过的书，学员们听我的课，也会似曾相识——好像这个内容在哪里见过（比如我几年前在《销售与市场》上的经销商管理课程专栏连载）。但是上课我问问题，他们还是回答不上来——奇怪，连教材都看过，为什么回答不上来呢？"看是看过，当时也觉得挺好，内容吗，嗨，早就忘了！"所以，吸星大法第一招"记好读书笔记"听起来平淡无奇，但是和第二、三招联合起来用，威力就大了。

吸星大法第二招：做好分档保存。跟大家讲讲我的做法，我每个月逼自己一定看完四本书（大多是在飞机和车上看）。而且我买书看书从不藏书。我知道很多同行是买书藏书不看书——买本营销管理书拿到手看完前十页就扔到书柜里了，一年买书花了上千元，一本没看完。我正好相反，我是买一本看一本，看完一本就扔一本，真的扔，我的书架上没几本书，看完就都扔垃圾堆了。为什么这么做呢？因为我看书不是仅仅用眼睛看的，我是用剪子看，下次你在飞机上看到一个留寸头的老男人拿着剪子咔咔咔的剪一本新书，那就是我。我糟蹋东西特别快，一本 20 万字的书，差不多 4 个小时（两趟飞机旅途）我就能把它干掉。对我没有触动的内容我就一扫而过，对我有触动的我就立刻用剪子剪下来。问题是你剪这一页的内容的时候，这一页的反面也被剪了，所以我买书有点浪费，我买书从来都买两本，一本剪正面，一本剪反面，剪完剩下书的残骸肯定得扔，书里面对我有用的内容我已经剪了。

剪下来东西干什么？以前可苦了，用浆糊贴到自己的剪贴本里，过几天还得重新分类，搞得自己活像个糊纸盒的。现在有了电脑笔记本，减少了这件事的工作量。我只需把剪的东西交给助理，他把我剪的内容变成电子版。存进我的电脑——做到这一步，你已经做到了记好读书笔记并且保存，但没有作分档保存。

什么叫分档保存呢，在电脑里建一个大文件夹："日经一事，必长一智"。然后在里面建立一个一个的 word 子文件。文件名字你根据自己的工作内容自己起。

把营销人面临的问题分分类，"经销商管理"算一个问题建一个文件，"超市谈判"算一个问题建一个文件，"小店拜访"算一个问题建一个文件，"账款管理"算一个问题建一个文件，"新品上市"算一个问题建一个文件，"促销管理"算一个问题建一个文件……

仔细想想，营销人面对难题不少，刚开始你分类可能分不出 20 类来，根据自己的工作把这些文件都提前起好名字建好，这就是分档。

然后你看书做的笔记，剪切下来的东西，就可以归位保存。比如看书上有一句：

"管经销商关键是管他的团队，经销商老板很多都是听下面员工汇报的，所以老板不是管卖货的而是管进货的……"好，这段有道理，变成电子文档，嗖，进电脑里的"经销商管理"文件。明天听课，老师讲"家乐福超市系统大区制之后的谈判注意事项"，好，这段有用，变成电子文档，嗖，进电脑里的"超市谈判"文件。

吸星大法第三招：记好工作日记。书本课堂上有知识，实际工作中更有，不及时总结记录你会忘掉的。善于总结的人才会快速成长。每天勤写工作日记，会使你的经历更有含金量，更迅速地积累经验，"每天比昨天更聪明"。工作日记不是记流水账，而是思考和总结——比如今天你和经销商谈判失败了，回来要总结今天错在哪里，假如让我重来一次我怎么谈。明天你新品上市成功了，你要思考这一次我赢在哪里。后天同事张三被公司干掉了，你要思考他为什么被干掉了，教训是什么等。先记下来，然后找时间整理，有用的东西变成电子档，嗖，又进电脑文件夹分档保存。

吸星大法第四招：维护分档目录，收发由心。随着资料收集得越多，对内容理解得越深，"档"肯定会越分越细，比如刚开始你建立了一个"超市谈判"的文件，后来发现这个话题可以分成"超市合同谈判"、"超市业绩管理"、"超市促销"、"超市对账结款"、"超市订单物流管理"等几个小文件。分档会越来越细化，电子文档会不断地重新分拣归类整理，最终形成你自己的全套分档模型，就像一个全自动分拣机器。一旦此功练成，形成习惯，你本人就像练成了"吸星大法"不管是听课、看光盘、工作体会甚至跟别人闲聊，凡有触动有收获立刻吸纳进去，放在固定的分类位置。使用的时候更是"收发由心"——假如你有一天想总结梳理一下超市谈判管理话题的经验，只需要"举指之劳"点一下鼠标，这个细分话题下的所有知识积累立刻呈现眼前（可能有5万字，但是别忘了，这5万字可是你从几十万字的信息量中精选出来的）。大家想一下，假如你5年前就练习这个功夫，你是不是相当于有了过目不忘的神通？过目不忘就是，需要的时候知识立刻可以想起来，现在呢，你只需要动一下手指……差不多嘛！假如你5年前就练习这个功夫，你这5年读的书听的课程经历的案例可就都记住了，那你是啥境界！

话题三：营销人员的技术模块目录

回顾一下，前面我给出观点"营销并不神秘，营销是个技术，是由很多技术子模块构成的，按照这些模块有计划地学习，会事半功倍”。然后给出方法“吸星大法：读书笔记、工作日记、分档保存、维护目录收发由心”。接下来该给工具了，“营销技能模块”到底有哪些？换个问法也就是吸星大法里的“分档模型”能不能给个示例。

行业不同，企业规模不同，这个“营销技能模块”“分档模型”多少有些细节差异，大框架上是一致的。

整个营销知识系统分四条线，我先给大家建立个概念和框架，然后图示说明细节模块，大家上下对照着看更容易理解。

一、企业知识模块

让学员认识企业，了解企业，融入企业文化，建立对企业的信心和荣誉感。

建议：这条主线与营销技能无关，学员往往是“被培训”。可由企业培训部自行研发、形成标准课程，对刚入职的新人进行标准化培训；对营销人而言，这些内容的学习是“政治需要”，必须过关。

二、营销人基本职业素质知识模块

提升职业素养，规范新人的“听”、“说”、“读”、“写”、“行”。

建议：此类课程市场上已经有很多成熟的音像文字教材，可由企业培训部人员引进并修改，转化为标准课程内部进行标准化培训。对营销人而言，这些课程偏于形式，熟练掌握为我所用就好，不必走火入魔下太多工夫（一线服务人员除外）。

三、市场操作技能知识模块

营销人员管市场，需要学习市场管理的基本知识、规范步骤和常用工具，更需掌握可能遇到的市场难题如何解决的预案，这个章节要分渠道展开——经销商管理、零售店线路管理、商超谈判管理等各渠道有各渠道的应知应会内容。

建议：这条主线应该是营销培训的重头戏，对企业而言要以外部师资课程引进和内部自身总结研发两种形式进行，针对营销人的不同岗位分阶次进行。最重要的是知识的传承积累和内化（详见笔者2008年4、5月《销售与市场》（渠道版）刊登的文章《销售知识管理：肥水莫流外人田（上、下）》）。对营销人而言，这条主线应该是用吸星大法，分档保存的主要方向。

四、管理技能知识模块

营销人从市场执行上升到团队管理角色，需要初步掌握的管理知识和管理工具如下图所示。

建议：管理本身有艺术的成分，讲起来玄之又玄。但管理也有很多可以固化的方法和工具，要注重培训固化的工具，不在乎给学员讲多少高深的管理理论，而在于他们听课之后使用了多少管理工具。建议企业也用外请内研的方法，逐渐积累形成自己的课程体系，分阶次进行。对营销人而言，学管理要注重实际操练，管理方法和工具不实际，操练是学不会的，先使用了基本的管理工具，入门了，再提升管理艺术吧。

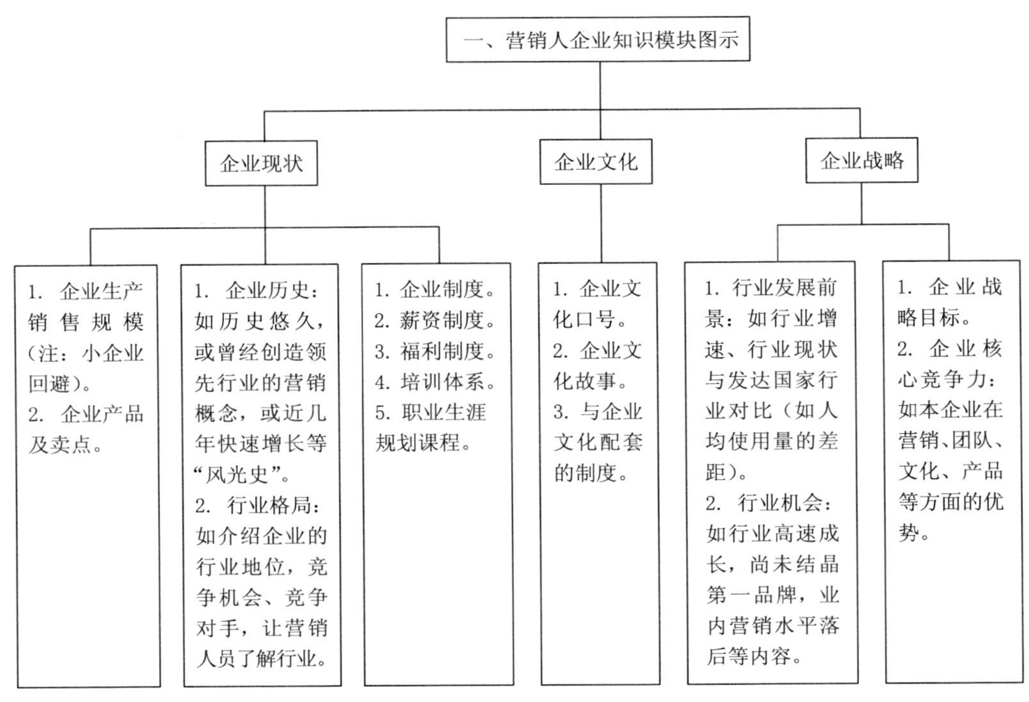

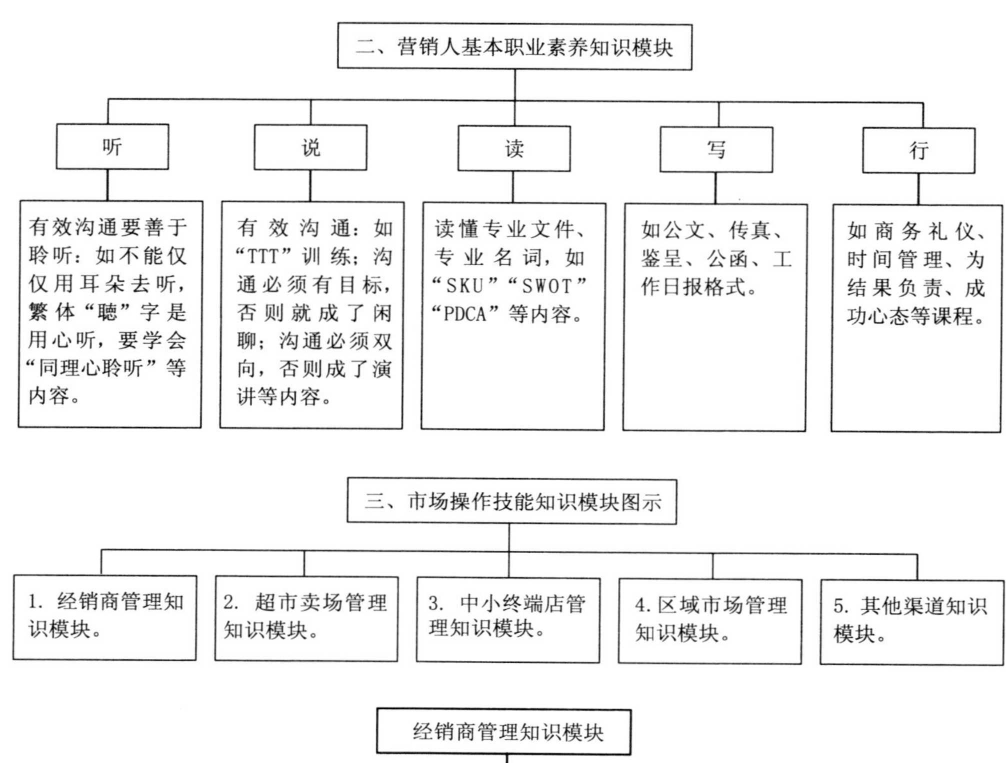

经销商管理知识模块

掌握基本技能	业务工具使用	常遇问题解决预案
1. 全面认识厂商关系。 2. 掌握选择经销商的标准和流程。 3. 掌握经销商拜访标准步骤。 4. 掌握新经销商合作谈判方法。 5. 掌握协同经销商铺货方法。 6. 掌握帮经销商组织订货会的流程。 7. 掌握帮经销商作人员考核，召开标准业务早会的流程。 8. 掌握帮经销商制定压货政策的方案。 ……	1. 使用“经销商评估表”评估选择经销商。 2. 使用“周行程计划表”，管理自己出差拜访经销商的行程计划和绩效。 3. 使用“新市场开发市场支持计划模型”，与新经销商沟通市场开发方案。 4. 使用经销商“进销存报表”，管理经销商库存，并计算建议订单。 5. 使用经销商“利润核算模型”，计算经销商利润并导出下个月改善经销商利润的方案。 6. 使用“销售数据报表”帮经销商分析业绩问题。 7. 使用“财务台账”管理公司与经销商之间的往来费用、返利账目。 8. 帮经销商建立“销售台账”，管理其重点终端的业绩和应收账款。 9. 使用“经销商拜访绩效日记”，记录拜访经销商的业绩分析、市场走访、发现问题、改善方案、达成追踪、管理循环。 10. 使用经销商销售团队“检核”、“考核”、“会议”模型，帮经销商管理他的团队。 11. 使用“经销商业绩回顾模型”与经销商进行月度沟通。 ……	1. 经销商冲货、砸价、价格冲突解决预案。 2. 应对经销商资金不够、人车投入不足的解决预案。 3. 经销商利润提升预案。 4. 经销商常见异议和客诉回答预案。 5. 经销商更换预案。 ……

超市卖场管理知识模块

基本技能

1. 建立观念，不同卖场意味着不同系统。了解卖场内部架构、分工、权限、专业名词。
2. 了解卖场年度合同条款。
3. 掌握卖场采购内部谈判常用招数和教材。
4. 了解卖场超市的订单、物流、结款对账、收货的内部流程。
5. 了解卖场采购自身的6个主要考核指标，学会针对每个指标站在采购角度制定迎合采购需求的方案。
6. 运用“卖场动销7要素”管理卖场业绩。
7. 掌握卖场专项生动化标准。
8. 掌握卖场3种常用促销活动（捆赠、品尝演示、特价）的操作规范。
9. 掌握卖场谈判报价、还价、沟通的标准技巧和常用模式。

业务工具使用

1. 使用“卖场月度业绩回顾”模型与大卖场进行月度业绩回顾。
2. 使用“卖场动销7要素管理模型”管理卖场业绩。
3. 使用“卖场谈判前准备模型”进行卖场谈判前准备。
4. 使用卖场“新品卖入谈判模型”进行卖场新品谈判。
5. 使用卖场“脱销跟踪表”管理卖场物流和脱销。
6. 使用卖场“促销方案提报及促销协议模型”与卖场洽谈促销活动。
7. 使用卖场“促销事前、事中、事后管理和检点流程”进行卖场促销控制。
8. 使用“卖场白皮书”（即对不同大卖场建立该卖场系统内部业务流程及架构说明）管理卖场业务。
9. 使用WHW分析法分析卖场订单结款问题找到解决方案。
10. 使用“大卖场应收—应付—已付账款台账”管理卖场账款和费用。

常遇问题解决预案

1. 卖场年度合同每个条款的签订谈判预案。
2. 卖场突发性事件处理预案。
3. 卖场恶性乱价处理预案。
4. 卖场恶性账款处理预案。
5. 卖场撤场预案。

中小终端店管理知识模块

基本技能

1. 执行部分：
- 终端销售概念和理念建立。
- 掌握分销标准：不同产品铺进不同渠道的对应标准。
- 掌握生动化标准、生动化技能。
- 掌握终端库存管理技能。
- 掌握公司投放陈列设备的维护流程。
- 掌握客诉处理权限和处理流程。
- 掌握终端陈列协议、保量协议签署和执行技能。
- 掌握终端开瓶费的兑现流程和操作规范（限酒水类企业）。
- 掌握终端拜访标准步骤（分车销、预售、电话拜访、小组铺货 4 种形式）。

2. 管理部分：
- 掌握不同市场阶段的终端拜访模式组合。
- 使用终端业务代表考核规范，制定并执行业务代表考核。
- 进行终端业务代表检核和协同辅导，并通过市场检核寻找市场提升方案。
- 能够召开标准业务早会。
- 使用线路手册，进行品项管理对“丢品项”、停止进货的终端进行“目标店管理”，有针对性提升铺货率。
- 使用铺货率对照表分析当月市场问题，导出下月终端工作目标。
- 使用线路手册结合铺货率分析，对重点店进行目标店目录清单营销。

业务工具使用

1. 执行部分：
- 用“客户卡”管理终端客户的订单、库存、客诉。
- 通过“拜访率”、“目标锁定”、“服务”、“店内品种分析”、“利润故事”、“生动化”、“产品利益”、“沟通技巧”、“头羊效应”、“人脉关系”、“安全库存订单法”11 种武器推销，说服店主接受建议订单。
- 填写终端线路管理相应表单，使用线路手册做业绩规划和目标店管理。

2. 管理部分：
- 使用“终端业代考核、检核、辅导、会议模型”和相关表单进行人员管理。
- 运用“铺货率对照表分析模型”进行业绩管理。
- 运用“终端生动化打分标准”进行终端表现管理。

常遇问题解决预案

1. 执行部分：
- 新开终端拜访预案。
- 初次拜访终端破冰话术预案。
- 说服店主允许做生动化话术预案。
- 保持生动化效果预案。
- 终端异常价格处理预案。
- 终端铺货提速的常用方法和杠杆预案。

2. 管理部分：
- 发动管理经销商做终端从而避免主劳臣逸预案。
- 管理报表效率，避免员工填写假报表预案。

区域市场管理知识模块

基本技能

1. 熟练应用区域市场增量规划的 9 个主要方向：通路、产品、渠道、价格、打冲货、促销、终端、打击竞品、人员管理。
2. 掌握发掘区域增量“机会产品”和“机会渠道”的技能。
3. 掌握增设分销商、弥补经销商网络空白的技能。
4. 掌握区域市场各层级价格稳定的方法和涨价流程。
5. 掌握区域市场分产品、分渠道、分节气、分系统的年度销量拐点。
6. 掌握区域市场的常用促销活动执行流程。
7. 掌握市场布局，循序渐进推进终端动销最终全面覆盖，由弱到强的顺序。

业务工具使用

1. 使用“区域市场增量规划模型”规划区域市场的增量机会。
2. 使用“区域增量拐点模型”发掘区域市场的销售拐点。
3. 使用“拐点压货促销管理流程”管理“拐点压货”。
4. 使用“通路利润提升模型”管理区域价格秩序。

常遇问题解决预案

1. 竞品突发性压货促销的反击预案。
2. 区域价格混乱处理预案。
3. 终端动销预案。
4. 产品升级换代预案。

四、团队管理知识模块

1. 心理建设：	2. 标准、授权、监控、会议工具：	3. 激励和考核工具：	4. 命令与奖罚工具：
• 建立管理者思维方式。 • 建立利润核算、成本控制思想和学会计算方法。 • 掌握管理工作的核心概念和基本武器："标准"、"授权"、"监控"、"检核"、"激励考核"、"培训"、"奖罚"、"会议"。 • 应用管理者要事管理例行工作日历。	• 建立"授权事前建立标准"的管理思想和步骤。使用"甘特图"、"排期表"、"SMART"、"5W2H"等管理工具建立事前标准。 • 建立"授权事中监控"的思想，养成"检核"习惯，学会运用"关键指标"和"PDCA"等工具控制工作进度。 • 掌握员工工作质量监控的常用方法："动态监控"、"凭据监控"、"数据监控"、"关键指标监控"、"看板监控"、"下游客户监控"。 • 掌握销售数据分析方法，从报表中发现业绩问题。 • 熟练运用标准化业务例会流程召开业务例会。	• 掌握员工招聘面试流程技巧。 • 掌握员工培训、协同辅导技巧。 • 掌握员工阶段性业绩面谈流程。 • 掌握员工鼓励正向沟通技巧。 • 掌握业绩排名、制造压力方法和流程。 • 掌握现场会制造压力方法和流程。 • 掌握月度专案竞赛制造压力方法和流程。 • 掌握销量任务分配预案，如何避免销量考核压力带来的短期操作。 • 掌握过程指标考核的方法。 • 掌握全面制定考核方案避免下属钻空子的方法。 • 使用"人员考核模板"制定并执行销售人员考核方案。 • 学会正确使用"KPI"管理工具。 • 掌握与员工进行"月度薪资考核面谈"的流程。	决策模型 • 决策前如何做到"源于一线，集思广益"，讨论期如何"重视反面意见"，执行期"民主集中制保证执行效果"，同时"关注反馈随时校准"。 命令奖罚模型 • 如何清晰下达目标。 • 如何依制度执行奖罚。 • 如何依检核结果执行奖罚。 • 如何以身作则执行奖罚。 • 如何给出当事人解释机会而后奖罚。 • 如何面对奖罚事项的特例。 • 如何应对员工常用的自我辩护借口。 • 位阶管理思想和案例体会。 • 如何通过管理行为维护公司统一的企业文化。 • 对共性问题如何进行流程再造，预防问题再次发生。 • 离职员工管理。

营销不神秘，你的产品走什么渠道，你就要做什么事情，偷工减料或者故弄玄虚同样要不得。

营销是门技术，由一些知识模块组成。作为一名营销人应知应会的知识模块（以快消为例）大致如本文所写，若有遗漏就是些特例和专项内容（比如导购人员技能，社区促销技能，赊销企业的账款管理技能等），可依企业和个体实际情况再作修补。

看起来要学的内容挺多，其实真的有计划地学起来，循序渐进，三五年工夫就可把这些模块学习而且操练完了。若修炼"吸星大法"，更可提高模块化学习的效率。

再长的路长不过双脚，只要方法对、有恒心，就不难。

营销"老鸟"就是这样炼成的。

观点链接三

3 企业内部营销知识管理：肥水莫流外人田

稿件提供：魏庆理念到动作营销培训机构

原载：《销售与市场》（渠道版）2008年4、5月连载

摘自作者即将出版的新书《区域市场增量模型》

话题一：什么叫知识管理

兵马俑里展示着一把宝剑，发掘的时候剑身已经被土石压成了弓形。考古人员将剑拔出，这把剑竟然瞬间又变得笔直！深埋土底两千年，重见天日之时依然能完好无损，而且依旧可以斩金斫玉。今天我们有电脑、高科技，但今天的冶炼技术却做不出这样的宝剑来。为什么？秦始皇把当年造剑的人给活埋了，而且秦朝的内务府和织造处也没有把炼剑的工艺记录在册，于是老祖宗留下的手艺就失传了。

用企业管理的角度来看，这件痛事的原因就是没有做好知识管理。

外资企业比较喜欢标准化：不管是客户拜访、生动化、营销会议，企业都给你一套标准流程。新人进门就学习这套标准，然后按照标准去工作。

思考：

标准化的管理贡献是什么？

绩效追踪和考核：大家做事有了目标和统一的路径，便于主管对下属工作质量的检核、评估、检讨。

经验总结和培训：标准和模型本身就是从前人的经验总结的——前辈们就是这样做的，他们这样做成功了，后来者“踩着前辈的脚印”，“复制前辈的成功经验”，在此基础上再创新，重蹈覆辙而出错的概率就会小，工作的效率就会高。

这个标准化、模型化的过程其实就是一种知识管理——知识和经验只有变成有形的东西才能传承下来。

在工作中实践，不断发掘、提炼其中的经验和教训，上升为理论——成为知识产品。通过培训和管理手段加以贯彻，使之可以指导后来者的实践，然后在新的实践过程中再去印证和升级知识产品，最终理论和实践得以互相促进、互相指导，这就是知识管理的原理。

话题二：国际企业的知识管理现状

知识管理首先要把无形的经验变成有形的知识产品——教材、培训产品、制度、流程、表单……

以企业的内训教材为例：

90%以上的中小企业（甚至部分超大型内资企业）是没有内训教材的。它们的培训部主要责任就是花钱——市场上流行“执行力”，赶快再去找老师来讲“执行力”，市场上流行“九型人格”，培训经理就赶紧买一堂“九型人格”的课……

做知识管理？沉淀企业内部经验？编写内部教材？把外来课程内化整理？可能想都没有想过！

这样的企业，培训经理更像采购经理，其知识管理的现状和效果不值一提，不说也罢。

大家公认的在这方面做得相对好的是国际企业。

外界对国际知名企业都有点神化，大多认为，这样的跨国公司里：“人人都是高学历，讲洋文，读砖头厚的书，接受最先进最实用的培训。”

其实，误会了，大家误会了。笔者打工10年，曾经也是“知名外企”中的一员，我知道他们的管理系统没那么玄。优秀的地方我们要学习，但失败之处大家也不必迷信！

以下列举部分国际知名企业目前的知识管理现状，供大家观摩、对照、自省（本故事纯属事实，绝非虚构，若有雷同，是意料中的巧合）。

现状一：先说说国际企业知识管理的优点

大多数成熟的国际企业会培养自己专门的讲师队伍，有自己系统的内训教材，人力资源部会对不同职别的员工设计相应的培训列表规定——培训在这种企业不是年会上的应景之作，是有计划的。对员工来讲，接受培训也不是可有可无的福利，而是必须履行的义务。

部分民企在知识管理方面也在作积极的尝试。比如金龙鱼、嘉里饮料，近年来在制作业务员、主管、经销商的情景培训光盘——把他们应知应会的知识以演员模拟的形式呈现出来。

抛开其内容质量不讲，至少这种形式（更贴近实际场景、更易吸收）值得大家思考、借鉴。

现状二：自家武功秘籍已经失传

前段时间帮一家非常知名的跨国企业作销售人员培训，两件事让我非常吃惊。

第一，这家威名赫赫的企业，区域经理级别的干部竟然有一半不知道1.5倍安全库存的计算方法！

第二，这家企业经营历史不算短，在国际上也享有盛誉。其实该企业早就有四册“系统的”培训教材（笔者十几年前在企业里跑街作销售时，早就把这四册教材像宝贝一样复印、拜读、收藏）。像1.5倍安全库存这样的营销常识在教材第一册早有详述。但是十几年之后令人难以置信的是，该企业从总部的职训人员到各省的大区总经理，竟然没有一个人能拿得出这四本教材——下了课有一个营业所经理告诉我：“魏老师，江湖上传说我们公司有四本教材，但我一本也没见到，我们老总也只有两本。”

思考：

笔者10年前在外企打工时，也常听前辈炫耀：“我们当年进公司，接受的培训那是什么品质，现在你们这一批人听的培训就没那么好了，数量、质量都不行……”

行内人都知道，中国的第一批“外企白领”，那可真的是精英，学历高，工资也高，福利待遇好，培训多，还动不动就出国受训。后来外企都流行本土化经营，“外企白领”从几百个变成几十万个，人员素质要求、待遇、培训自然会缩水，变成了“非典型性外企白领”。

人员层级降低了，培训数量减少了，人员流动却变快了。

内资企业现在气象恢宏，而且最喜欢从外企挖人，铁打的营盘流水的兵。十几年下来，外企员工一个又一个辞职另谋高就，内部培训又没跟上，新老更替之中，“先辈们的文化遗产”就这样磨灭了。

——自家武功已失传，这样的案例绝非个别现象。繁华萎谢，衰败得让人刺目。

现状三：一套教材，“五十年不变”

十几年前笔者在某国际知名饮料企业打工时就领过一套教材《销售精英步步升训练》，分 step one、step two、step three 三册。2008 年，笔者邂逅一名该企业的现任销售经理（此君不知道我也是出身同门），席间这位老兄向我献宝——展示所谓的武功秘籍，我一看，晕！跟我当年拿到的一模一样，一字未改！

思考：

十几年过去了，消费品营销行业先后经历了“广告制胜”、“供销”、“大客户代理”、“赊销成灾”、“密集分销”、“坐商变行商”、“终端销售”、“厂方执行预售制掌控销售网络和经销商开始向物流商发展”8 个不同阶段，眼下又有人提出“还原经销商的销售功能，企业需要行销商不需要配送商”的反思。

十几年过去了，赊销、恶性冲货已从厂家共同头痛的营销“癌症”到现在成为正规企业的“历史故事”，大家面临的新一轮问题是如何提高物流效率，如何改进既有的销售队伍和经销通路，更有效地跟国际大卖场打交道。

十几年过去了，以前中国的商超根本不成气候，现在已经统领城市通路；以前批发市场车水马龙、国有商场趾高气扬，现在很多批发市场已经消失、国有商场已经倒闭；以前业务代表上街可以随便贴海报，现在城管不允许了；以前业务代表在店里陈列不要钱，现在在鸡毛小店都找你要陈列费；以前人们都喝碳酸饮料，现在喝茶、水、果汁；以前说凉白开水装在瓶子里就能卖钱，别人说你是疯子，现在一瓶矿泉水卖两块——水比汽油贵了；录像机消失了，BB 机没人用了，黑社会都不用大哥大了……

十几年了，中国的市场营销竞争焦点、市场格局、通路格局发生了多少变化？变化的市场中，每一个企业都是“新兵”，固守以往的经验一定会过时，收藏武功秘籍是会贬值的！

十几年了，教材一个字没变？

现状四：企业内训系统性、生动性有余，但实用性尚待提升

笔者去一个跨国知名企业讲课，学员告诉我，我是他们公司第一个外聘的营销培训老师。

思考：

为什么我会是他们公司“第一个外聘的营销培训老师”？外企没有培训预算吗？不是！

原因是“如此优秀的成熟外企”都有自己成套的营销内训教材和讲师。

知名国际公司采购课程，一般都倾向于新观念课程（比如九型人格、全脑分析、同理心聆听）、激励课程（比如巅峰销售心理）或者户外拓展，对营销课程他们极少请外面的老师——他们认为“老子的营销管理是天下第一的，别人要向我们学才对”。

要真是这样也行呀！

误会了，大家又误会了。

据笔者打工的亲身经历，加上近几年和同行广泛交流，以及对各“名门正派”培训资料的搜集学习所知，跨国企业的培训系统大致分四个方向：

企业知识：企业文化、产品特征、系统利益……

基本素质教育：TTT 训练、有效沟通、时间管理、SWOT、4P、4C……

业务基本功：拜访八步骤、利润故事、安全库存、生动化技能……

管理素质：管理者的理念、授权、激励、终端路线规划、市场分析……

思考：

公平点讲，这些跨国企业的内部培训系统，有可取之处，但也不乏瑕疵。

1. 优点

（1）系统性不错

毕竟是领袖企业，内部训练体系的设计有素质教育，有技能教育，有进阶培训，有应知应会的宣贯，从知识结构上讲，相对完整。

（2）生动性有余

课堂都是小班，20 个人一堂课，保证大家能充分互动，讲课的老师大多受过专业训练，非常善于搞气氛：分组讨论、角色扮演、互动游戏，唱《成吉思汗》、《感恩的心》、《我们都是一家人》。课堂上欢声笑语，很热闹，气氛很好，学员也很开心。美中不足是第二天睡醒后一想，昨天好像啥也没说（其实很难断言这个到底是优点还是缺点）。

2. 缺点

（1）实战性不足

培训课上也讲了一些实用的内容（比如拜访八步骤、利润故事），但都属于入门功夫，太粗浅，涉及管理层次的话题（比如线路规划、市场分析等话题）大多只讲些空间理论和概念，不具体，不深入，在实战中指导意义不大。

（2）故步自封

国际知名外企的营销管理和培训系统是不错，但那是建立在国际知名外企这个背景下的（大品牌支撑，充足的市场资金投入，相对高素质的人员队伍，完整的部门协作机制，完善的 IT 平台，成熟的 marketing 支持）。但除非你待在国际知名企业干一辈子，否则走出门你就会知道“江湖很大，道行尚浅”，在大多数中国企业做市场，要学会无中生有、乱中求治、量入为出，甚至做无米之炊……这么多年，多少外企的职业经理走进中国内企做高管，掰着手指算看看，成功了几个？尤其是首次转业者（从外企跨入民企的第一次经历），大多数“生死时速两三年”。

“老子天下第一！”“从来不外请营销课程。”错！

10 年之后回头看，话说难听点，如果我今天当老师，照搬当年在外企接受的培训系统，在培训界一定没饭吃——他们的培训和管理并非不好，而是不能乱中求治，不能直击目标迅速解决针对性问题，学员不爽，企业无法接受，老板也不欢迎。

话题三：知识管理的改善方向在哪里

一、观念突破：没有什么经验是不能模型化、标准化的

一说知识管理、经验总结，就会听到一个声音“兵无常势，水无常形”，说话的人大多一脸肃穆，高深莫测。他们的意思是——销售是很复杂的，对付不同的经销商、不同的产品、不同的竞争环境用的方法不一样。这东西没办法标准化、具体化。

培训师也很会给自己找借口，他们解决不了学员的具体问题时就会说：“成年人听课不在乎你听到了什么，关键在你想到了什么”——老师可以给你理念，办法你自己想去吧。

我不这么看。

什么叫做标准化？前人的经验变成文字，给后人启发，让后来者的锦囊袋和工具箱里多几件工具供他挑选使用。

这个世界上没有什么经验是不能具体化的，关键看当事人善不善于总结，有没有心！

气功够玄吧，但是还是有气功教材，教大家“两脚同肩宽站立，脚趾扣地，舌尖顶上腭，掌心相对，意守眉心，想象两手之间有一个气球在阻挡，然后把手慢慢拉开来，合拢，拉开，合拢，再拉开，合拢……”

中国的山水国画够神吧，但是美院的老师还在教学生运笔侧锋、破锋怎么用，留白怎么设计，落款在哪个位置……

行兵打仗够多变化吧，去看看《孙子兵法》，5000多字，80%的篇幅都在教大家怎么选有利地形、怎么选择行军路线、怎么侦察敌兵人数、怎么派间谍、怎么用水火攻击敌人等具体动作……

如果一个经验不能具体化、从相对意义上标准化，那它就完蛋了，你死之后，这门功夫就失传了。

“兵无常势，水无常形”，抓住这一句做文章，纯粹是断章取义。整段原文是：“夫兵形象水，水之形，避高而趋下，兵之形，避实而击虚。水因地而制流，兵因敌而制

胜。故兵无常势，水无常形。能因敌变化而取胜者，谓之神。故五行无常胜，四时无常位，日有短长，月有死生。”

孙子的原意是：“变化一定有，但是变化也一定有规律。日月的变化尚有规律可循，何况万物。谁能熟知变化，见招拆招，并且掌握规律，谁就用兵如神。”

扪心自问：区域市场规划、经销商管理、客户谈判、促销计划拟定，没有规律可循吗？不能具体化变成知识产品，甚至做到相对标准化吗？不可能！

二、知识产品选题要有针对性和前瞻性

总结和提炼应该是自下而上，不是自上而下。

这里指的前瞻性不是指国际视野、引导理论潮流，而是指预见性——我知道你们会遇到什么问题，我这里给你们罗列了前人总结的答案。

此处以销售培训教材的编写为例作说明。

销售人员在市场上近身肉搏，有成百上千个难题。比如经销商不主推怎么办？超市采购要回扣怎么办？竞争对手突然搞订货会怎么办？经理给下面分任务，下面人不服怎么办？公司考核费用，市场又需要投入，怎样平衡？

注意！注意！

☆这些问题绝对不是偶然的，而是每一个销售人员都一定会碰到的重复问题！

☆解决这些问题会对企业的业绩增长有直接推动作用！

☆目前企业里的培训教材为什么很少涉及这些针对性的内容？教材的编写方法有问题，写教材的大多是职训干部，学历、表达能力、沟通能力都很好，但是他们对市场上到底遇到什么问题、有哪些解决方案并不了解。让猫拉车，难免拉到床底下；秀才给兵写教材，写出来的教材自然隔靴搔痒，叫座不叫好。

☆这些问题也并非无解命题——答案在民间布衣贩夫走卒之中蕴藏。每个一线人员都曾经面对和解决过这些问题，他们都有自己的杀招、绝招甚至损招。

“治天下者，当以天下之心为心”，企业高层要重视这些散落在民间的智慧资源，否则就会明珠深埋，随风逝去。

最好的方法是自下而上收集所有一线人员对这些重复性问题的各种解决方案，加以整理编撰，汇集成册，传于后来人。告诉他“你会遇到什么问题，请打开第几个锦囊，里面有答案供你参考”，聚沙成塔，集腋成裘，最终成为具备指导意义的士兵操典。

三、知识产品要注重模型化

什么叫模型?

我是讲师，天天出差，天天换宾馆，所以很容易丢东西（充电器、电源线、剃须刀等），怎么办？建立模型：在箱子上贴一张“出差要检查的物品备忘清单”，每次换宾馆前看一遍，检查一下，问题解决了——这就叫行动模型。

有个销售经理功力还不深，但老总让他写一份区域市场研究报告。犯愁啊！怎么办？没关系，照固定格式写，先写 4P，再写 SWOT，先分析产品的强势、弱势、机会、威胁，再分析渠道的强势、弱势、机会、威胁……照猫画虎，一路写下来，不管内容如何，架势看上去就挺唬人——这就叫思维模型。

洗衣机都附带常见故障排除说明，比如洗衣机不运转，一看电源有没电，二用测电笔看洗衣机的电源线有没有断（电源线根部是否有电），三看开关是否置于 on 档，四看承重量是否超过最大标准，如此这般，常见故障自己 DIY 就能解决——这叫故障排除模型。

模型可以使你更周密，避免丢三落四。

模型可以使你按照前人总结过的正确方法去思考，去行动，少走弯路。

模型可以使你按图索骥，用排除法找到问题解决的方法。

高手当然可以源于模型再超出模型去创新，但是对大多数人来讲，模型让你更专业，更高效！

模型化最适合去针对那些会重复发生的问题——总结已有的经验让成功重演，让失败不再重复。

企业经营中有很多重复性的，很重要的工作模块。

比如新品销售的推进，区域市场增量机会的寻找，经销商的拜访步骤，乃至一个大型促销活动的准备和现场的控制工作，这些工作都是企业每年每月在各个区域要重复进行的，把这些常态工作涉及的动作、步骤、分工、检核等细节固化、标准化、模型化，变成所谓商超谈判前的准备工作清单，区域市场增量机会寻找的自我诊断列表，新品销售的自我反省问卷，经销商拜访标准流程。越是模型化的东西，越方便管理，也越具备实战指导意义。

四、注重知识产品产生后的管理动作

培训是讲给“有心人”听的，“无心人”听培训压根没用。

100 个人听课，可能只有 30 个人“有心”。“有心人”和“无心人”的区别在哪里？

每次培训结束，“有心人”和“无心人”都会起立鼓掌，一般主持人还会表示礼貌动员学员再次鼓掌，然后老师拿钱走人。“无心人”吃完饭凑到一个房间“斗地主”。过两星期，你问“老师讲什么了”，他一脸茫然，已经全忘了。

有心人会在听完课之后，当天把讲义再复习一遍，把自己觉得有用的动作和理念摘录下来，甚至给自己订行动计划。今天我从老师这里学习了 100 个动作，其中 30 个动作跟我的行业不相关——删掉，另外 20 个动作我不同意——也删掉，还有 50 个动作可以用——我的行动计划是准备在什么时间、什么地点、对什么客户、用哪种方式切入，去尝试运用这些新学到的动作。把这个计划写下来并且保存好，3 个月之后回头看，自己当时的行动计划有没有落实，有什么新体会？6 个月之后再回头看……就这样一次一次又一次逼自己复习、巩固、体验，课堂里的知识才能转化为自己的技能！

从企业角度看，怎样能让培训真正产生生产力？

靠学员自觉地变成“有心人”吗？别做梦了，想想我们上学的时候，寒假作业是哪一天才写的？老师不天天检查作业，你会天天主动写作业吗？

要有企业行为推动把培训的内容内化，把课堂上的知识变成实实在在的改善动作，目前我看到这方面企业里大概 4 个做法：

1. 现场录音录像

培训的时候，有家企业安排人在下面录音录像（培训协议上签订不允许录音录像）。被我发现之后，老板满脸通红一个劲道歉。结果过了两年之后，这家企业又找我讲同样的课程，原因是他的员工都换完了，又来了一大批新人，而且学员一致反映看光盘没意思，还是找“活人”来讲课比较过瘾！第二次授课之后，他们一致反映：“你讲的跟光盘不一样”。

思考：

培训时录光盘意义不大，除非你想当老师出去讲课，而且我讲的课很多都拍成了光盘，网上一查盗版光盘一盘才卖5元钱，你去买就行了吗？

再说了，如果听光盘就能取代老师现场授课，那么哪个老师还会拍光盘？同一个老师同一门课如果半年一年不更新，这门课肯定逐渐被淘汰。

2. 内化培训课程复制培训师

在美的、TCL等企业培训时，看到这些企业的培训经理自己就是不错的培训师——他们出去听一些基础素质的课程（比如沙盘演练、3T训练、时间管理、卓越销售人员的良好习惯等），把教材拿回来强行记忆，反复练习，以后这些课程就自己讲，不用找外面的老师了。

思考：素质类的课程内化是很容易的，但是销售管理类的课程内化就需要讲师的功力了，真的很有功力的销售精英、管理干将，大多数企业是不舍得让他作培训的——赶紧给我干活去。

3. 培训部主导的行动计划工程

企业的培训部比较负责，培训后他们会按照我前面讲过的方法要求学员提供课后感，自我行动计划和行动总结，甚至要求学员下去再给自己的下属把我讲过的课转训一遍，把自己的讲义和学员评估交上来。

思考：想法不错，但布局有问题，这些行为都停留在督促学员加强个人课后学习和实践的层面，学员应付差事交些报告就了事。再说了，这批学员要是走了怎么办？

4. 把培训内容内化成企业流程和制度，并加以推动贯彻

笔者2007年给统一企业作各区域巡回培训，让我深受触动的是，专门有一位协理级的高层干部和我同步巡回。白天我讲课，晚上这位协理根据我讲的内容出一个主题，全班同学讨论怎样结合老师讲的内容，制定和更新本公司的标准，然后作为制度全区域推行。

思考：管理就是一个强制和引导团队成员去执行的过程，听完课觉得有些地方讲得很对，切合实际，怎么办？指望员工自觉学习、自觉提高是不可能的，能产生持续推动力的就是企业的制度、流程。统一企业的培训后管理力度，是笔者在近千家企业的培训经历中难得一见的案例。

抚掌称善之余，教材有了，流程有了，制度更新了，真的就万事大吉了吗？多少企业的流程册、标准化手册只不过是摆摆样子。一个新的知识产品诞生并开始推广，如同推一个新项目，各位区域经理、部门主管都是为自己的业绩负责任，总部推的所谓管理项目他们大多认为是可有可无的负累。总部有没有专人负责监控这个项目的宣贯、培训落实、执行、排名、奖罚情况？项目的执行进度和障碍有没有和总部互动？

话题四：知识管理的改善路径和工具

明确了知识管理的概念，了解了现状和改善方向，现在我们来谈一谈知识管理的改善路径和工具。

如前文所言，目前不管内外资企业，在这方面有成熟经验的很少，笔者作为培训师几年来在这个方面下了些研究工夫，又作为咨询方在操盘企业销售管理时作了不少专项实践，此处罗列以下心得供同行指正。

第一步：完善组织结构

反思一下，为什么企业有财务经理、销售经理、生产经理、保安经理……就没有知识管理的负责机构？

结构决定功能，真的重视这件事，就要有专门的机构和人员去执行。

1. 机构设立的必要性说明

考虑专门的机构和职位负责这项工作——此事涉及对公司各区域部门人员的调派和指令，还有大量的文字整理、编撰、培训、宣贯、执行、跟踪工作内容，必须有专人专门机构以项目管理的流程去推进，刚开始工作量不饱满可让总部人员兼任，工作量满负荷后必须专人主持。

2. 部门及岗位工作内容（后文会有详细的解释，此处仅罗列概念）

☆在公司高层的支持下，自下而上收集一线人员经验，发动、激励、管理所有一线人员以投稿、案例、课件等多种渠道和形式进行智慧分享和贡献。

☆设立并不断更新升级知识产品的选题模型。

☆对一线人员的经验进行编撰、校正、选录、编辑，并按知识管理的选题模型进行分类整理、更新。

☆知识产品的下发、宣贯。

☆把知识产品分为：培训内容（要求员工接受培训）、工具内容（要求员工熟练掌握并对照执行）、管理内容（强制要求相关人员执行）。三个级别进行贯彻，对员工的培训情况、熟练掌握程度、执行进度和结果进行追踪、评估、检讨、奖罚，为最终贯彻结果负责。

3. 部门岗位设置要求

岗位归属：可以单独成立部门（叫知识管理部），也可以归教育训练部门的新增功能。

岗位人员要求：

☆素质要求：总结能力、文字表达能力、沟通能力。

☆资历和技能要求：对归口的部门有3～5年执行和管理经验（如：A经理负责进行营销口知识管理，那么A最好是有3～5年大区销售经理的工作经验——一个资深大区经理更了解哪些东西是有效的知识经验，而且有一定资历和威信，便于他和各区域人员的沟通）。

说明：

第一，建议企业的知识管理先从营销板块做起，形成产品和经验之后再全面推广。

第二，知识管理经理关键能力是专业功底，文字表达整理能力欠缺，可以用文职助理来弥补。

第三，部门编制可大可小，根据企业规模和知识管理的深度及工作量决定，但为确保质量，不同的功能口（营销口、生产口、财务口）最好安排有该项业务经验的人员做知识管理工作，也可考虑以专职知识管理经理（负责营销版块知识管理），带领兼职知识管理专员（生产口、财务口，这方面的工作量相对小，可以让相应部门资深员工兼任）的形式。

第二步：自下而上技巧经验收集的流程启动实施、品控和管理

一线人员是扛枪的，不是动笔的，他们会干不会总结。

刚开始让一线人员贡献经验，他们报上来的东西会让你哭笑不得——做好思想准备，他们刚开始报上来的东西错字连篇、词不达意、空话一堆，你越看越头疼。常见以下几个“特点”：

1. 神志不清

业务人员表达能力差，当区主管对这件事又不上心，结果报上来的技巧和经验，总部的人看不懂。

一个厨具小家电导购员上报的技巧：“我要用气球做载体留住顾客，产生销售，实现业绩。”

点评：

这段话每个字我都懂，但整段话到底什么意思我不懂——实际上这个导购员的意思是：“我发现不少买厨具的主妇逛商场都带着小孩，我就在推销的时候带上气球，见到这样的客户先给小孩个气球，小孩一高兴拉着气球不走了，小孩不走，他妈就走不了，我就有推销机会了……”

2. 官话连篇

区域经理会给你报上来所谓的业务技巧：“管理经销商关键是要搞好客情，要帮他创造利润……”

点评：这不是废话吗？大道理谁都懂，这还用你讲吗？问题是你要用什么动作来提高经销商利润？用什么动作提高客情？不用讲得太系统，讲一两点心得，哪怕讲你自己的案例也行——知识管理经理可以帮你提炼成理论。

3. 拿常识当技巧

“我给店主算清楚卖我一箱啤酒能赚多少钱，他就进货了，所以还是要算清利润。”

点评：刚开始总部收上来的一线技巧会有大量的类似这样常识性的技巧，白白增加工作量，没多少价值。

4. 总结错误的技巧

有终端业务员总结："我告诉店主，只要你进货，卖不动算我的，包在我身上。"

点评：

上帝，店主其实最怕听这种话，听着就像骗子，而且将来万一卖不动，你一个业务员怎么"卖不动算我的"？你自己买回去吗？

以上情况并不是耸人听闻，都是我在操作这个项目时实际发生的，问题并不在一线，他们本来就不是专业搞文字的，总结能力有限，一线经验的贡献质量完全在于知识管理经理的引导。

5. 培训

刚开始要在公司的行销月会上进行点评，让大家知道什么才是有效的一线经验，最好以范例形式让大家体会清晰。

某业务经理总结的有效技巧：

我和新经销商合作，刚开始他积极性不高。我前一个月也没干别的，就是带着办事处的业务员和他的司机天天一起，帮他出去卖高价产品（这个产品经销商利润高），每天每周每个月我都向他汇报："本期我帮你卖了多少高价产品，给你赚了多少钱，如果你在这方面加大力度——比如给你的人定清楚高价产品的提成和基本销量任务，网点开发任务量……我预计这个产品一旦推起来，铺货网点达到1000个，你到明年旺季一个月可以卖多少……"一个月下来，经销商看到我真的在帮他赚钱，配合度大不一样了。

点评：这个技巧不系统，也没什么理论高度，但简单、实用，有一定的可复制性。

6. 激励和引导

（1）物质奖励

前期一线经验总结以正激励为主，不要处罚，免生逆反情绪，可以考虑用"技巧总结大比武"、"智多星排名"的方法予以奖励。

尤其是不要给下面定每月必须贡献多少技巧的死任务——一线人员的主业还是销量，不要把"运动扩大化"——大家不卖货都去写文章了。

（2）精神鼓励

每月月会给大家公布上月技巧总结的精选通告，通告上每一条技巧都写上作者的名字，告诉大家你的名字将来会出现在公司的教材上，“流芳千古，永垂不朽”。

（3）**培训引导**

每月月会上向大家重点培训和宣讲优秀的技巧和案例，让大家真正感到这个东西实用、有用、能解决问题——你放心，各区域经理会迫不及待地拿 U 盘拷你的东西。

（4）**现场激发**

可以在公司的营销月会上发起案例大比武的活动。

笔者在某公司营销月会上举办的“你想挑战吗？”大比武：

活动实景：

佛山区的经理提出他目前工作中遇到的实际问题：“哪个客户出了什么事……”请全体人员上台讲——假如是我面对这个问题，我怎么办？怎么解决？最后佛山的经理向大家公布，我作为当事人是怎么解决的，非常感谢兄弟区域给我出谋划策……

思考：

销售人员个个一肚子鬼点子，个个都有好胜心，只要台上出的案例跟他的实际工作贴近（而且今天在佛山发生的案例，明天就可能在别的区域重现），他们个个都有一肚子话说。

这种讨论会很热烈，大家会互相启发，同一个案例也许能讨论出十几种不同的解决方法。知识管理经理的责任就是引导、会议主持、现场控制、记录、整理、提炼，然后立刻以快报形式下发，全区域分享。

第三步：选题的建立和更新

注意：这一条最重要，这一条必须做，而且必须做好。

让大家漫无目的地总结技巧效率一定很低，销售人员会感到：“满肚子技巧，但一时又不知如何说起。”

给大家缩小话题——对具体的选题（如这个月总结如何帮经销商提高利润的技巧），大家反倒更有话讲。

1. 初始模型的提出

在知识管理的大会上，负责人要给大家一个清晰的选题模型，刚开始模型可以粗一些。（注：篇幅所限，知识管理的工具在此只能做片段示例，以下同。）

比如，大家在总结技巧的时候，要分类总结，主要包括以下选题：

经销商选择技巧；

经销商谈判技巧；

经销商常问我们的10个问题，如何回答；

零售店开户的技巧；

终端生动化的技巧；

……

2. 上下模型要配套

要求各办事处建立技巧点滴记录本，记录本用分页标签把上面的选题目录体现出来（有条件的企业要求大家全部建立电子版更好），一线人员汇报的经验技巧，主任审批筛选后，按选题目录分类登记，月底上交，总部评比……

3. 模型要逐渐细化

刚开始总部给的模型会比较粗，随着一线人员贡献技巧的增多，知识管理经理会在其中发现细分类的可能，把模型细化。

比如，最初的选题是生动化技巧。

细分之后的选题模型为：

如何说服老板配合我做生动化；

如何提高生动化效果的保持时间；

如何跟竞品拼抢生动化效果；

专项生动化技巧：

海报张贴技巧；

堆箱陈列技巧；

空箱陈列技巧；

展示柜、冰柜陈列技巧；

货架陈列技巧；

协议店陈列技巧；

……

过一段时间，他们报上来的技巧越来越多，你会发现选题还可以再进行细化，如：

以上各选题可以分超市、零店、批发不同渠道再细分；“如何提高生动化的保持效果”，可以再细分为“如何通过陈列张贴技巧，提高生动化保持效果”、“如何争取店内人员支持，提高保持效果”……

注意：选题会越来越细化，不断地重新分拣归类，所以纸质文档是不方便整理的，要用电子文档来整理；模型更细化，选题更加具体，更容易激发销售人员讲出东西来。

4. 知识管理人员对选题模型的熟悉和使用

知识产品的编撰人员要对现有的知识产品选题模型和既有内容“烂熟于心”，这样才能辨认新报上来的技巧和原来的有没有重复，才会对新筛选出来的技巧更精准地分类，更重要的是会在新技巧里发现新的分类，再一联想——对了！这个分类在原有知识产品哪个章节也有十几条，可以把他们重新定义、分类、整理。

最终一旦一个完整的知识产品选题模型结晶出来，相对稳定（细分类要适可而止，别做无用功）之后，就像一个全自动分拣机器，像一个吸力极大的黑洞，源源不断地把千万条一线经验加工成“成品”——一个企业内人人想看，企业外个个垂涎，“内可以聚”，“外可以召”的《葵花宝典》。

知识管理经理就像练成了“吸星大法”——不管是听课、看光盘、看书，还是审阅下面报上来的新技巧，立刻可以吸纳进去，放在固定的分类位置，而使用的时候，也是“收发由心”——只需“举指之劳”（点一下鼠标），这个细分话题下的所有知识产品立刻呈现眼前。

第四步：重点工作环节的固化模型

对一些重要的、高度重复的工作模块，要建立固定的工作模型，使之成为业务人员的“新华字典”，常见故障维修说明书和行动指南。

新产品 XY 纯净水和茶系列上市目标准则实行进展自我评估问卷。

问卷使用指引：

如果所有答案都是“有”或“对”→好成绩，成功！

如答案很多是“没有”或“否”→有问题，不成功！

如你需要帮助→请与你的上司联系！

正文：自我评估问题

一、渠道分销与铺货

内容		是/否或有/没有
1. 经销商是否有新品各口味安全库存（400箱以上）?		
2. 是否在正确的渠道分销（产品上市第3个月内达标）?	量贩店及大型超市100%进店	
	食杂店70%以上铺货率	
	机场、车站80%以上铺货率	
	所在区域40家酒店的进店销售	
	所在区域最大80家批发商进店销售	

二、价格

内容		是/否或有/没有
1. 零售价格是否正确?	XY水：人民币1.8～2.2元	
	XY茶（罐装）：人民币2.5～3.0元	
	XY茶（瓶装）：人民币3.0～3.5元	
	XY果汁：人民币2.8～3.3元	
2. 经销商出货价格是否正确，有没有按公司规定价格执行?		

三、卖场布置

内容		是/否或有/没有
1. XY水是否在水区域内，在主要竞争对手旁边?		
2. XY茶是否在茶区域内，在主要竞争对手旁边?		
3. 每种口味是否有3～5个排面?	XY水	
	XY茶（罐装）	
	XY茶（瓶装）	
4. 产品是否在肩与臀之间?	XY水	
	XY茶（罐装）	
	XY茶（瓶装）	
5. 有没有在店内大量应用售点广告?	海报	
	布旗	
	价格牌	
	特价海报	
6. 有没有做到5000㎡以上每个卖场有2㎡以上的新品落地陈列?		
7. 有没有在割箱陈列贴上大量售点广告，如海报、特价海报、价格牌?		
8. 陈列是否坐落在人流量大的地方?		
9. 有没有投放XY专用陈列架?		
10. 专用陈列架顶层是否陈列XY水?		

四、模范店计划

内容	是/否或有/没有
1. 在你的市场内，是否有15~30家模范店？	
2. 如你拜访的这家客户是模范店，是否符合标准？	
3. 可否将这家店变成模范店？	

五、试饮

内容	是/否或有/没有
有没有每星期在20家大型超级市场店进行试饮活动？	
在试饮台旁边有否建立50~100割箱陈列？	
有没有大量售点广告宣传试饮活动？	
有没有安排同时进行促销活动？	
试饮点是否位于人流量大的地区？	

六、促销活动

内容	是/否或有/没有
有没有按公司计划执行促销？	
有没有大量运用售点广告去宣传促销活动？	
有没有建立50~100割箱陈列支持促销活动？	

七、A公司专用冰柜陈列

内容		是/否或有/没有
1. 在A公司冰柜内，有没有陈列？	XY水	
	XY茶	
2. XY产品是否在顶层？		

八、餐饮渠道生动化

内容		是/否或有/没有
1. 有没有在吧台上陈列产品？	XY水	
	XY茶	
2. 有没有张贴售点广告于当眼处，如海报？		
3. 有没有运用餐饮陈列座？		
4. 餐牌上有没有注明产品名称及价格？	XY水	
	XY茶	
5. 有没有提供服务员奖励？		

点评： 相对而言，这份自我评估问卷有一定实践指导意义，遗憾的是写这份问卷的人销售功力还欠火候，恐怕也没有由下而上去收集大家的意见和经验。实际上新品卖得好不好，需要检点的绝对不仅仅是这些表面功夫，还有更多更深层更细节的因素，几乎都会在每一次新品上市的推进过程中重演。

1. 人员管理方面

对内部人员有没有接受足够的教育，以排除他们的畏难情绪和只喜欢卖老产品的惰性？

有没有“修理”那些在新品销售期大放厥词，公然宣称“新品是狗屎，根本没法卖”的“现行反革命”？

有没有做到“人人头上有目标”——量化及过程目标不仅下到区域，还要到终端业代、导购员、经销商甚至重点门店？

2. 经销商管理方面

是否该区域经销商根本没有适合这个新品的销售网络（比如赊销进餐饮渠道）？

是否该区域经销商有前期库存遗留问题，妨碍新品经营意愿？

是否该经销商目前经营的别的厂家的产品正在旺季，造成经销商的人力、运力、资金无暇顾及本公司的新品？

是否经销商的员工以销量计提成（不分品种），所以员工都去多卖白酒，不注重推销本方便面新品？

……

新品销售不好，关键取决于产品、价格和促销政策、通路主推、终端目标网点铺货和展示、内部队伍培训管理和考核、公司的后勤补给和产销协调、消费者的接触认知到重复购买、竞品的阻击力度八大因素影响，其中每一个因素都存在几种甚至几十种的常见问题和解决方法，以笔者目前的积累，新品不好卖可能的原因和解决方法有上百条。

“今天的现实总在重复昨天的故事”，公司每年推新品，在一个又一个区域碰到成千上万的问题。这其中大多数问题是重复性的——下次还会再碰到，而解决这些问题的答案又是相对固定的。为什么不动手把这些问题和答案全部汇集起来，成为一本新品上市常见故障排除实战动作指南？

同样的道理，区域市场的增量机会开发，经销商拜访，卖场年度谈判，经销商大会，各种常见促销活动的策划执行……这些都是企业高度重复的工作模块，其中的工作技巧、应知应会、执行法则都可以在不断改善和补充过程中实现模型化。没错！这种模型建立的工作量很大。

但这才是真正解决问题，是真正有实战指导意义的培训工具和知识产品。这些模型一旦建立起来，就会把变动的不可控因素变成固定的可预防、可控制因素，变成预案/预警系统、工作流程、自我对照表、工作清单……

那才真正是销售人员的枕边兵书、执行工具！

第五步：知识产品的分级管理

1. 培训内容

主要是指技巧总结类的内容，取材于各地一线人员上报的技巧经验，经过知识管理负责人的筛选、编辑、按选题目录整理，形成《销售技巧葵花宝典》，然后逐级下发、进行培训和逐级转训，并对重点内容要求相关人员熟记甚至背诵——此模块意义在于提高人员技能，丰富业务人员的“工具箱”。

2. 模型内容

也就是第四步中讲到的重复性工作模块的固化模型。这些内容会成为执行和管理模板，由此衍生出工作流程、过程指标、检核标准、考核标准。这个模型的意义在于防守——减少重复错误，优化工作流程。

3. 管理类内容

一些可复制的对市场有推动性的经验，可以以制度形式强制执行。

办事处每周以快报形式向经销商汇报战果（办事处的员工本期终端铺货新开网点数、高价产品销售数……），从而让经销商切实体会到办事处是来帮经销商做市场、创造价值的，而不是来收编经销商队伍、抢经销商饭碗的……

——这个模块的意义在于进攻！把优秀的方法迅速全面推广，推进市场业绩。

这些管理工作谁来做？

由知识管理经理执行——那么这个知识管理经理最好是副总级别的人物，否则就需要高层领导的强力支持。

由总部专门的人员——如营销总监、副总监、管理部经理亲自挂帅任专案推广经理，也许效率更高。

新的话题开始了，管理项目的推进说起来几万字也讲不完，也不在本文重点讨论之列，以四句话点出要害。

量化目标：每个人知道自己要干什么——要背诵哪些内容、要对照什么模型检点自己的工作、要执行什么新的工作要求！

紧密跟进：不要等秋后才算账，建立过程汇报、检核、排名机制，一切进度在总部掌握之中。

有效激励：每个人为自己的工作成果付出代价，兑现周期同样是越短越好。

双向互动：理论指导实践，实践又验证理论。管理项目的内容、目标等所有细节都可以在执行过程中进行再次升级和调整。

观点链接四

新书简介《中小终端销售人员工作技能模型》

稿件提供：魏庆理念到动作营销培训机构

原载：《销售与市场》（成长版）2010年第10期

摘自作者即将出版的新书《中小终端销售人员工作技能模型》

为什么要选择
“一线终端销售人员工作技能模型”这个话题

这里的“终端”指的不是大卖场、大超市，而是数以千万计的中小型售点（中小超市、士多店、餐饮店、网吧、村头店等）。

所谓“终端线路管理”是国际企业在中国市场已经运行很多年的一种销售体制：厂家协同经销商组建终端拜访团队，对数千万的中小终端进行“定期、定人、定路线、定方式”的周期性拜访覆盖。

为什么要选择“一线终端销售人员工作技能模型”这个话题？

一、从企业角度讲

中小终端是一片蓝海——越来越多的厂家和经销商认识到，销售份额过多集中于大超市、大卖场这个单一渠道，有很多风险和结构性隐患。

利润风险：大卖场费用高、账期长、利润低，不管是厂家直营还是经销商销售，鲜有能产生丰厚利润者（尤其是一线城市），大多数只是为了一个伟大的目的——“做形象”。所以才有那么多企业直营大卖场一段时间不堪重负，又把大卖场交还给经销商来做。经销商利用低成本、客情公关、产品线丰富等优势做大卖场，情况似乎好一些，但也都是叫苦连天。

竞争风险：大卖场各个竞争品牌的促销力度PK非常严重。你的销售份额集中在大卖场渠道，竞争对手一个特价活动打过来，你跟不跟？不跟就会被排挤出来。跟，你的利润就全军覆没。

专业风险：中国每个城市都有专做大超市和大卖场的经销商，但是一方面他们日子也不好过，另一方面这些专门做卖场的经销商，在物流配送、资金能力、财务管理、对账结款、业务洽谈、超市博弈、合同谈判、卖场人员的客情关系以及本身所经营的产品线等方面，一定有普通经销商短期无法超越的优势，所以他能赚这个钱，别人一段时间内是学不来的。

结构性风险：大厂家大经销商和大卖场合作时间越长，大卖场占据的销售份额就越大（比如一些小家电企业在国美、苏宁两个系统动辄就是几亿甚至十几亿的销售额）。超市卖场合同扣点年年上升，单店销量年年稀释，竞争对手逐年递增，促销力度的 PK 越来越严重。有时候年度合同签完就知道今年做这个零售系统又会赔钱，但是还得做，为什么——这家伙占我比例太大，不敢甩掉啊！

竞争残酷容易蚀本血拼，成本高利润低容易亏损，专业要求高容易犯错误，结构风险大容易尾大不掉骑虎难下。这就是完全依靠大卖场作销售的真相。

不管对经销商还是厂家，都应该考虑渠道多样化，渠道越丰富，销售机会就越多，利润结构就越稳定，结构性风险就越小，即使在一个渠道费用太高或者竞争残酷跟对手血拼，还有其他渠道可以造血。

中小终端（尤其在三、四级市场），虽然单店销量少，但是店的数量多，而且深入居民区腹地，深入大卖场未能“得逞”的三、四级市场实施终端拦截，销量其实很可观。而且中小终端基本没什么费用，现金结账的比例高，也不用担心年度合同扣点年年提升，店内竞争品种相对大卖场较少，店内促销力度的 PK 更少（超市里常见几个厂家搞特价唱对台戏，士多店里这种情况非常少），而且因为三、四线城市中小终端覆盖需要组建比较庞大的业务队伍，所以也往往被很多企业畏难搁置或者忽略……

可口可乐、康师傅这些注重深度分销的企业，在中国已经坚持对中小终端进行“终端线路拜访管理”周期性拜访了十几年，跨国企业能花时间花费用坚持十几年做这件事工作，证明这件事有没有意义吗？

现在，甚至小家电行业美的精品电器、九阳小家电、苏泊尔电器都开始复制快消行业的中小终端覆盖模式，足见其中端倪。

当然，中小终端做起来也有难度和专业要求。但是真正把这个渠道坚持做上几年，你就会发现，相对大卖场而言，中小终端尤其是三、四线城市的中小终端还是一片蓝海（除非你的产品特性限制了只能在一线城市和大终端销售）。

中小终端覆盖的效果——谁用谁知道！

二、从营销人角度讲

中小终端销售人员占营销队伍绝大多数，中小终端的拜访销售是营销人的基本功，是必修课。

太多营销专业文献都聚焦在区域经理以上级别！实际上，营销人几千万，80% 是

“营销农民工——行街崽”，这个阶层艰辛卑微地支撑着营销系统的运作，却少有人关注。

营销新人刚入营销大门，一般不可能直接去管片区市场，第一个职位往往是终端销售人员——“行街崽”，穿梭于大街小巷向终端小店的老板作推销。常见三种工作形式。

第一，给其他片区经理当助理，一般都被分去跑终端（大多数通路粗放的企业都是如此）。

第二，直接派遣到经销商处协助作终端分销（以经销商为主体做终端的企业，比如华龙、金龙鱼、双汇）。

第三，做厂家的“助理业务代表”，跑终端作分销，拿订单然后让经销商送货（大多数以厂家为主体做终端的企业，比如可口可乐、康师傅）。

很多一线人员做“行街崽”，做得并不开心，因为他们觉得天天跟阿婆店打交道，跑一天卖不了多少货，没面子，没成就感，也没什么技术含量，他们更羡慕城市经理能大车大车地卖货，也羡慕重点客户业务员西装革履出入于大卖场之间。

我不这么看，我很庆幸自己刚入营销行业就曾经有过近两年的“营销农民工——行街崽”经历，之后好像穿上了红舞鞋一样欲罢不能。十几年后回忆那些皮开肉绽的往事，其中所获，受益至今。

可口可乐国内的装瓶厂所有销售经理都必须是从“行街崽”做起来，极个别外聘的销售经理也要先做“行街崽”实习几个月，为什么？

“行街崽”看起来很“低级”，其实没那么简单。

“行街崽”首先要不怕苦而且不怕失败：销售是个苦差事，“行街崽”是最苦的差事，寒风刺骨、烈日炎炎、爬冰卧雪、走街串巷，“行街崽”都要在马路上一天奔波8小时——基层嘛，技能没有提升，就先磨炼体能。过了“体能关”，以后不会再怕苦，因为已经苦习惯了。作销售内心要够强大，足够承受101次失败，“行街崽”一天要跑几十家商店，每天被拒绝几十次是太平常的事情。被拒绝得多了，也就有免疫力不怕失败了。能吃苦能忍受失败，这是销售行业的基本功，就像学武术要先有好体力而且不怕挨打。反过来讲，怕挨打就别练武了，吃苦关挨骂关过不了，算了，别作销售了，省的在这个行业“越混越背”，老大无成徒伤悲，年龄大了后悔都晚了。

“行街崽”必须善于谈判：“行街崽”每天要跟终端小店作推销，相比跟大卖场谈判、跟经销商谈判，“行街崽”谈判的对象实力更小，难度也相对小。但是陈述产品优势、分析客户需求、讲解利润故事、解决客户异议、最终达成交易等谈判套路是差不多的。如果你连小店老板都搞不定，怎么去面对大超市的采购和财大气粗的经销商？下盘功夫不稳当，直接升级练套路打擂台，终究会吃亏的。

老“行街崽”基本功扎实，容易“搞定”经销商。“行街崽”将来升了片区主管，要管经销商，管经销商光靠搞客情肯定不行，肯定要带着经销商的人去终端铺货。你自己功夫不行，怎么镇得住经销商手下这帮“土匪”？反过来，怎么在经销商面前树立专业实干的威信？

老“行街崽”有生活基础，比较容易管理团队。“行街崽”人数众多，其中不乏偷奸耍滑的。你有一两年“行街崽”的生活经历，如果经过专业提升做了团队管理者，这段基层工作经历就给你打了基础。首先你业务基本功扎实，干起具体工作（比如带车铺货、作陈列、现场导购、终端谈判）你能上阵拼刺刀给下属作示范，容易建立威信。其次管理团队、终端检核、报表分析、开业务例会等，你知道他们有多少“花花肠子”（老子以前也是个“犯罪天才”），带团队阻力就会少得多，工作比较容易上手。我想这也是可口可乐装瓶厂要求销售经理必须从“行街崽”里历练出来的原因。

顺便声明，这本书不是为销售经理、销售总监们服务，如果他们觉得能从中获益我当然高兴。本书的目标读者就是为奋斗在销售最底层的“营销农民工——行街崽”立传，所有从基层做起作销售的人都会在里面看到自己的经历，感到似曾相识。

市场总比营销变化快，游戏规则升级，销售队伍年龄变轻学历变高，企业兴衰交替……在这些大制作宽银幕巨片之下，极少数的佼佼者会脱颖而出，更多“行街崽”的努力和浮沉往往被湮没。干营销入行起点低竞争必然激烈，你不玩命、命要玩你，时间是个好老师，但是它最后把很多学生都弄死了。营销这行业，多少鲜衣怒马意气风发满腔狗血理想的营销少年郎进去，脂肪肝胃溃疡神经衰弱白发委顿未老先衰的伤心老家伙出来另谋生路，一将功成万骨枯，一直以来，少有人会为荒野的枯骨赋诗。

如果你觉得“行街崽”这个职位没有成就感，那是因为你还不了解未来这段经历将来会怎样帮你做“更伟大”的工作。

如果你觉得“行街崽”这个职位太无聊，没有技术含量，是因为你还不知道这个职位里可以施展的武功——金庸笔下，少林寺的方丈不得已出手抗击强敌的时候，用的是“罗汉伏虎拳”，这是少林寺人人都会的入门功夫，但是真正让高手打出来，却是另一番威力。

这些前尘，为后世的“行街崽”所写，希望这些文字能多少影响他们，愿他们少一点浮躁和盲目，多一点思考和务实，集腋成裘，前赴后继，营销生涯才会少些艰辛。

“一线终端销售人员工作技能模型”培训的整体思路

一、终端推销的常用模型

既然给一线人员培训，就要适应一线人员的阅读习惯。营销新人最感兴趣的是“我的货怎么卖出去”。我们就从这个话题开始，讲一讲店头推销近身肉搏的方法和模型。怎么用品项分析法让店主知道他店里缺这个产品；怎么用安全库存法计算店主应该下的订单；怎样用添柴法让客户追加订单；怎样用利润故事和 NO. 1 效应攻克不愿意要货的钉子店……

二、不要一次挫折就承认失败

上新产品，终端人员往往出去跑上几个店，就回来撂挑子：“老大，这货铺不动，没人要!”这种现象其实首先是个心态问题：铺不动？怎样把一个“铺不动”的产品经过努力最终变成“铺得动”？除了上一个话题讲解的店内推销方法，还可以利用经销商资源进行终端推销，可以进行小组团队铺货，可以利用陈列奖励提高铺货等，方法太多了，终端推销的“加速杠杆”何止几十种？这个章节我们不但要学习更多终端推销的方法，更重要的是传递一种积极心态：“不要一次挫折就失败，你把所有铺货的方法都用尽了，再说铺不动!”

三、终端拜访标准化：拜访八步骤的真相

营销界人尽皆知，康师傅、可口可乐都有个“零售店拜访八步骤”。很多民营企业拿去改成“零售店拜访十步骤甚至 N 步骤”。但是，具体执行的时候都走样了。终端业代在实际工作中大多有自己的一套，他们会觉得这个所谓的拜访八步骤、十步骤是花拳绣腿。实际上拜访八步骤这套业务模型是很实用的，每一步都暗藏“杀机”，直接促进

销量，但是大多数人学到的只是皮毛，反过来认为这套武功没用。本章详解零店拜访八步骤，你会恍然大悟，再不会觉得这是花拳绣腿。

四、全面认识终端业务人员的职责

按照一线人员的兴趣来设计教材顺序，所以我们先学习“终端推销的各种实用方法”、“不要一次挫折就失败”、“拜访八步骤的武功真相”。掌握了这些内容之后相信大家对终端“行街崽”已经多了一些理解。这时候我们更客观地来看一下，对一个基层人员来说，终端销售意味着什么工作：终端业务员的职责不是仅仅在店门口问问老板要不要货，然后贴两张海报那么简单。他不仅仅是个卖货的，还要填报表，还要统计铺货率，还要做生动化，还要处理客诉，还要管理异常价格，还要管理网点库存，还要管理网点进货频率，还要执行公司的终端促销政策等。认识提高了，眼光全面了，境界才能更上层楼，才能面对工作中的种种困惑，才能静心学习后面的内容。

五、终端业务代表需要培训的关联技能

终端业务人员能力要拓宽，日常拜访仅仅是其中一项，还需要系统掌握如下关联技能：

1. 跟车压货

销售拐点到来（比如旺季到来前），新产品上市，终端业务人员要实现最大销量，不是自己拜访终端，而是跟经销商的车去车销铺货，怎样在有限时间里建立客情少犯错误实现最大销量?

2. 生动化的执行和效果保持

公司给了生动化标准，具体执行的时候终端不配合怎么办？怎样公关确保生动化效果？更难的是怎样保持住生动化效果。

3. 执行陈列奖励

终端陈列奖励是各行业现在普遍采用的方式，最大的问题是花了钱看不到效果，根子在终端业务人员的执行能力上，本话题专门讨论终端业务人员应该如何贯彻落实终端

陈列奖励。

4. 处理客户投诉

客诉是终端业务天天遇到的问题，也是结下客情和业务突破的契机，其中有一些可以复制的经验和模型。

5. 终端业绩规划数据分析

终端业务人员要填报表，这个报表数字不是仅仅填写给别人看的。只有当一个终端业务人员能分析报表数据给自己作业务规划的时候，他才是真正开始作业务管理。

6. 其他业务关联技能

包括“分销标准”、“设备维护”、“线路手册使用填写”、“铺货率普查铺货率分析”、“早会汇报及主持”等。

7. 终端常见残局破解

竞品把终端签了专场怎么办？拜访终端的时候店老板总是不在怎么办？终端店要赊销怎么办？经销商不愿给这个终端送货怎么办？我们跑终端，经销商在家里不动，造成主劳臣逸怎么办？我拿了订单，终端不送货怎么办？……终端业务人员是“最一线”的人员，既然可以预见他们会遇到的一些问题，就应该有解决这些问题的预案。我会给大家我们的答案。同时期望这个环节不仅仅是我在演讲，而是读者能够互动参与，大家互相沟通切磋解决实际问题。

最后，我们换一个顺序看一下这门课的主线（见下页图）。

6个话题30期培训，让学员全面认识终端销售的概念，了解终端业务人员的工作清单，熟练掌握终端铺货推销的方法，具备“不要一次挫折就承认失败”的积极心态，系统掌握终端业务人员的6项关联技能，掌握终端销售经常遇到问题的解决预案，这就是一线终端销售人员的工作技能模型和知识系统。

营销一点也不神秘，营销是个技术，由很多技术模块组成，“行街崽”的武功，是营销技术系统里面最基础最重要的环节，但是，绝对不像看起来那么简单。

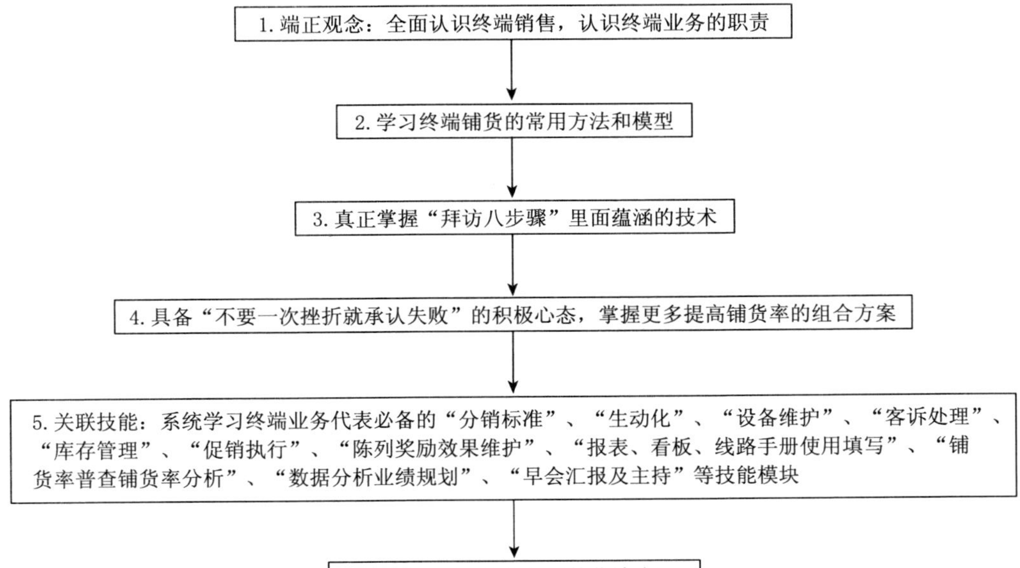
1. 端正观念：全面认识终端销售，认识终端业务的职责
2. 学习终端铺货的常用方法和模型
3. 真正掌握“拜访八步骤”里面蕴涵的技术
4. 具备“不要一次挫折就承认失败”的积极心态，掌握更多提高铺货率的组合方案
5. 关联技能：系统学习终端业务代表必备的“分销标准”、“生动化”、“设备维护”、“客诉处理”、“库存管理”、“促销执行”、“陈列奖励效果维护”、“报表、看板、线路手册使用填写”、“铺货率普查铺货率分析”、“数据分析业绩规划”、“早会汇报及主持”等技能模块
6. 破解终端销售常遇到的营销残局

后记：

营销人如何跳出职场潜规则
——销售人员的成熟职业心理

稿件提供：魏庆理念到动作营销培训机构

原载：《销售与市场》（成长版）2010 年第 8 期

摘自作者即将出版的新书《中小终端销售人员工作技能模型》

我要讲的不是成功学

从营销人转行作培训9年多，常遇到企业提要求："魏老师，我的销售人员心态不好，没有激情，您讲课的时候激励他们一下。"我明白，企业是要我讲成功学。

我回答："讲不了，我的课程都是教大家具体事情怎么做，没有心态激励课程。"

我个人对成功学并不认同，尤其不认同那种上课一起跳舞、做游戏、唱歌、喊口号，甚至痛哭流涕的"伪成功学"。个人观点：成功学不是不好，但是被一些大师妖魔化了，其心智干扰的原理让人联想起邪教。总结一下，症状有两点：

其一，"伪成功学"把情绪放大了，以偏概全。王小波的小说里面有个傻大姐无意中学会钉扣子，然后逢人就狂喊"我会钉扣子了"——常人就不解，会钉扣子有什么了不起？一样道理，渴望成功有什么了不起？听两天课认为保持亢奋喊口号就能成功，那太肤浅了。对一个成年人来说有激情只是起点和基础素质之一，成功（仅仅指事业成功）除了激情，还需要学习方法、商业机遇、发现商业实质的眼光、团队管理能力等，心态好只是很小的一部分。

其二，彪悍的"伪成功学"告诉我们努力一定会成功，而且人定胜天，结局必胜。这些叫得响亮的口号，不知是鲜花还是毒草。一元化的人生观麻醉了受众的神经，让大家亢奋得忘了为失败作好心理准备，多年来不知道为此整出多少抑郁症来。而实际上人生的真相是"不如意者十之八九"，大家出来混，在战场上冲锋陷阵、在职场上明争暗斗，"中弹"是平常的事情，常需要花很长时间去忍耐过程等待胜利，运气不好的时候，百炼成钢的坚忍仍然可能落败。不了解这个真相，就不能面对暂时失败，心态浮躁，在挫折中就没有什么耐受力，很容易夭折。伪成功学的受众听完课大多喊着口号冲出门，举着双手滚回来。刚开始冲劲十足，但是耐力太差，总想一朝得道鸡犬升天，喊了几个月口号之后发现自己没有成功，就像一个充足了气的气球，针一扎就委靡了，变成高喊成功口号的失败者。

《销售与市场》创新刊之际，邀我跟大家讲讲"营销新人的成熟职业心态"。为避免上述症状，我首先声明，我讲的不是"成功学"，而是一个老营销人20年来的生活体会。

话题一：营销人要有企图心，立足行业，志存高远。志在得道成仙，何必在装神弄鬼上瞎耽误工夫

每次培训结束我都会问大家一个问题：如果按魏老师课堂上讲的方法一丝不苟地去做市场，工作量会增大还是会减少？

真实的答案令人沮丧：工作量一定会增加！按照课堂里面讲的动作去做，业绩可能是变好，但是你的工作量一定会成倍地增加——销售原本是弹性很大的工作岗位，想偷懒一定有办法，想给自己找事做，累死你都做不完。

再问大家："这样做，你在企业里是不是一定有好结果？"

老江湖会一声冷笑很深沉地告诉你："很难讲……"

"兄弟们都跑得挺慢，你小子一个人跑得那么快——你就是被修理的对象。"

"多做多错，少做少错，嘿嘿，做得多的人死得快。"

"老师你讲的都很对，但是在别的公司可以，在咱们这混，哼！站队很重要。"

甚至有人引经据典振振有词："我也不喜欢江湖这一套，但是你想退出江湖不掺和这些破事根本不可能，江湖在人心中，有人的地方就有江湖，你无法退出！"

……

让我吃惊让我寒心的是，说这些话的所谓"老江湖"，可能才是大学毕业一两年的年轻人，嘴唇上还是绒毛，第二性征都还不太明显，却摇头晃脑地冒充世故老人。

说到营销人的成熟心态，我首先想告诉各位新入行的营销菜鸟，不要自己吓自己，不要向职场的所谓潜规则屈服。

我承认职场存在办公室政治，嫉妒是人之常情，枪打出头鸟是团队潜规则，我自己在十几年的打工生涯中也曾经多次被人家"修理"。

但是尤其是新人，要超脱，不要自己吓自己去迎合这些东西。很多所谓老江湖的价值观其实只是夸大其词的传言。比如什么"人不为己，天诛地灭"，实际上很多"不为己"的人也没有被灭掉。什么"江湖险恶"往往也是没事干想出来的。旁观者看了都感到搞笑——大区经理总监级别的人考虑政治我还能想得通，但有时你会看到一个小业务员也考虑政治问题，太好笑了，公司的政治关你这个业务员什么事情，轮得上你吗？

我的观点是"你简单，你的世界就简单；你险恶，你的世界才险恶"。举个例子，金庸武侠小说里，武林高手坐到饭馆里吃饭，就会碰到另一帮武林高手，然后打起来。我魏庆一辈子都碰不到这种事，因为我本身就不是武林中人，有人打我我就报警！

人一生的成就超不过他思想的高度，心胸有多大，世界就有多大，销售人员当有企图心，修炼自己的心胸格局，不要那么早就庸俗化，要学会“立足行业，志存高远”。

立足行业：“别拿自己打工这个企业太当回事”，听起来很像反动言论，实际上真的是这样。世界500强企业平均寿命才40岁，你打工的这个企业有没有可能万古长青？就算这个企业万古长青，你能在这儿打几天工？干2年你是新员工，干5年你是老员工，干15年你是老妖精！企业不可能给你养老送终。你把自己定位在企业，心胸就会变小，好像一个买菜的家庭主妇一样，斤斤计较、讨价还价：“都是经理，凭什么张三干那么少，我就要干这么多”、“这个月我不能再卖了，再卖下个月的任务量又增加了”、“这个人不能得罪，他是刘总的人”……于是小人长戚戚、思绪万千、心猿意马、瞻前顾后、朝三暮四，然后肯定越做越奸、越来越世故，难免庸庸碌碌。自己活得累，别人看得也恶心，还败坏社会风气教坏年轻人！结局如何？凡是随波逐流的一定是不能力争上游的。营销人想一辈子在企业里打工吃饭混日子原地踏步是不可能的——最终你一定会从重用对象变成利用对象，最后是淘汰对象！像一个怨妇一样退出舞台，这是规律。

志存高远：首先把自己定位在行业——“这辈子我就在营销行业发展了”、“这辈子我就在消费品行业作销售了”。你站得高，才会志存高远，无欲则刚（大不了东家不干干西家），什么办公室政治、什么人事斗争、什么公平不公平，于我眼中，都是随喜，关我何事，忘掉它吧。我志在得道成仙，何必在装神弄鬼上瞎耽误工夫？然后你就会像学生一样做市场，自己跟自己过不去，自己给自己找事干——不管销量任务有没有超额完成，你始终在想：“我能不能再推一个新品种，再开发一个新渠道，再打一次冲货……”

像神六上天一样，除了必需的燃料和仪器，别的什么都不带，能抛下的全部抛下——做个心机简单的“单细胞动物”，以“十万个不为什么”的态度对待职场，但行好事，莫问前程，除了干活和学习什么都不管，轻装上阵，才能一马当先。虽然短期的确会越做越累甚至还可能有挫折，但长久来看，你的专业技能提高一定很快，你不会吃亏的。

多年以前，我就曾经是一个不懂韬光养晦的家伙。有一次下班，总监请大家吃饭，我不知道，直接回家了。第二天听说这件事当然大叫亏本。这时候我的领导微笑着跟我说：“魏庆，看来很多事情不能跑太快。”——什么意思？这位领导在教我做人呢！

但是今天我还是要告诉各位：“有些事情还是要尽量跑快！”也许你在一个企业会受到不公平的待遇，没关系，你的命运在自己手中。你以一种近乎自虐的心态，庸人自扰地去自己给自己找事做。你永远忙不完，前期一定是付出远远大于回报——但是你的专业能力会提高，三五年之后回头看，你的生存环境、发展机会尤其是你的专业技能已经把你当年的老板远远、远远甩在身后。

营销行业真正有能力但是还找不到工作赚不到钱的人，你见过吗？不可能！老板们找人脸都快找绿了。用葛优的话来说：“21 世纪什么东西最缺最贵——人才。”社会是个大集市，你真正有价值，一定有人付钱给你，商业社会不会埋没有价值的东西。

《无间道》里有一句经典台词：“出来混，啥也别怕，有些债，迟早要还！”老天爷是喜欢算总账的，有一天老天爷会把欠你的全部还给你！

“立足行业，志存高远”，“别拿你现在就职的企业、职位、饭碗太当回事”，这些话听起来很反动，实际上最革命，如果一个企业里人人都有这种思想，这个企业就不可战胜了。

话题二：营销人要专心，人生都会成长，过程在自己，竞争是有效劳动的正向积累，忠告大家轻易不要换行业

我到过不少国家，羡慕欧洲人的生活，不是羡慕他们的富足，而是羡慕他们的悠闲，欧洲人的生活方式和我们不一样。比如英国阴雨天较多，只要一出太阳，草地上密密麻麻到处躺着人（一家老小）在那里晒太阳，身边还有宠物狗在撒欢。和当地人聊一聊，我才知道为什么国外会有民间排华情绪：因为中国人太敬业了，到哪里都破人家的行规。在英国当地开的大超市下午 5 点就关门，英国人周六周日休息，一天留给家人（去度假），一天留给上帝（去教堂）。但是中国人开的超市，通宵营业，周六、周日不休息，价格便宜，还大作促销。搞的当地的超市休假都不安心，他们认为中国人这是不正当竞争，影响当地人的生活质量。

为什么欧洲人这么懒，还在富足悠闲地生活？为什么中国人这么勤劳，生活还更辛苦？因为欧洲发达国家有几百年财富的积累，知识产权的积累，文化产业的积累。他们现在靠祖上遗产获利，靠输出知识产权和品牌获利，甚至所谓文化教育产业（大把中国人一年花几十万送孩子去那里上学镀金）也是他们的主要税收来源。有这些东西做后盾，欧洲人民才得以安享完整的社会福利。

跟欧洲国家一比，中国人在生存，人家在生活。我们现在还在“打造和谐社会”、“让老百姓过得有尊严”的原始积累阶段，要多拉快跑，暂时没太多时间休闲。

时间具备两重属性：如果你花时间度假喝咖啡，那么时间就是消费品；如果你加班，那么时间就是生产资料。

从总量上分析，时间是常量，一天24小时，所有人都一样。

从属性上分析，时间是个变量，你多花时间加班，就没时间享受生活，反之亦然。时间的消费品和生产资料两个属性此消彼长，是二律悖反。

大众最羡慕的是富贵闲人，既富有，又有时间享受生活。富贵闲人的来源有两种，先天遗传（祖业）和后天积累。

后天积累要讲方法，方法不对，光努力没用的，农民工兄弟们都不懒，但他们大部分人是体力上付出多，智慧和技术的积累效应差。

经济学的定律：竞争是有效劳动的正向积累。在一件事情上持续用功，按一个方向投资积累，在时间和精力上不吝啬，往同一个方向去追加，才能有很好的积累效果。

忠告各位营销新人，打工跳槽不要太频繁，否则你永远做不到高层，更重要的是不要轻易换行业。

从个人经历来讲，我非常庆幸我的职业生涯比较少走弯路，当年计算机本科毕业不喜欢本专业，跑去作销售。最初任职一家红酒公司，后来辗转进入可口可乐、顶新集团等公司，反正一直是卖吃卖喝卖快消品，一口气卖了10年。2002年偶然的机会进入培训顾问行业，把自己的工作经验总结讲给同行们听，发现营销人员迫切需要这些源于一线动作分解式的培训。于是我成为专业营销培训顾问。一口气讲课又讲了将近10年，现在我也是个“老人民教师了”。我花了近20年在做一件事——快速消费品营销和培训。而且我知道，现在的职业选择对我来说可能要延续不止10年，说不定就会“讲经三百余会，说法四十九年”，最后终老此生。

一个人首先要有企图心，志存高远，以研究学术的心态去做工作，他的生活就会单纯，能“钻”得进去。

其次还要够专心，频繁换行业对年轻人来讲损失太大。专心是一种生产力，佛教讲的禅定，道教的吐纳，基督教的祈祷，都是在修炼收心、摄心、专心、不分心，心念集中定于一境不受外境动摇的功夫。没有聚精哪里来的会神？营销人专心聚焦在一个行业，花很多时间、精力、心思，持续在一件事情上努力、心无旁骛，看书就看这个领域的书，听课就听这个领域的课，干活就这个领域的活，没事就琢磨这个领域的学问，那么他的生活就是一个持续正向积累、集腋成裘、聚沙成塔的过程。很快这个人就会从生手到熟手，然后到高手，成为这件事情的主宰。拥有更多话语权，工作上得心应手创造收入，时间上也还能游刃有余，然后就有资格去消费时间。

时间是二律悖反，一个坐标是生产资料用来为了生存而工作，一个坐标是消费品用来享受生活。在生产资料这一边没有足够的关注和效率，那边作为消费品的时间和生活就会被压榨掉，一直为生存忙碌，受口腹之累。

半路出家，进入新行业新领域成功的人的确有，但是太少，不是人人能企及的生活。我见过更多的是换行业把自己换完蛋的人。今天卖饮料，明天做建材，中间辞职创业又没耐力很快夭折，又回来打工去卖房子，干不下去又去卖保险……每换一次行业，前面积累的经验、资历和人脉都打对折甚至重新归零。三晃两晃，就老了。那时候世界会抛弃你，回头看几十年竹篮打水的奋斗历程，好像一阵冷风吹过。

人生苦短，作营销，逆水行舟，不进则退。成功要趁早，一刻别放松，过了这个村没有这个店，一旦成为职场上的剩男剩女，恐怕你晚景凄凉。

这并不是耸人听闻，营销是一个非常残酷而且歧视老人的行业，看看招聘广告就知道，营销人如果到了35岁还冲不到老总级（至少是经理级），以后在这一行里的生存环境就会越来越艰难——42岁了还要去应聘业务主管，谁肯要你？除非你去那种“中外合资麻花厂，党委书记兼厂长”的芝麻绿豆小公司。

我在离开康师傅的时候，行销协理黄行毅先生讲过一句话让我印象非常深刻，他说“人生都会成长，过程在自己”。多年以来这句话印在脑海中，掺杂着一种恐惧，不肯散去。我在课堂里讲这句话，学员也大多都深受触动，引起共鸣。

大学毕业5年以后，再开同学会，你会发现当年一条板凳上的战友现在分“阶级”了。我同学里走仕途的有做到市政府的秘书长，打工的有人是500强企业的营销总监，创业的有人已经小有成就成了企业家开始搞慈善，捧铁饭碗的有人上班混饭吃下班练书法修身养性倒也自得其乐。还有一位当年系里的风流人物至今在一个效益很差的国有企业当科长，还得了肾结石。同学聚会那一天，这老兄眼镜片打破一道缝还缠着胶布，头发乱着，袖子上毛线掉着，满脸悲苦。最要命的是这位老兄心态很不好，既不安贫乐道也不自我反思，看什么都不顺眼，欷歔不已，说自己就像被命运一口气吹上天的蒲公英。我看生活对他来说绝对不轻松。那个时候我心里真不舒服，为什么？当年考四级作弊，我俩是一起被老师从教室拎出来的难兄难弟，现在已经无言以对，无话可说，互相看不懂。

“同学未必同路，殊途也许同归”，铁打的营盘流水的兵，企业会换人，人也会换企业，不管你对这个企业安的什么心，忠告大家要专心，不专心是要遭报应的。竞争是有效劳动的正向积累，轻易不要换行业，因为“人生都会成长，过程在自己”。专心做事不是为别的，只为数年以后，你在九天之上，而非在九地之下，不为别人，为的是你自己。

话题三：营销人要有耐心，伟大是时间的函数，成功是熬出来的

很多销售人员也都羡慕魏老师做顾问既风光，而且还收入可观（只是相对打工而言）。也有些同行托关系要来投奔，其中最离谱的类型是："职场失意，打工不好混了，我当老师吧！""能不能把您的教材拷给我一套，我去讲？"这太可恨了！怎么会销售做得不行，才想到退而求其次当个老师呢？老师这个岗位那么没技术含量吗？

问大家一个问题，把魏庆的教材全套拷贝给你，江湖上会不会就多出一个魏庆来？

我敢打包票，不可能。因为我的课程从来不保密，很早就出了光盘了，网站上我的教材也是免费下载。你买套光盘看100遍，背会，去讲课，看看有没有人买你的账！

通用素质课程也许可以照本宣科，销售的课是不能这样讲的。销售人员听课目的性很强：超市合同费用越来越高怎么办？经销商没钱怎么办？新品卖不动着怎么办？……而且销售人员大多"好勇斗狠"，他们听课首先不是听老师讲课，而是听这个老师有没有资格给我上课，讲师没有深厚的阅历、思考、应变能力和知识积累，怎么能"罩得住"？

要给销售人员讲销售，首先自己必须是一个资深的优秀销售人员，你必须该经历的经历过，该痛苦的痛苦过，该高兴的高兴过，该体验的体验过，从经验和阅历上能挑战他们。其次既要低头拉车，还要抬头看路，要在专业上比学员高一个境界。讲师不能仅仅是一名熟能生巧的八级钳工，还要升级知识结构，勤于总结并进行系统化的理论提升。然后才有可能坦然跟学生们对话和授课，在行业里才有可持续发展的竞争力。

很多人想当培训顾问是想一朝得道一朝致富，但是没有板凳一坐十年冷自我提升的耐心。他们回答："我的妈呀，照这么干，那要多少年？"

这恰恰是我要讲的，别着急，作营销要有耐心，伟大是时间的函数。

冯仑先生写了一本《野蛮生长》，里面有一个观点，讲得非常生动："我拿着一杯水，马上就喝了，这叫喝水；如果我举10个小时，叫行为艺术，性质就变了；如果再放50年，拉根绳就可以卖票，就成文物或者新闻了。如果再放5000年，那就是国宝了。"

这个论述太经典了，不是行为本身决定价值，而是时间会决定一件事的性质，会不断提升这件事的价值。你想，喝水是几毛钱的事，而一个行为艺术最多挣个百十元；如果变成雕塑，放在一个好位置也能卖点钱；但成了文物国宝，那价钱就大了。如果苦练

一件事，朝着一个时间方向去努力，时间越长，东西越金贵、越值钱——伟大是时间的函数。

前面讲过，营销人要企图心，立足行业，志存高远，志在得道成仙，何必在装神弄鬼上瞎耽误工夫。

又讲了，营销人要专心，“人生都会成长，过程在自己”。竞争是有效劳动的正向积累，要在一个行业里持续学习。

现在我要讲，营销人更要有耐心，伟大是时间的函数，成功是熬出来的。不要相信激情必胜结局必胜的伪成功学。营销人总是一路和失败挫折挑战同行。少年得志往往是悲剧，急功近利就会害了自己，大多数人的职业生涯都是长跑，一路坎坷一路蹉跎，熬过来就好了。我本人一直就是个倒霉的失败者——准确地说是“被折腾者”。

我入行作销售刚开始就困难重重：我不喝酒而且滴酒不沾杯酒就翻，但是 20 世纪 90 年代初的很多生意在酒桌上谈成，不喝酒简直寸步难行，生意不好做，群众关系也不融洽。后来硬着头皮上，发生了很多故事，最后发现不喝酒也能作销售，发现只要你够专业做人够坦荡，哪怕江湖手段差一点，经销商、你的团队照样认可你。

好不容易过了第一关，会作销售了，当了经理，又遇到困难：我管不住人！我从小个性就不是很阳刚，总觉得当领导只要对员工好就能管下属，结果发现事与愿违，几番磨炼逼得我恩威并施还要杀人不眨眼（咱原本是个好人）。

后来到民营企业当总监，发现外企的营销套路在民营企业不好用，几经挫折差点被干掉，加班累倒两次住院，最后才学会变通和乱中求治。

偶然当了老师，更是诚惶诚恐：啊？我要当老师了？在企业里给自己员工们讲课好办（谁敢不听就骂他），但是作为商业讲师到企业讲课全靠内容吸引人啊，你的经验再多也不能上来就讲案例讲一天呀？怎么办？压力就是动力，通宵备课，写教材写到手抽筋，讲课前跟企业里的学员互动访谈，针对性设置课程内容，然后上台讲，心里才比较有底。

后来又出事了！要给可口可乐 11 个分厂的销售部总监培训，要给统一食品全国各地的总经理讲课！我的天，这些人在企业里资格都比我老、职位都比我高，甚至曾经是我的老板，压力大啊！又是通宵备课，实地走访，再作充分准备。结果在统一总部培训完反响很好，又全国巡回培训几十场。

后来又出事了！康佳找我给全国分公司总经理讲课，我是快消出身，从没做过家电，而台下的学员又都是分公司老总，24 个学员就管了 100 多亿的销售额！压力大呀，又是通宵备课，实地走访。结果培训反馈非常好，学员们说我讲的内容让他们耳目一新

（废话，我给卖彩电人的讲怎么卖可乐肯定是耳目一新），又给康佳全国巡回培训几十场。然后我明白我不仅仅能给快消企业讲课，之后进入建材、家电、日化、药品、IT 领域作培训就是康佳那次跨行业培训给了我信心。

到现在当老师快 10 年了，似乎已经小有名气。但实际上还是如履薄冰，《上海滩》里许文强告诉冯程程说“迟早有一天我会横尸街头”，我就总有这种危机感：市场总在变化，课程内容 3 个月不更新就会被行业甩在后面，要延长自己的“保质期”，就需要做咨询顾问项目继续一线实践，看最多的书，听最前沿的课，做个有心人，以天下为师，向同行学习、向客户学习、向学员学习，尽量让自己“保鲜”，长江后浪推前浪是自然规律，但是一个善于学习的人不会那么快被淘汰。

……

一次次的诚惶诚恐，一次次的如履薄冰，一次次山穷水尽，一次次绝处逢生，一次次的挑战，一次次的折腾，一次次的总结之中承受着一次次的挫折和成功。终于明白，有阅历、有思考、有总结，加上有充分的准备，就可以做到有信心，然后生活开始从容，因为你付出了代价。

今天我的生活已经从容了很多。

首先我有专业积累：10 年国际企业一线销售工作经验。碰巧我记了 10 年的工作日记，后来上台当老师，我肯下工夫自己写教材。我在台上讲的每一句话、每一个案例甚至一个笑话都是在电脑里写好的，我的语速大约一天讲 8 万～10 万字，我现在成熟的课程能讲 40 多天，现在我电脑里面已经成熟的教材就有 400 多万字（400 多万字什么概念？大概 5 套《红楼梦》吧）。更重要的是这些课程教材不是我编的、复制粘贴组装的，而是我根据自己 10 年销售、9 年培训、几十本工作日记、几百家企业几千次培训几万个学员身上学习到的东西，自己原创写出来的。行业里很少有人下这个工夫。这些就是我上台讲课的底气，是我在培训行业的核心竞争力和竞争壁垒。

其次我有客户积累：9 年培训积累几百个对自己满意的客户，老客户不断续约就是我的业务保障，我不需要再费心费力找订单，专心备课就行。然后才觉得我度过了生存期，经济危机对我没有影响。

当然要付出代价——19 年时间，做同一件事。尤其是当了老师之后要板凳一坐十年冷去看书、学习、自我提升、写教材，在自己的世界里自得其乐忍受（或者享受）学术的孤独。到今天已步入中年，青春期已过更年期将至，写教案写的颈椎腰椎增生，讲课嗓子变哑，以前唱卡拉 OK 都唱《男儿当自强》和《青藏高原》，现在只能唱《滚滚长江东逝水》。

用自我的经历为证，仅仅因为自己的经历体会深而已。我绝对不是什么成功者。论知名度，很多人认识我，是因为老师这个职业有机会面对公众。论财富，可能很多经销商都比我阔得多，论事业我也不是上市公司主席，我的兴趣不在那里，我知道自己的斤两也知道自己想要什么。我只不过想当一个好老师，我喜欢在自己的专业领域里面不断进步。我绝不是主流价值观里的成功典范。

但是我相信所有成功的人跟我走的道路是差不多的——要有足够的耐心，量变一定会有质变，没有读书破万卷，哪里能下笔如有神，没有聚精哪里来的会神，时间是最可怕的东西，时间是成功和伟大的函数，伟大是熬出来的，积累够了，自然就伟大了。

没关系，我有耐心，我再熬30年，等我熬到曾仕强教授现在的岁数，再看自己这一生能不能有一点成就。

为天地立心，为生民立命，为往圣继绝学，为万世开太平——那是温家宝，不是我。

但是我干到70岁，电脑里应该至少有一两千万字的成熟教材（都是自己原创而不是编撰或者组装）。到时候我回归校园，把毕生所学、所历编成体系讲给孩子们听，讲一讲一个老营销人这50年营销生涯的用心体会，讲一讲中国营销50年的跌宕起伏，出版一套30册的千万巨著《魏庆中国消费品营销培训全书》，开宗立派、传于后人，未必不可能。

只要“2012”不成为现实，天黑还早！慢慢熬，不着急，我有足够的耐心。

话题四：清火气，养元气，做人要大气，三心合一，终成正果

成年人应该有底线思维，实力最重要，大巧守拙才是捷径。

第一，要有足够的耐心。成功是时间的函数，成功是熬出来的，你不再浮躁就能“清火气”。

第二，要有足够的专心。聚焦行业不分散精力，竞争是有效劳动正向积累，量变一定会质变，你才能“养元气”。

第三，要有好的企图心。立足行业，志存高远。立志得道成仙，就不要在装神弄鬼上浪费工夫，“做人就会大气”！

清火气，养元气，做人会大气，三心合一，就会有结果。

大家想一想，一个人做一件事情：首先他心思单纯，没有杂念，不关心所谓的江

湖，不受干扰，一心一意乐在其中把这件事情当做学问去研究。其次他很专心，没有换行业，一直做这件事，看这个行业的书，听这个行业的课，做这个行业的学问。再次他很耐心，一件事情一做几十年。

大富大贵也许要看因缘，但是收入和生活对这个人还会不会成问题？

一定没问题，这个人是厨子肯定会成为一级好厨子，是个大夫也会是个名医，是营销人一定是绝顶高手。开句玩笑，他是贼，也能是个“贼大代表”或者“贼代会会长”。

《没事偷着乐》里面冯巩最后说了一句台词：“孩子，好好活下去，只要你能活下去，你就会碰到好多好多的幸福，你就没事偷着乐吧。”我觉得这句话简直就是对营销人说的。

有专心，有耐心，有企图心。也许坎坷颠沛会伴你一路同行，但是看长线，很多年以后，有一天你的专业技能，影响力，人脉积累都大大提高，你才会——

专业上：比武招亲，打遍天下无敌手，随心所欲不逾矩，心中有剑手中无剑，折叶飞花也可伤人，开宗立派，笑傲天下！

行业地位上：你会成为闪亮耀眼的一群，你辞职立刻有八个猎头来找你，你会成为“男人的对手、女人的心事”（假设你是男性）。

生活品质上：你不但有能力良田美宅，而且有时间“声色犬马”。良田美宅、声色犬马由你挑！

你终能“安身立命，离苦得乐，逍遥自在，福寿双全，过上真善美慧的人生”。你会碰到好多好多的幸福，你就没事偷着乐吧！

说明：本文“伟大是熬出来的”、“时间是二律悖反”观点深得冯仑先生《野蛮生长》一书的启发，特此鸣谢。